打開生命密碼

全球21位生命總統活出共好的故事

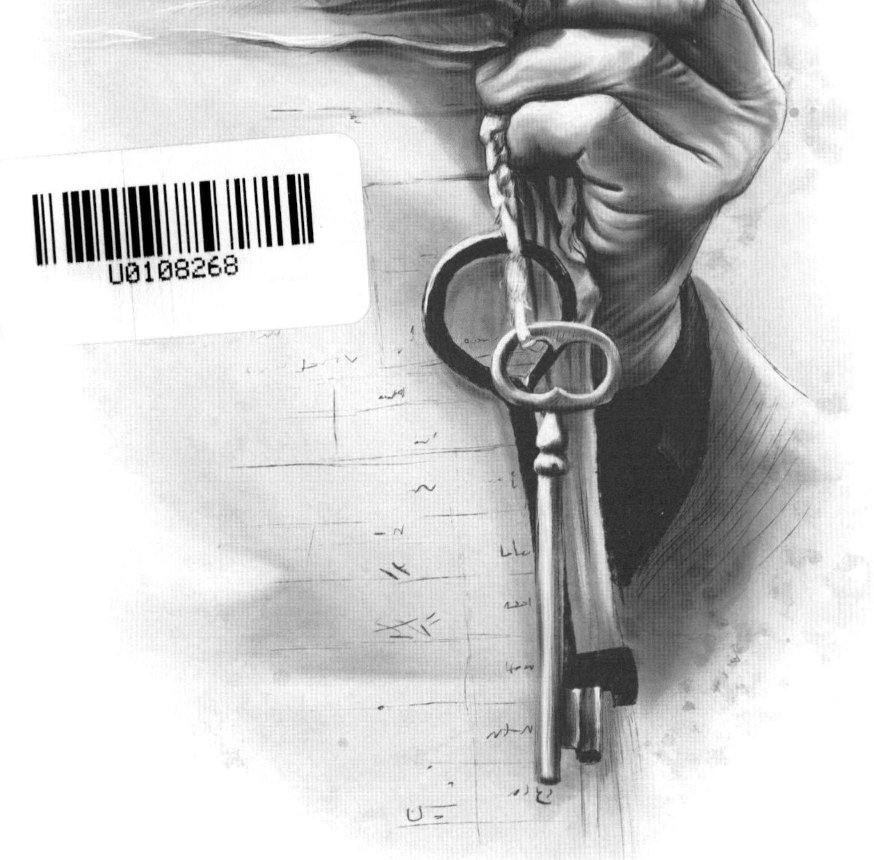

周進華、張芝瑄、周上觀、周天觀　合著

目錄

【推薦序】

【生命篇章】

【附錄】

打開生命密碼

每位全球熱愛生命獎章得主，都踏著聖哲的足跡，
一步一腳印的付出，一階一希望的回饋，
大家一起活出共好的情，大家一起活出共好的愛。

周大觀文教基金會創辦人 周進華

付出，是愛與感恩的實踐。

付出，是全球共好的行動。

付出，是打開生命密碼的鑰匙。

2023年5月5日，世界衛生組織（WHO）秘書長——譚德塞（Tedros Adhanom Ghebreyesus），他滿懷希望宣布：新冠病毒（COVID-19），不再構成全球公衛緊急事件。

全球3年來，估計約有第20屆全球熱愛生命獎章得主——南非重生勇士馬丁．皮斯托留斯（Martin Pistorius）等7億6,400萬確診病例，第4屆全球熱愛生命獎章得主——中國大陸抗癌畫家陳景生（Chen, Jing-Sheng）等7百多萬人次疫歿，第26屆全球熱愛生命獎章得主——非洲女力先鋒：埃德娜．阿丹．伊斯梅爾（Edna Adan Ismail）等50億人打過疫苗。

我們永遠感恩全球醫護人員、各界志工的付出。

我們所有全球熱愛生命獎章得主，大家永續為生命搏鬥者，率先點起一支心香，會師立誓：在世界每一個角落，永續反省、祈禱、付出，大家以病為師，用愛走遍天下。

尋找全球 233 個國家的生命鬥士

打開生命密碼，人人都可以為生命加冕。

26 年來，周大觀文教基金會承蒙國內外各界的支持與鼓勵，永續推動「全球熱愛生命運動」，以提倡：和自己好── 熱愛自己的生命、和別人好── 尊重別人的生命、和地球好── 維護地球的生命。

迄今，我們共表揚橫跨七大洲、來自 75 個國家、440 位全球熱愛生命獎章得主，還有仁俠詩人鄭愁予、中國大陸廚師詩人宋成寶等 15 位全球熱愛生命文學創作獎得主，以及反毒英雄高肇良等 40 位希望獎章得主，並關懷守護菲律賓貧民窟骨癌天使瑪麗．多尼塔（Mary Donita Uy）等全球最弱勢的 35 萬多癌童── 用愛抗癌．活出希望。

由是，深獲 CNN、BBC、NHK、Yahoo、Youtube、Facebook、Baidu 等新舊傳媒等認同與迴響，都以「生命諾貝爾獎」擴大報導分享。

承蒙 2001 年第 3 屆國家公益獎章、2010 年香港愛心獎章、2018 年教育部社會教育貢獻獎章、2019 年哥倫比亞國會第 61 項決議：頒發哥國國會最高褒揚勳章、2021 年聯合國 NGO 組織頒發世界和諧傑出貢獻獎章、2022 年中國大陸頒發中華慈孝文化獎章等肯定，藉此與全球各界分享、共勉、打拼。

今年，21 位「第 26 屆全球熱愛生命獎章得主」，從全球 3,124 位熱愛生命獎章候選人中脫穎而出，都以跨國傳藝、跨國行愛、永奏生命樂章、用愛唱下去、永不放棄、創造新可能、終身做好一件事、多藝重生、畫出希望、創造新價值、翻轉新生命、發揮身心障礙優勢、跨國史懷哲、救助最弱勢等不同生命領域── 分秒必爭全力以赴，打開生命密碼，展開全球共好的行動。

有的以跨國傳藝、跨國行愛打開生命密碼：美國救命攝影師── 艾米．維塔爾（Ami Vitale）、薩爾瓦多殘疾人權大衛王── 大衛．雷耶斯（David

Reyes）、台灣聽障跨國漫畫家——呂欣怡。

有的以永奏生命樂章・用愛唱下去打開生命密碼：日本自閉鋼琴達人——末近功也（Kohya Suechika）、台灣罕病多藝歌手——張沐妍。

有的以永不放棄・創造新可能打開生命密碼：英國澳裔超馬選手——迪昂・萊納德（Dion Leonard）、台灣癌末菊岩陶藝大師夫婦——蔡正勝＆劉玲溫。

有的以終身做好一件事・打開生命密碼：非洲女力先鋒——埃德娜・阿丹・伊斯梅爾（Edna Adan Ismail）、印尼阿富汗難民國手——米娜・阿薩迪（Meena Asadi）、中國大陸沙漠女神——常青、台灣巔峰神女——江秀真、台灣傷痛天使——李沐芸。

有的以多藝重生・畫出希望打開生命密碼：塞爾維亞百科小畫家——杜尚・克托利卡（Dušan Krtolica）、台灣御藝生博士天使——孫維瑄。

有的以創造新價值・翻轉新生命打開生命密碼：緬甸單車達人——麥可・丹頓溫（Mike Than Tun Win）、委內瑞拉全球音樂教育先驅——何塞・安東尼奧・艾伯魯（José Antonio Abreu）、南非剛果難民博士——法布思・卡皮亞（Fabrice Kapya）。

有的以發揮身心障礙優勢・打開生命密碼：澳洲唐寶寶模特兒——瑪德琳・斯圖亞特（Madeline Stuart）、台灣多障多藝天使——莊筱清。

有的以跨國史懷哲・救助最弱勢打開生命密碼：印度史懷哲——賈內許・巴萊亞・維薩拜（Ganesh Baraiya Viththalbhai）。

從跨國傳藝・跨國行愛，到活出世界共好

美國救命攝影師艾米・維塔爾（Ami Vitale）——嫁給攝影・改變世界：以身犯險，用愛攝影，20多年如一日，用鏡頭守護瀕亡動物，用鏡頭呈現「生命有愛・動物無價」，永遠以戰地記者為榮，用攝影揭開人們對於環

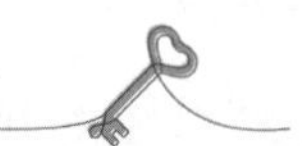

境、自然的危機意識，甚至肩負「國家地理」等多重專職攝影師身分，還持續幫助發展中國家婦女、兒童、甚至動保團體籌募基金，大家公認為「人道攝影巾幗英雄」。

薩爾瓦多殘疾人權大衛王大衛．雷耶斯（David Reyes）——拉丁美洲人權推手．超越極限大衛王：大家公認他是拉丁美洲為保障殘疾、弱勢，全力以赴人權立法的推手與先驅；還創辦 NGO 超越極限基金會，永續帶動千千萬萬殘疾弱勢就學、就業、就醫，更力挺「中美洲領導倡議」、「拉丁美洲年輕國會議員連線」，持續引進國際知識、經驗、訊息，推動國際殘障公約國內立法化。

台灣聽障跨國漫畫家呂欣怡——用畫發聲．畫愛世界：對呂欣怡的生命而言，聽障已不是障礙，反倒成激勵，從小接觸漫畫，以繽紛的想像、多元的世界，對漫畫創作情有獨鍾，亟盼作品《聽見晴空的迴音》等拍成電影、出版實體漫畫書，鼓勵聽障人士，讓社會對聽障多一些理解和尊重，見證漫畫不只跨越國界，更跨越身體障礙，用畫發聲．畫愛世界，又以漫畫《要是未曾相遇就好》，跨國揚名韓國第一人。

從永奏希望樂章．用愛唱下去，到活出殘疾共好

日本自閉鋼琴達人——末近功也（Kohya Suechika）：彈出自閉．奏出希望：在家人、師長、同學的支持與鼓勵下，不斷突破自閉症的限制，發揮上帝賦予的絕對音感，彈出自閉．奏出希望——2013 年國際身心障礙者鋼琴比賽金牌獎、2015 年亞太國際身心障礙者鋼琴比賽金牌獎、2015 年第 12 屆 Cold Concert 第三名、2015 年、2016 年兵庫縣學生鋼琴大賽銅牌獎、2016 年日本傳媒新聞特輯報導，他還立志巡迴世界各國公益義演，翻轉星生命，還與媽媽末近百合子一起創辦「多元鋼琴教室」，造就許多身障音樂家，引起國內外熱烈迴響，見證天生我材必有用。

台灣罕病多藝天使張沐妍—— 戰勝馬凡症．人生不麻煩：現今視力僅存左眼 0.03，歷經九次重大手術及四度心臟停止，曾擔任廣播節目主持、劇場演員、活動企劃，現今是一名畫家、作家、生命教育講師，更是台灣第一位從事街頭藝術表演工作的罕見疾病患者。她從監所、醫院、學校、社福機構、部隊、教會，並受邀至馬來西亞、澳門、中國大陸等國內外演講，迄今已逾 850 場，聽眾人數達 150 萬人次，她見證：罕病馬凡症雖然奪走她的一切，卻奪不走她擁有正能量的意志力。

從永不放棄．創造新可能，到活出極限共好

英國澳裔超馬選手迪昂．萊納德（Dion Leonard）—— 陪跑流浪狗戈壁成戰友．超馬大叔跑出全球奇蹟：其中萬里跨國搜尋失蹤的流浪狗戈壁，漫漫回家路．長長人間情——10 小時飛航到巴黎、5 小時車程到阿姆斯特丹、12 小時渡輪到英格蘭北部新堡、25 小時車程回到愛丁堡等等，讓全球億萬人關注，成書感動全球，譯成 16 種語言，同時改編電影，彙集全球來自四面八方的愛，帶動全球用溫柔的力量——助流浪狗等所有動物一臂之力。

台灣癌末菊岩陶藝大師夫婦蔡正勝&劉玲溫—— 千錘百鍊菊岩陶．化癌為愛助弱勢：2018 年的《西嶼落霞》，則是翻「轉」自蔡正勝、劉玲溫賢伉儷的告白：陶藝創作，從立面形塑轉為平面陶板，呈現多元菊島岩礦元素。在《四季吟——傾聽大地的聲音》中，蔡正勝、劉玲溫賢伉儷結「合」平面陶板與立體燒陶，歡快吟頌著春之生機（綠意）、夏之熱情（艷紅）、秋之豐收（金黃）、東之靜定（藍白），永續禮讚生命。他們賢伉儷，雖被癌痛折磨幾乎癱瘓，逢人仍説：我們還有一雙手，我們還要分秒必爭：千錘百鍊菊岩陶．讓澎湖三點水精神化癌為愛助弱勢。

從終身做好一件事，到活出無限共好

非洲女力先鋒埃德娜．阿丹．伊斯梅爾（Edna Adan Ismail）── 穆斯林德蕾莎．行愛無國界：她從不向人提起：自己曾是索馬利蘭第一夫人、外交部長、衛生部長、家庭福利和社會發展部長，逢人就說：她是非洲第一位合格助產士、世界衛生組織跨國督導，為了永續追隨父親救人圓夢，傳承父親無中生有的勇氣，揮別被迫害、絕症纏身的陰霾，終身嫁給醫院，並籌建現代化醫院：栽培更多醫護人員成為無國界醫護專才，懸壺濟世、醫無國界，大家公認：她是非洲女力先鋒，也是穆斯林的德蕾莎。

印尼阿富汗難民國手米娜．阿薩迪（Meena Asadi）── 以空手道揚名世界．帶動難民活出希望：她原為阿富汗空手道一姊，曾代表阿富汗、巴基斯坦、印尼出賽，榮獲多種獎項，令人動容。因塔利班掌權後── 婦女無法工作、女孩不能上學等等，深陷性別藩籬，還深受阿富汗極端份子威脅，她被迫逃離家園，仍堅持勇敢逐夢，為滯留印尼的各國難民 1 萬 4 千多人，創辦「希薩魯難民松濤館空手道館（Cisarua Refugee Shotokan Karate Club，CRSKC）」，號召所有難民除了運動健身，還要學習一技之長，鼓勵大家揮別難民陰霾．迎向陽光．創造希望，感動印尼、轟動南亞。

中國大陸沙漠女神常青── 只有荒涼的沙漠．沒有荒涼的生命：被視為「死亡之海」的塔克拉瑪干沙漠腹地，一片片綠色植物正萌發蓬勃生機，讓荒漠地區的城鄉，建起無數個一年四季都有鳥語花香的「逆境園林」。在成功的背後，看到的是常青與同事們不放棄、不服輸的拚勁，這卅多年的苗木總數量超過兩千萬株，在塔里木沙漠公路兩側，形成了一條長 436 公里、寬 70 多公尺的綠色長廊，播綠天使，化死海為活海，締造希望之洲，大家一同見證：「青山綠水，就是金山銀山」，榮登聯合國氣候變遷會議最成功的典範，更吸引國內外各界會師參觀，看到茫茫沙海中的這片生意盎然的綠洲，大家都舉起大拇指喊讚：「在塔里木這樣一個特殊的地域和環境中，在沙漠綠化方面創造了奇蹟，常青等植物科學家，為中國大陸做出了不起的貢獻。」

台灣巔峰神女江秀真——完勝世界七頂峰．挑戰人間聖母峰：她至今已攀登台灣高山百餘座，並成為全球華人第一位完攀歐都納世界七大洲七峰頂圓夢計畫的女性，登頂歐洲最高峰——厄爾布魯斯峰（海拔5,642公尺）、登頂非洲最高峰——吉利馬札羅峰（海拔5,895公尺）、登頂南美洲最高峰——阿空加瓜峰（海拔6,962公尺）、登頂北美洲最高峰——麥肯尼峰（海拔6,194公尺）、登頂大洋洲最高峰——查亞峰（海拔4,884公尺）、登頂南極洲最高峰——文森峰（海拔4,897公尺）、第二次登頂珠穆朗瑪峰／南側路線（海拔8,848公尺）更創下許多難能可貴的紀錄、1995年首位台灣女性攀登珠穆朗瑪峰成功（費時兩個月）、2005年首位玉山國家公園女性巡山員、2008年榮獲十大傑出女青年獎、2009年再度登頂珠穆朗瑪峰、2009年榮獲內政部一等獎章，以及第47屆十大傑出青年獎殊榮。近年來，她持續進行「行腳每一所學校」的演講計畫，致力於推廣「登山安全與生命教育」，鼓勵年輕學子勇敢追求夢想，並戮力將創辦登山教育學校的願景與有志之士分享，祈願大家一起來成就這椿美事。

台灣傷痛天使李沐芸——守護自殺者遺族．昇華為生死之愛：她一躍為療癒達人——陪伴千萬自殺者親友遺族，允許好好悲傷，從壓抑、震驚到表達，從尋找、困惑到放手；二躍為生活達人——陪伴千萬自殺者親友遺族，好好生活，從怪罪、憤怒、罪惡感到同理，從憂鬱、好好悲傷到告別；三躍為安頓達人——陪伴千萬自殺者親友遺族，昇華大愛，從絕望、無意義到超越，從孤獨、緘默、到祝福。如此，李沐芸20多年如一日，千錘百鍊為助人力量，還分秒必爭——守護自殺者遺族、病危流浪貓，更無私奉獻——昇華為生死之愛，陪伴更多人，把生死傷痕，化為勇敢行動，從歷經磨難的瘋女人，一躍出奇不意撒播大愛的奇女子。

從多藝重生．畫出希望，到活出回饋共好

塞爾維亞圖鑑小畫家杜尚．克托利卡（Dušan Krtolica）——用畫守護動物的生命．用畫維護地球的生命：杜尚熱愛大自然及動物，只要一張紙、一支筆、一個放大鏡，就能繪畫出滿紙的動物插畫，作品受到全球買家及收藏家的追求，每件售價可高達35,000英鎊，塞國出版社也邀請他繪製史前百科全書插圖，內容還被翻譯英文，與全世界分享，他為了要求完美，還深入的研究、探索專業知識，如為各種昆蟲配上相對應的植物群等，涉及更廣泛的自然生態，渴望和全世界分享「可愛的動物世界」，用畫熱愛自己的生命、用畫尊重別人的生命、用畫守護動物的生命，進而用畫維護地球的生命。

台灣御藝生博士天使孫維瑄——化癌為療癒藝術．創生命傷痕美學：她是法國巴黎第一萬神殿索邦大學（University of Paris I Pantheon-Sorbonne）藝術學博士、藝術科學及美學高等研究碩士、巴黎商學院（PSB）& 巴黎高等藝術文化管理學院（IESA）與文化事業管理 / 商業管理碩士。難能可貴的是：以傑出年輕華人藝術家身分，獲聘為法國巴黎龐畢度國家藝術和文化中心藝術文化管理專員與助理策展人。現服務明新科技大學，亦為法國藝術、創意、理論與美學研究中心研究員（l'Institut ACTE）、法國文化部認證博物館及文化古蹟講師，國際藝評人協會（AICA）會員等。尤其，她化癌為療癒藝術，創藝術傷痕美學，永續推動傷痕生命美學，自癒癒人，感動千千萬萬人。

從創造新價值．翻轉新生命，到活出改變共好

緬甸單車達人麥可．丹頓溫（Mike Than Tun Win）——創造單車新價值．翻轉貧童新希望：立即展開行動，將世界上百萬輛廢棄共享單車，帶給真正需要它的人。依據他的大數據，一輛單車能為學生每年省下432個小

時的步行時間，省下來的寶貴時間，可以用在學習與作業上。而這項讓「共享單車墳場」重生計畫，將擴大到 10 萬輛，不僅能受惠更多緬甸貧童踏出教育新希望，甚至能擴大嘉惠到許多弱勢國家，陪伴寮國、柬埔寨、孟加拉、尼泊爾、非洲等千千萬萬弱勢貧童——踏上教育新旅程。

委內瑞拉全球音樂教育先驅何塞・安東尼奧・艾伯魯（José Antonio Abreu）——用音樂教育創造奇蹟・讓弱勢孩子活出傳奇：終生為音樂教育摩頂放踵，從最弱勢的 11 個孩子救起，拔山涉水擴大音緣，創造出一把樂器的傳奇，在委內瑞拉全國各地，創辦 125 個青少年樂團，30 個交響樂團、25 萬弱勢兒童接受音樂教育——遠離毒品、暴力；也把音樂無國界的愛，傳遍世界 70 多個國家的角落。現今赫赫有名的指揮家古斯塔夫・杜達美（Gustavo Adolfo Dudamel Ramírez），是第一位登上國際樂壇的南美洲之星，他也是艾伯魯音樂系統教育中，最具代表成功例子之一。杜達美更讚譽艾伯魯大師，是他見過最具抱負的人。他帶領大家集體進步，教導青少年善用時間，同時，他讓所有弱勢青年與兒童，有機會學習深具價值和情感的音樂，並引領他們追求真善美。艾伯魯一生獲得無數獎項，包括：聯合國教科文組織和平與親善大使獎、瑞典正確生活方式獎、法國榮譽軍團勳章、葛萊美獎、聯合國兒童基金會獎、委內瑞拉國家音樂獎、全美音樂獎年度教育家獎等。

南非剛果難民博士法布思・卡皮亞（Fabrice Kapya）——從難民讀到博士・從保全做到講師：他於 2018 年去南非尋求庇護，他任職停車場保安，日做 13 小時不喊苦，只為賺錢存學費，完成亡父生前希望他接受良好教育的遺願。2022 年，他不但碩士畢業，正在攻讀博士學位，更成為助理講師，靠自我努力一步步邁向更美好的人生。尤其，他有勇氣改變現狀，堅持永不放棄，實踐父親遺願，更懂得感恩回饋，從難民讀到博士・從保全做到講師，除自立自強，還要自助助人，立志籌畫成立 NGO 公益組織，帶動非洲弱勢青年，衝破難關、活出希望，讓世界因我們的存在而不同，讓世界因我們的努力而共好共榮。

從發揮身心障礙優勢，到活出一枝草一點露共好：

澳洲唐寶寶模特兒瑪德琳．斯圖亞特（Madeline Stuart）——引領唐氏旋風．帶動殘疾崛起：是全球第一位唐寶寶模特兒，擁有超過百萬粉絲，現為職業模特兒，是第一位獲得美國工作簽證的殘疾人，不僅擁有自己的時裝品牌—21 個理由（21 Reasons Why），同時她也是殘疾人舞蹈學校（InsideOutside Dance）的創辦人、董事兼大使。從瑪德琳投入時尚產業至今，已參與全球超過 103 場時裝秀、6 季紐約時裝秀，2015 年在舊金山國際時裝秀獲得年度模特兒獎、2016 年被世界時尚媒體評為年度模特兒，提名入選澳洲驕傲獎、連續三年提名入圍年度澳洲青年獎、2017 年獲得全球唐氏綜合症頒發的昆西．瓊斯傑出倡導獎、2018 年獲得澳洲 25 影響力獎、2019 年獲得全球社會獎中社會影響力與改變獎第二名。瑪德琳勇於挑戰不可能的任務，發揮自我優勢，向世界證明殘疾人也能找到工作、自我實現，讓生命發光發熱，見證「一枝草一點露我材必有用」。

台灣多障多藝天使莊筱清——化多障為多藝．活出無限可能：母親羅碧慧表示：「生命無價，身為父母的我們，沒有悲觀和放棄孩子的權利」，她坦承做為身障兒家長的壓力，但也堅決要孩子在陽光下成長，並於筱清高中畢業後提早退休，開啟母女「親子共學」，一起學做麵包、紙黏土、畫油畫、做拼布，在彼此教學相長中，成就了女兒的藝術潛能，擦乾了淚水療癒了自己，而沉默寡言像一棵大樹，支撐著妻女的莊爸爸，用精湛的木工手藝，為筱清的作品製作畫框和紙黏土時鐘，打造「愛無涯」親子三人組的聯合創作展，走出人生不設限的藝術之路。

從跨國史懷哲・救助最弱勢，到活出醫愛共好

印度史懷哲賈內許・維薩拜・巴萊亞（Ganesh Viththalbhai Baraiya）——樂當世界最矮醫師・立志醫治最窮病人：罹患侏儒症身高只有 94 公分的印度生命鬥士賈內許・維薩拜・巴萊亞（Ganesh Viththalbhai Baraiya），從小立志效法到非洲行醫的史懷哲，以永不放棄的精神全力以赴，無懼歧視、不怕嘲笑，克服了偏見，拒絕了馬戲團，堅持法律正義，贏得了學醫的權利。這是 2018 年轟動全球最勵志的新聞，驚動了聯合國人權理事會，印度最高法院判決賈內許・維薩拜・巴萊亞勝訴：就讀印度公立醫學院合法合憲。他的高中母校創辦人達爾帕特・卡塔利亞博士（Dr.Dalpat Katariya）挺身而出，及時幫助賈內許・維薩拜・巴萊亞，為他聘請人權律師，並負擔所有訴訟費及學費。還永續奮戰到印度最高法院法官判決——勝訴確定，為他「樂當世界最矮醫師・立志醫治最窮病人」鋪平了道路，見證「天生我材必有用」。

每個生命，都有既獨特又多元的密碼

蘇格拉底、佛陀、孔子、耶穌等被公認為世界四大聖哲，他們的生命密碼：在於體驗了根本的人類處境，並且發現了人類在世任務。他們終生叮嚀大家：愛智、慈悲、行仁、博愛，然後帶領大家面對極端問題，提示大家答案；同時他們各自成全了人性的終極潛能，讓大家永續成就世界共好。

每位全球熱愛生命獎章得主，都踏著聖哲的足跡，一步一腳印的付出，一階一希望的回饋，大家一起活出共好的情，大家一起活出共好的愛。

誠邀大家人手一冊《打開生命密碼—— 全球 21 位生命總統活出共好的故事》，大家一起分享生命的無限美好。

活出共好的故事

今年 21 位全球熱愛生命獎章得主，
透過各種挑戰，磨練專業，精益求精，戰勝逆境，
總是時時刻刻全力以赴，永遠在實踐生命共好的路上。

立法院長 游錫堃

一切的共好，都在把愛化為行動的道路上。

這是一個實踐生命共好的大時代，綜觀所有全球熱愛生命獎章得主，總是行善公益以行愛天下，挑戰極限以創造無限可能，永不放棄以歌頌生命樂章。每個人都和全球熱愛生命獎章得主一樣，都有讓世界共好的力量。

周大觀文教基金會 26 年來，承蒙國內外各界的支持與鼓勵，永續推動「全球熱愛生命運動」，以提倡：和自己好——熱愛自己的生命、和別人好——尊重別人的生命、和地球好——維護地球的生命。迄今共表揚橫跨七大洲、來自 75 個國家、440 位全球熱愛生命獎章得主，15 位全球生命文學創作獎得主、40 位希望獎章得主，並關懷守護 35 萬多全球最弱勢癌童，深獲 CNN、BBC、NHK、Yahoo、YouTube、Facebook、Baidu 等新舊傳媒的認同與迴響及各界社會肯定。

今年來自世界 5 大洲的 21 位全球熱愛生命獎章得主，從全球 3,124 位熱愛生命候選人中脫穎而出，他們來自不同的生命領域，透過各種挑戰，磨練專業，精益求精，戰勝逆境，總是時時刻刻全力以赴，永遠在實踐生命共好的路上。

錫堃誠邀大家人手一冊《打開生命密碼——全球 21 位生命總統活出共好的故事》，大家一起讀出一個共好的新世界。

為生命祈禱

任何生命，需要幫助時，我們就在那裡。
大家用身心靈三把祈禱的鑰匙，
打開生命永續公益的密碼。

中華民國婦聯會主委 雷倩

一花一木，都有生命。
一山一水，都顯生機。
一人一事，都存道理。
一舉一動，都要祈禱。

今年，非洲女力先鋒：埃德娜・阿丹・伊斯梅爾（Edna Adan Ismail）等 21 位全球熱愛生命獎章得主，從全球各界推薦 3,124 位熱愛生命獎章候選人中脫穎而出，大家一起在世界每個角落，以虔誠的祈禱活出困境，以樂觀的意志活出希望，以公益的行動活出價值。

還記得，1950 年初，中華民國風雨飄搖，蔣夫人宋美齡女士，先成立中華婦女祈禱會，於每週三下午舉行：為全民祈禱、為全國祈禱、為全球祈禱，73 年風雨無阻，以至今日。

最難能可貴的，面對國難當頭，為愛國敬軍、服務群眾，蔣夫人接著挺身而出，號召婦女救國建國，於 1950 年 4 月 17 日，創辦中華民國婦女聯合會，蔣夫人與常委姊妹們親力親為，大家捲起袖子盡心盡力為國為民——默默執行大小公益。

當今，婦聯會承受民進黨政府、黨產會等世界末日般重重打壓，仍永續婦聯會創會理念與行動，和每位全球熱愛生命獎章得主一樣：為全球共好，堅強活出困境；堅持活出希望；堅定活出價值。就如當時蔣夫人帶領祈禱會——每次為全民、全國、全球祈禱詞（哥林多後書四章 8、9 小節）：

我們四面受敵，
卻不被困住；
心裡做難，
卻不至失望；
遭逼迫，
卻不被丟棄；
打倒了，
卻不至死亡。

由是，大家不分你我他，地球就是我們的家。我們攜手來自天南地北的全球熱愛生命獎章得主，和自己好——為熱愛自己的生命祈禱、和別人好——為尊重別人的生命祈禱、和地球好——為維護地球的生命祈禱。

任何生命，需要幫助時，我們就在那裡。

誠邀大家人手一冊《打開生命密碼—— 全球 21 位生命總統活出共好的故事》，大家用身心靈三把祈禱的鑰匙，打開生命永續公益的密碼。

開啟太陽窗

每位全球熱愛生命獎章得主，都堅信地球只有一個，
是大家共存、共榮、共好的家。

富邦文教基金會執行董事 陳藹玲

在憎恨的地方，開啟慈悲的太陽窗。
在創傷的地方，開啟寬恕的太陽窗。
在疑慮的地方，開啟信心的太陽窗。
在頹喪的地方，開啟希望的太陽窗。
在戰爭的地方，開啟和平的太陽窗。

今年，21 位全球熱愛生命獎章得主，從全球各界推薦 3,124 位熱愛生命獎章候選人中脫穎而出，都以自有最大的生命正能量，為人類開啟一扇又一扇的太陽窗。

有的以跨國傳藝．跨國行愛．開啟太陽窗：美國救命攝影師——艾米．維塔爾（Ami Vitale）、薩爾瓦多殘疾人權大衛王——大衛．雷耶斯（David Reyes）、台灣聽障跨國漫畫家——呂欣怡。

有的以永奏生命樂章．用愛唱下去．開啟太陽窗：日本自閉鋼琴達人——末近功也（Kohya Suechika）、台灣罕病多藝歌手——張沐妍。

有的以永不放棄．創造新可能．開啟太陽窗：英國澳裔超馬選手——迪昂．萊納德（Dion Leonard）、台灣癌末菊岩陶藝大師夫婦——蔡正勝＆劉玲溫。

有的以終身做好一件事．開啟太陽窗：非洲女力先鋒—— 埃德娜．阿

丹．伊斯梅爾（Edna Adan Ismail）、印尼阿富汗難民國手——米娜．阿薩迪（Meena Asadi）、中國大陸沙漠女神——常青、台灣巔峰神女——江秀真、台灣傷痛天使——李沐芸。

有的以多藝重生．畫出希望．開啟太陽窗：賽爾維亞圖鑑小畫家——杜尚．克托利卡（Dušan Krtolica）、台灣御藝生博士天使——孫維瑄。

有的以創造新價值．翻轉新生命．開啟太陽窗：緬甸單車達人——麥可．丹頓溫（Mike Than Tun Win）、委內瑞拉全球音樂教育先驅——何塞．安東尼奧．艾伯魯（José Antonio Abreu）、南非剛果難民博士——法布思．卡皮亞（Fabrice Kapya）。

有的以發揮身心障礙優勢．開啟太陽窗：澳洲唐寶寶模特兒——瑪德琳．斯圖亞特（Madeline Stuart）、台灣多障多藝天使——莊筱清。

有的以跨國史懷哲．救助最弱勢．開啟太陽窗：印度史懷哲——賈內許．巴萊亞．維薩拜（Ganesh Baraiya Viththalbhai）。

每位全球熱愛生命獎章得主，打開太陽窗的裡裡外外：沒有戰火隆隆的砲聲、沒有人我口舌惡毒的罵聲、沒有欲望洪流的翻滾、沒有族群仇恨的蔓延。每位全球熱愛生命獎章得主，都堅信地球，只有一個，是大家共存、共榮、共好的家。

盼望千秋萬世，人人打開任何一扇太陽窗；
都能在星斗高掛的夜晚，與螢火蟲一起遊戲；
都能在碧波海邊的沙灘，與大自然同歌共舞；
都能在參天大樹的密林，享受清新的空氣；
都能在一望無際的原野，與萬物共同成長。

藹玲樂於推薦：這本疫後世界開啟正常生活啟動鍵的好書：《打開生命密碼——全球21位生命總統活出共好的故事》，誠邀親子共讀出一個太陽、師生共讀出一個地球，人人共讀出一扇真善美的太陽窗。

最好的安排

每一位全球熱愛生命獎章得主，都有屬於自己的生命故事，都是愛與感恩的實踐家，更是永不放棄、活出希望的典範。

臺北市長 蔣萬安

生命的際遇，都是最好的素養。

生命的安排，都是最好的結果。

只要熱愛生命，就擁有勇氣面對一切挑戰。

今年（2023 年）周大觀文教基金會，從全球各界推薦 3,124 位「熱愛生命獎章」候選人中，甄選出 21 位全球熱愛生命獎章得主，用他們的故事，告訴大家，無論面對什麼樣的生命際遇與安排，只要勇敢面對、懷抱希望、展開行動，每個人都能和全球熱愛生命獎章得主一樣，擁抱一花一世界，成就一樹一菩提。

21 位全球熱愛生命獎章得主中，以一枝筆、一本畫簿，為無聲世界開啟一扇窗的臺灣聽障跨國漫畫家呂欣怡；以陶藝成就精彩人生的癌末陶藝大師夫婦蔡正勝與劉玲溫；從事街頭藝術表演工作的臺灣罕病多藝歌手張沐妍；現為臺灣福爾摩莎登山學校創辦人的「巔峰神女」江秀真；現為臺灣自殺者親友遺族關懷協會創會理事長的「傷痛天使」李沐芸；還有抗癌博士天使孫維瑄及多障多藝天使莊筱清。每一位全球熱愛生命獎章得主，都有屬於自己的生命故事，都是愛與感恩的實踐家，更是永不放棄、活出希望的典範。

臺北市，是永續共榮的希望首都，也是熱愛生命的友善城市。

我們誠摯的歡迎，橫跨五大洲的 21 位全球熱愛生命獎章的得主們，在周大觀文教基金會的安排下，於本市參加「點亮生命．普照地球── 2023 年第 26 屆全球熱愛生命獎章得主會師受獎公益交流活動」。

這是實踐「永續共榮．希望共好」的新時代，期望每位市民朋友都能和全球熱愛生命獎章的得主一樣，勇敢面對生命中的際遇與安排，人人都能活出生命的無限可能。

推薦大家閱讀這本熱愛生命好書《打開生命密碼── 全球 21 位生命總統活出共好的故事》，一同體會所有生命中的幸與不幸，從中活出自我，展現價值。

穩定的力量

一個真善美的新世界，人人有責，
就如每位全球熱愛生命獎章得主，以身作則，
由自我發揮穩定的力量開始。

新北市長 侯友宜

當下，國際情勢動盪，政治經濟環境急遽變化，人人渴望穩定的力量。

26 年來，周大觀文教基金會立足於新北市新店區，承蒙國內外各界的支持與鼓勵，永續推動「全球熱愛生命運動」，以提倡：和自己好── 熱愛自己的生命、和別人好── 尊重別人的生命、和地球好── 維護地球的生命，匯聚了一股穩定的生命正能量。

迄今該會共表揚橫跨七大洲、來自 75 個國家、440 位全球熱愛生命獎章得主，還有仁俠詩人鄭愁予、中國大陸廚師詩人宋成寶等 15 位全球熱愛生命文學創作獎得主，以及浪子董事長陳鄭彥等 40 位希望獎章得主，並關懷守護菲律賓貧民窟骨癌天使瑪麗．多尼塔（Mary Donita Uy）等全球最弱勢的 35 萬多癌童──用愛抗癌．活出希望。

由是，深獲 CNN、BBC、NHK、Yahoo、Youtube、Facebook、Baidu 等新舊傳媒等認同與迴響，都以「生命諾貝爾獎」擴大報導分享。

承蒙 2001 年第 3 屆國家公益獎章、2010 年香港愛心獎章、2018 年教育部社會教育貢獻獎章、2019 年哥倫比亞國會第 61 項決議：頒發哥國國會最高褒揚勳章、2021 年聯合國 NGO 組織頒發世界和諧傑出貢獻獎章、

2022 年中國大陸頒發中華慈孝文化獎章等肯定，藉此與全球各界分享、共勉、打拼。

今年，21 位「第 26 屆全球熱愛生命獎章得主」，從全球 3,124 位熱愛生命獎章候選人中脫穎而出，都挑戰生命極限，為人類發揮了最穩定的正向力量。

有的以跨國傳藝・跨國行愛・發揮穩定的力量：美國救命攝影師——艾米・維塔爾（Ami Vitale）、薩爾瓦多殘疾人權大衛王——大衛・雷耶斯（David Reyes）、台灣聽障跨國漫畫家——呂欣怡。

有的以永奏生命樂章・用愛唱下去・發揮穩定的力量：日本自閉鋼琴達人——末近功也（Kohya Suechika）、台灣罕病多藝歌手——張沐妍。

有的以永不放棄・創造新可能・發揮穩定的力量：英國澳裔超馬選手——迪昂・萊納德（Dion Leonard）、台灣癌末菊岩陶藝大師夫婦——蔡正勝＆劉玲溫。

有的以終身做好一件事・發揮穩定的力量：非洲女力先鋒——埃德娜・阿丹・伊斯梅爾（Edna Adan Ismail）、印尼阿富汗難民國手——米娜・阿薩迪（Meena Asadi）、中國大陸沙漠女神——常青、台灣巔峰神女——江秀真、台灣傷痛天使——李沐芸。

有的以多藝重生・畫出希望・發揮穩定的力量：賽爾維亞百科小畫家——杜尚・克托利卡（Dušan Krtolica）、台灣御藝生博士天使——孫維瑄。

有的以創造新價值・翻轉新生命・發揮穩定的力量：緬甸單車達人——麥可・丹頓溫（Mike Than Tun Win）、委內瑞拉全球音樂教育先驅——何塞・安東尼奧・艾伯魯（José Antonio Abreu）、南非剛果難民博士——法布思・卡皮亞（Fabrice Kapya）。

有的以發揮身心障礙優勢・發揮穩定的力量：澳洲唐寶寶模特兒——瑪德琳・斯圖亞特（Madeline Stuart）、台灣多障多藝天使——莊筱清。

有的以跨國史懷哲・救助最弱勢・發揮穩定的力量：印度史懷哲——賈內許・巴萊亞・維薩拜（Ganesh Baraiya Viththalbhai）。

這是一個自我實現的生命旅程，每個人都和每位全球熱愛生命獎章得主一樣，都有穩定世界的力量。

一個真善美的新世界，人人有責，就如每位全球熱愛生命獎章得主，以身作則，由自我發揮穩定的力量開始。

友宜樂於推薦這本疫後穩定生命力量的好書《打開生命密碼—— 全球21 位生命總統活出共好的故事》，誠邀人人讀出一個共好的新世界。

生命最值得的事

每位全球熱愛生命獎章得主，全心全力的投入，
都是我們生命素養的典範。

桃園市長 張善政

生命的道路，只要好好走，絕對沒有白走的。

今年，21 位「第 26 屆全球熱愛生命獎章得主」，從全球 3,124 位熱愛生命獎章候選人中脫穎而出，都以跨國傳藝、跨國行愛、永奏生命樂章、用愛唱下去、永不放棄、創造新可能、終身做好一件事、多藝重生、畫出希望、創造新價值、翻轉新生命、發揮身心障礙優勢、跨國史懷哲、救助最弱勢等生命最值得的事——分秒必爭全力以赴，挑戰極限．活出無限。

大家正面對眼花撩亂的年代：數位狂潮、資訊超載，人人的時間和精神都不夠用。但是，到底哪些事情，才是最值得我們全心全力投入呢？

每位全球熱愛生命獎章得主，全心全力的投入，都是我們生命素養的典範。其中，美國救命攝影師艾米．維塔爾（Ami Vitale）——嫁給攝影．改變世界：以身犯險，用愛攝影，20 多年如一日，用鏡頭守護瀕亡動物，用鏡頭呈現「生命有愛．動物無價」，永遠以戰地記者為榮，用攝影揭開人們對於環境、自然的危機意識，甚至肩負「國家地理」等多重專職攝影師身分，還持續幫助發展中國家婦女、兒童、甚至動保團體籌募基金，大家公認為「人道攝影巾幗英雄」。

而非洲女力先鋒埃德娜．阿丹．伊斯梅爾（Edna Adan Ismail）——穆斯林德蕾莎．非洲女力先鋒：她從不向人提起：自己曾是索馬利蘭第一夫人、外交部長、衛生部長、家庭福利和社會發展部長，逢人就說：她是非洲第一位合格助產士、世界衛生組織跨國督導，為了永續追隨父親救人圓夢，傳承父親無中生有的勇氣，揮別被迫害、絕症纏身的陰霾，終身嫁給醫院，並籌建現代化醫院：栽培更多醫護人員成為無國界醫護專才，懸壺濟世、醫無國界，大家公認：她是非洲女力先鋒，也是穆斯林的德蕾莎。

尤其，不遑多讓，由我們桃園市立平鎮高中栽培出來：台灣聽障跨國漫畫家呂欣怡── 用畫發聲．畫愛世界：對呂欣怡的生命而言，聽障已不是障礙，反倒成激勵，從小接觸接觸漫畫，以繽紛的想像、多元的世界，對漫畫創作情有獨鍾，亟盼作品《聽見晴空的迴音》等拍成電影、出版實體漫畫書，鼓勵聽障人士，讓社會對聽障多一些理解和尊重，見證漫畫不只跨越國界，更跨越身體障礙，用畫發聲．畫愛世界，又以漫畫《要是未曾相遇就好》，跨國揚名韓國第一人。

最難能可貴的，今年 9 月 19 日（二）上午 10 時～ 12 時，來自 15 個國家的全球熱愛生命獎章得主一行，將齊聚大園國際高中，展開「青青子衿．昂首闊步──全球熱愛生命獎章得主一行送愛桃園分享全球公益活動」。

我們竭誠歡迎：全球五大洲的 21 位生命鬥士！現身說法：生命最值得的事。

讓生命的春天，從桃園登陸；
讓生命無價的訊息，讓人間有愛的行動；
向兩岸甚至世界呼喚，一路撒播全球；
讓生命鬥士的春天，從桃園出發。

善政樂於推薦這本勵志好書《打開生命密碼── 全球 21 位生命總統活出共好的故事》，誠邀大家一起讀懂：生命最值得的事。

照亮生命

全球熱愛生命獎章得主，用他們的生命故事，
在世界每個暗巷點起一盞盞明燈，照亮了更多生命。

臺中市長 盧秀燕

千年暗室，一燈即明。多障多藝天使莊筱清的口頭禪是：「如果我的頭腦，只有人家的二分之一，那我就比別人，更認真兩倍。」筱清和其他全球熱愛生命獎章得主，用他們的生命故事，在世界每個暗巷點起一盞盞明燈，照亮了更多生命。

筱清因為先天代謝異常，導致智力、視力、聽力、口語等多重障礙，幸而有家人的愛與鼓勵陪伴，無論早療、復健、識字或算數，筱清會反覆練習超過百遍。在她高中畢業後，媽媽提前退休，母女一起學做麵包、紙黏土、畫油畫、做拼布，沒想到，「親子共學」成就了筱清的藝術潛能。

筱清媽媽說：「生命無價，父母沒有悲觀和放棄孩子的權利。」家人堅持讓孩子在陽光下成長，攜手不斷跨越一階又一階的障礙，也因為筱清勇於堅持不畏困難，後來，她成立烘焙坊、出版繪本、參加 40 次聯展，走出人生不設限的藝術之路。

今年，來自美國、薩爾瓦多、日本、英國、索馬利蘭、印尼、中國大陸、塞爾維亞、緬甸、委內瑞拉、剛果、澳洲、印度、台灣等 21 位全球熱愛生命獎章得主，從 3,124 位熱愛生命獎章候選人中脫穎而出，每位的生命故事，都是人間一道光明。這本疫後反思生命的好書《打開生命密碼── 全球 21 位生命總統活出共好的故事》，秀燕誠摯邀請親子和師生共讀。

翻轉新生

大家只要翻轉既有框架，就能突破生命盲眼，
和所有全球熱愛生命獎章得主一樣，
不只能翻轉新生，還能活出無限可能。

臺南市長 黃偉哲

翻轉，就是一步一希望。
翻轉，就是一階一樂觀。
翻轉的每一步，總是送暖微風吹不斷。
翻轉的每一階，總是愛心奉獻不言倦。

今年，21 位「第 26 屆全球熱愛生命獎章得主」，從全球 3,124 位熱愛生命獎章候選人中脫穎而出，在不同生命領域── 分秒必爭全力以赴，翻轉新生，展開全球共好的行動，這些全球熱愛生命獎章得主：

以跨國行愛翻轉新生：美國救命攝影師艾米．維塔爾（Ami Vitale）── 嫁給攝影．改變世界、薩爾瓦多殘疾人權大衛王大衛．雷耶斯（David Reyes）── 拉丁美洲人權推手．超越極限大衛王、台灣聽障跨國漫畫家呂欣怡── 用畫發聲．畫愛世界。

以永奏生命樂章翻轉新生：日本自閉鋼琴達人── 末近功也（Kohya Suechika）：彈出自閉．奏出希望、台灣罕病多藝天使張沐妍── 戰勝馬凡症．人生不麻煩。

以創造新可能翻轉新生：英國澳裔超馬選手迪昂．萊納德（Dion Leonard）── 陪跑流浪狗戈壁成戰友．超馬大叔跑出全球奇蹟、台灣癌末菊岩陶藝大師夫婦蔡正勝＆劉玲溫—— 千錘百鍊菊岩陶．化癌為愛助弱勢。

以終身做好一件事翻轉新生：非洲女力先鋒埃德娜．阿丹．伊斯梅爾（Edna Adan Ismail）—— 穆斯林德蕾莎．行愛無國界、印尼阿富汗難民國手米娜．阿薩迪（Meena Asadi）—— 以空手道揚名世界．帶動難民活出希望、中國大陸沙漠女神常青—— 只有荒涼的沙漠．沒有荒涼的生命、台灣巔峰神女江秀真—— 完勝世界七頂峰．挑戰人間聖母峰、台灣傷痛天使李沐芸—— 守護自殺者遺族．昇華為生死之愛。

以多藝重生翻轉新生：塞爾維亞百科小畫家杜尚．克托利卡（Dušan Krtolica）—— 用畫守護動物的生命．用畫維護地球的生命、台灣御藝生博士天使孫維瑄—— 化癌為療癒藝術．創生命傷痕美學。

以創造新價值翻轉新生：緬甸單車達人麥可．丹頓溫（Mike Than Tun Win）—— 創造單車新價值．翻轉貧童新希望、委內瑞拉全球音樂教育先驅何塞．安東尼奧．艾伯魯（José Antonio Abreu）—— 用音樂教育創造奇蹟．讓弱勢孩子活出傳奇、南非剛果難民博士法布思．卡皮亞（Fabrice Kapya）—— 從難民讀到博士．從保全做到講師。

以發揮身心障礙優勢翻轉新生：澳洲唐寶寶模特兒瑪德琳．斯圖亞特（Madeline Stuart）—— 引領唐氏旋風．帶動殘疾崛起、台灣多障多藝天使莊筱清—— 化多障為多藝．活出無限可能。

以救助弱勢翻轉新生：印度史懷哲賈內許．維薩拜．巴萊亞（Ganesh Viththalbhai Baraiya）—— 樂當世界最矮醫師．立志醫治最窮病人。

由是，大家只要翻轉既有框架，就能突破生命盲眼，和所有全球熱愛生命獎章得主一樣，不只能翻轉新生，還能活出無限可能。

偉哲樂於推薦這本疫後新生的好書：《打開生命密碼—— 全球 21 位生命總統活出共好的故事》，出版發行全球，激勵全球各界，大家一起翻轉新生。

彰顯價值

所有全球熱愛生命獎章得主，
挑戰極限．活出極限，無不在彰顯生命價值。

高雄市議長 康裕成

印度大詩人泰戈爾名言：「生命，在世界需要中，找到財富；卻在愛的呼求中，找到價值。」

還記得，2016 年 10 月 24 日，我應周大觀文教基金會董事長郭盈蘭律師的邀請，親往樹德醫專，代表該會頒發第 19 屆全球熱愛生命獎章，肯定我們高雄生命之光：輪椅傳愛教授王道鵬—— 輪椅傳愛．活出尊嚴，同時分享王道鵬一字一淚的自傳《2 ＋ 12 傳奇人生》，鼓舞所有人勇敢跨越重重障礙，大家一起彰顯生命無限價值。

今年，來自美國、薩爾瓦多、日本、英國、索馬利蘭、印尼、中國大陸、塞爾維亞、緬甸、委內瑞拉、剛果、澳洲、印度、台灣等 21 位全球熱愛生命獎章得主，從3,124 位熱愛生命獎章候選人中脫穎而出，每位的生命故事，都在彰顯生命價值：熱愛自己的生命、尊重別人的生命、維護地球的生命。

所有全球熱愛生命獎章得主，從跨國傳愛，到彰顯世界共好的價值；從永奏希望樂章，到彰顯殘疾共好的價值；從創造新可能，到彰顯極限共好的價值；從終身做好一件事，到彰顯無限共好的價值；從多藝重生，到彰顯回饋共好的價值；從翻轉新生命，到彰顯改變共好的價值；從發揮身心障礙優勢，到彰顯一枝草一點露共好的價值；從救助最弱勢，到彰顯醫愛共好的價值。

所有全球熱愛生命獎章得主，挑戰極限．活出極限，無不在彰顯生命價值。

每位全球熱愛生命獎章得主，總是笑臉迎人。
每位全球熱愛生命獎章得主，總是信心滿滿。

大家悅讀《打開生命密碼—— 全球 21 位生命總統活出共好的故事》。

我們將深深領悟，什麼是「在愛的呼求中—— 找到生命價值、彰顯生命價值。」

裕成推薦大家這本勵志好書，最適合親子共讀的生命教材，從中，大家一定能讀懂價值，大家一定能讀出希望。

打造新天籟

他們的生命故事，如此純真，如此質樸，
還原生命的原貌，就是新天籟，就是傳愛、行愛。

基隆市議長 童子瑋

每一位全球熱愛生命獎章得主，都在不同的生命領域，打造新天籟，見證生命的答案，就是愛。

他們的生命故事，如此純真，如此質樸，還原生命的原貌，就是新天籟，就是傳愛、行愛。

今年，來自美國、薩爾瓦多、日本、英國、索馬利蘭、印尼、中國大陸、塞爾維亞、緬甸、委內瑞拉、剛果、澳洲、印度、台灣等21位全球熱愛生命獎章得主，從3,124位熱愛生命獎章候選人中脫穎而出，每位的生命故事，都是打造生命新天籟：熱愛自己的生命、尊重別人的生命、維護地球的生命。

所有全球熱愛生命獎章得主，從跨國傳愛，到打造世界共好的新天籟；從永奏希望樂章，到打造殘疾共好的新天籟；從創造新可能，到打造極限共好的新天籟；從終身做好一件事，到打造無限共好的新天籟；從多藝重生，到打造回饋共好的新天籟；從翻轉新生命，到打造改變共好的新天籟；從發揮身心障礙優勢，到打造一枝草一點露共好的新天籟；從救助最弱勢，到打造醫愛共好的新天籟。

港都基隆，也是一個新天籟，越夜、越美麗。歡迎全球熱愛生命獎章得主到基隆作客，大家一起體驗一座以人為本的熱愛生命城市。

我一輩子生於打造新天籟的基隆，長於打造新天籟的基隆，奉獻於打造新天籟的基隆。對於周大觀文教基金會出版發行全球的《打開生命密碼——全球 21 位生命總統活出共好的故事》好書，生動描繪 21 位生命總統打造新天籟的故事，特別感同身受，特別肅然起敬，這是生命教育最好的教材，也是品格教育最好的新典範。

生命無限

當我們凝視這群勇者的群像，諦聽他們帶來的感動和啟發；他們的力量就像一把鑰匙，打開我們心底就要發芽的密碼。

宜蘭縣長 林姿妙

我還有一隻腳，
我要站在地球上。
我還有一隻腳，
我要走遍美麗的世界。

26 年前，抗癌小詩人周大觀勇敢、堅毅的精神，感動了整個社會。而直到今天，在周大觀文教基金會長期不懈的努力下，從台灣到世界各地，不斷有許多感人的生命故事被發掘、傳頌；並使無數的人，從這些故事中得到激勵和鼓舞，重新點燃挑戰難關的勇氣。

此次，周大觀文教基金會從全球各界所推薦的 3,124 位熱愛生命獎章候選人中，經過嚴格的初審、複審和決審程序，最終選出 21 位「生命總統」，並將他們奮鬥歷程編纂成冊，出版《打開生命密碼—— 全球 21 位生命總統活出共好的故事》一書；使他們對生命的熱愛和勇氣，能夠像火種一樣，傳遍每個渴望光亮的角落。

翻開書頁，不論是無畏身體痛楚、勇敢築夢的罕病多藝天使張沐妍；或是苦學出身，到今天家喻戶曉的癌末菊岩陶藝大師夫婦蔡正勝、劉玲溫；

還有在多重身心障礙難關下，深耕自我潛力、以音樂回饋社會的日本自閉鋼琴達人末近功也（Kohya Suechika）；以及創辦亞洲第一個「台灣自殺者親友遺族關懷協會」——守護自殺者遺族，昇華為生死之愛的傷痛天使李沐芸……他們的生命故事，都讓人格外珍惜當下，把握每一分自己能夠善用的力量。

此外，還有更多來自中國大陸、東歐、澳洲、美國乃至於非洲的動人篇章，就像一波一波越挫越奮、永不屈服的浪潮，奔流到這本字字千鈞的《打開生命密碼》當中。

讀完這 21 個故事，或許不會用去讀者們太久的時間。可是，當我們凝視著這群勇者的群像，諦聽他們所帶來的感動和啟發；他們的力量，就已經像一把鑰匙，打開我們心底就要發芽的密碼。

宛如周大觀當年在詩句裡所寫的句子：

某一天，
我們把自己也種成一株樹，
一代一代種下去
長成一座健康的森林，
長成一座愛的森林，
長成一座希望的森林。

謹以最誠摯的心意，向每一位朋友們，推薦這一本動人的生命之書。

傳愛千萬里

每位的生命故事，都在傳愛千萬里：
傳愛自己的生命、傳愛別人的生命、傳愛地球的生命。

新竹縣長 楊文科

這是一本傳愛千萬里的生命故事。

人生，本由誕生、成長、茁壯、發揮到完成，中間因個人聰明才智、思想、觀念，行為模式不一，而有盈有虧，有長有短；有顛仆起伏，有幸與不幸；有勝敗榮枯，有快樂痛苦……但是結果不是最重要的，最重要的是努力奮鬥的歷程。

今年，來自美國、薩爾瓦多、日本、英國、索馬利蘭、印尼、中國大陸、塞爾維亞、緬甸、委內瑞拉、剛果、澳洲、印度、台灣等 21 位全球熱愛生命獎章得主，從 3,124 位熱愛生命獎章候選人中脫穎而出，每位的生命故事，都在傳愛千萬里：傳愛自己的生命、傳愛別人的生命、傳愛地球的生命。

美國救命攝影師艾米．維塔爾（Ami Vitale）── 嫁給攝影．改變世界：以身犯險，用愛攝影，20 多年如一日，用鏡頭守護瀕亡動物，用鏡頭呈現「生命有愛．動物無價」，永遠以戰地記者為榮，用攝影揭開人們對於環境、自然的危機意識，甚至肩負「國家地理」等多重專職攝影師身分，還持續幫助發展中國家婦女、兒童、甚至動保團體籌募基金，大家公認為「人道攝影巾幗英雄」。

台灣巔峰神女江秀真── 完勝世界七頂峰．挑戰人間聖母峰：她至今已攀登台灣高山百餘座，並成為全球華人第一位完攀歐都納世界七大洲七峰頂圓夢計畫的女性，登頂歐洲最高峰—— 厄爾布魯斯峰（海拔5,642公尺）、登頂非洲最高峰—— 吉利馬札羅峰（海拔 5,895 公尺）、登頂南美洲最高峰—— 阿空加瓜峰（海拔 6,962 公尺）、登頂北美洲最高峰—— 麥肯尼峰（海拔 6,194 公尺）、登頂大洋洲最高峰—— 查亞峰（海拔 4,884 公尺）、登頂南極洲最高峰—— 文森峰（海拔 4,897 公尺）、第二次登頂珠穆朗瑪峰／南側路線（海拔 8,848 公尺）。

更創下許多難能可貴的紀錄：1995 年首位台灣女性攀登珠穆朗瑪峰成功（費時兩個月）、2005 年首位玉山國家公園女性巡山員、2008 年榮獲十大傑出女青年獎、2009 年再度登頂珠穆朗瑪峰、2009 年榮獲內政部一等獎章，以及第 47 屆十大傑出青年獎殊榮。

近年來，她持續進行「行腳每一所學校」的演講計畫，致力於推廣「登山安全與生命教育」，鼓勵年輕學子勇敢追求夢想，並戮力將創辦登山教育學校的願景與有志之士分享，祈願大家一起來成就這樁美事。

請停下腳步，看別人，想自己；看過去，想未來；尤其，人生不如意者十之八九，想一想，當我們面對美國救命攝影師艾米．維塔爾（Ami Vitale）、台灣巔峰神女江秀真等 21 位全球熱愛生命獎章得主，一樣艱難的情境時—— 仍堅持傳愛千萬里時，我們應該怎麼樣？相信他們是我們的生命導師，我們應該見賢思齊。

文科樂於推薦：這本疫後傳愛千萬里的好書：《打開生命密碼—— 全球 21 位生命總統活出共好的故事》，出版發行全球，激勵全球各界：大家一起接棒傳愛千萬里。

撒播生命正能量

21 個生命故事，散發出巨大的正能量，
讓生命重新被定義、被實踐。

苗栗縣議長 李文斌

陽光撒在山海間，各安其位：天籟靜寂與鳥語歌唱，亦各得所適，這是客家常有風景，出生於客家村的抗癌小詩人周大觀，他的感動詩篇《我還有一隻腳》，也由此家常的客家風景醞釀而成，迄今透過 42 種語文出版發行，嘉惠全球 35 萬多弱勢癌童，已把台灣的愛傳遍世界每個角落。

周大觀的父母化小愛為大愛，成立周大觀文教基金會，26 年來永續推動「全球熱愛生命運動」，已表揚橫跨 7 大洲、75 個國家、440 位全球熱愛生命獎章得主，深獲 CNN、BBC、NHK、Yahoo、Youtube、Facebook、Baidu 等新舊傳媒等認同與迴響，都以「生命諾貝爾獎」擴大報導分享。

今年美國救命攝影師── 艾米．維塔爾（Ami Vitale）等 21 位 2023 年第 26 屆全球熱愛生命獎章得主的故事，彙集為《打開生命密碼── 全球 21 位生命總統活出共好的故事》，讓國內外各界一起見證：天生我材必有用。

從非洲女力先鋒── 埃德娜．阿丹．伊斯梅爾（Edna Adan Ismail），到澳洲唐寶寶模特兒── 瑪德琳．斯圖亞特（Madeline Stuart）；從印度史懷哲── 賈內許．巴萊亞．維薩拜（Ganesh Baraiya Viththalbhai），到印尼阿富汗難民國手── 米娜．阿薩迪（Meena Asadi）；從緬甸單車達人── 麥可．丹頓溫（Mike Than Tun Win），到薩爾瓦多殘疾人權大衛王── 大衛．雷耶斯（David Reyes）；從英國澳裔超馬選手── 迪昂．萊納德（Dion

Leonard），到委內瑞拉全球音樂教育先驅── 何塞．安東尼奧．艾伯魯（José Antonio Abreu）；從南非剛果難民博士── 法布思．卡皮亞（Fabrice Kapya），到日本自閉鋼琴達人── 末近功也（Kohya Suechika）；從中國大陸沙漠女神── 常青，到台灣巔峰神女── 江秀真。

他們都從挑戰極限中活出希望，他們都從不可能中活出無限可能，他們更以赤誠的心，永續幫助他人，無怨無悔奉獻一生，不愧為「生命總統」。

其中，薩爾瓦多首位最年輕國會議員，也是第一位殘疾人權大衛王大衛．雷耶斯── 拉丁美洲人權推手．超越極限大衛王：大家公認他是拉丁美洲為保障殘疾、弱勢，全力以赴人權立法的推手與先驅；還創辦 NGO 超越極限基金會，永續帶動千千萬萬殘疾弱勢就學、就業、就醫、就養，更力挺「中美洲領導倡議」、「拉丁美洲年輕國會議員連線」，持續引進國際知識、經驗、訊息，推動國際殘障公約國內立法化。

文斌始終以「文修武備顯魄力．斌行善舉為鄉親」自勉：我讀後龍國小、維真國中、台中高工、敏實科技大學，後於中華大學碩士畢業。踏入社會後，2009 年成立「阿斌哥大愛協會」，15 年來造福 1000 多個弱勢急難家庭，最初只服務清寒弱勢喪葬；在 2012 年成立「阿斌哥大愛協會愛心站」後，每個月送出 6000 多個便當，為清寒獨居老人供餐；文斌心疼孩子半工半讀的辛苦，2016 年開始成立「阿斌哥大愛協會清寒學子百萬助學金」，將企業家共同捐助的百萬經費交給教育處統籌分配，幫助清寒學生能好好學習，並減輕家長教育負擔，文斌關懷弱勢並參與公益，藉著善的循環，帶動善良的社會風氣。

在《打開生命密碼── 全球 21 位生命總統活出共好的故事》書中，這 21 個生命故事，散發出巨大的正能量，讓生命重新被定義、被實踐。文斌很高興能夠向各位推薦這本充滿生命活力的好書。我相信，悅讀這本書的你們，一定可以撒播出更大的生命正能量。

承擔

21 位全球熱愛生命的勇士，都承載著重大責任：
挑戰極限，戰勝絕望，跨越障礙，活出希望。

彰化縣長 王惠美

《打開生命密碼—— 全球 21 位生命總統活出共好的故事》。這本書講述了來自美國、薩爾瓦多、日本、英國、索馬利蘭、印尼、中國大陸、塞爾維亞、緬甸、委內瑞拉、剛果、澳大利亞、印度、台灣等 21 位全球熱愛生命的勇士，他們從 3,124 位熱愛生命獎章候選人中脫穎而出。每個人的生命故事都承載著重大責任：挑戰極限，戰勝絕望，跨越障礙，活出希望。

世界上並不存在絕望的境地，只有對境況感到絕望的人。惠美要向大家推薦書中所述的 21 位全球熱愛生命獎章得主，包括台灣巔峰女神江秀真、台灣傷痛天使李沐芸和台灣罕病多藝天使張沐妍。勇於面對成長過程之艱辛，活出精彩的生活，他們的故事令人動容。

其中張沐妍她在 1 歲時，確診患有罕見疾病「馬凡氏症」，面臨躲避恐懼及傷害，在真耶穌教會郭畹蕙等師長的關懷鼓勵下，靠著信仰為生命找出口。她仍然不願放棄求學的機會，努力考上淡江大學歷史系，愛好文學的她，靠僅存左眼 0.2 的視力，曾獲五虎崗文學獎新詩組佳作，更是學校獎學金的常勝軍，她的事蹟感動了台灣。

彰化縣歷年來持續推動生命教育，設立生命教育資源中心，實踐生命教育課程，建構學生正向生命價值觀，並以班級經營的生活體驗，落實知行合一的理念，培養學生挫折容忍力，及正向思考能力，透過各級學校舉辦多元生命教育體驗、競賽、規劃具特色及創新的活動，讓孩子除了提升認知層次外，亦能藉由各種不同體驗與感動，擴大視野增廣見聞，讓自己融入人群，走向世界，發現生命中不一樣的風景。

惠美真誠推薦：這本承擔生命的勵志好書《打開生命密碼── 全球 21 位生命總統活出共好的故事》，誠邀人人讀出生命的承擔。

生命啟示錄

生命不空，自有天地。
人間有愛，即時回饋。

南投縣長 許淑華

任何人，都無法一步登天。

今年，21 位「第 26 屆全球熱愛生命獎章得主」，從全球 3,124 位熱愛生命獎章候選人中脫穎而出，都是一步一腳印的典範，都是一階一天地的典範，都是一愛一祝福的典範。

有的全球熱愛生命獎章得主，以跨國行愛啟示生命：美國救命攝影師艾米．維塔爾（Ami Vitale）—— 嫁給攝影．改變世界、薩爾瓦多殘疾人權大衛王大衛．雷耶斯（David Reyes）—— 拉丁美洲人權推手．超越極限大衛王、台灣聽障跨國漫畫家呂欣怡—— 用畫發聲．畫愛世界。

有的全球熱愛生命獎章得主，以永奏生命樂章啟示生命：日本自閉鋼琴達人—— 末近功也（Kohya Suechika）：彈出自閉．奏出希望、台灣罕病多藝天使張沐妍—— 戰勝馬凡症．人生不麻煩。

有的全球熱愛生命獎章得主，以創造新可能啟示生命：英國澳裔超馬選手迪昂．萊納德（Dion Leonard）—— 陪跑流浪狗戈壁成戰友．超馬大叔跑出全球奇蹟、台灣癌末菊岩陶藝大師夫婦蔡正勝＆劉玲溫—— 千錘百鍊菊岩陶．化癌為愛助弱勢。

有的全球熱愛生命獎章得主，以終身做好一件事啟示生命：非洲女力先鋒埃德娜．阿丹．伊斯梅爾（Edna Adan Ismail）—— 穆斯林德蕾莎．行愛

無國界、印尼阿富汗難民國手米娜．阿薩迪（Meena Asadi）── 以空手道揚名世界，帶動難民活出希望、中國大陸沙漠女神常青── 只有荒涼的沙漠，沒有荒涼的生命、台灣巔峰神女江秀真── 完勝世界七頂峰，挑戰人間聖母峰、台灣傷痛天使李沐芸──守護自殺者遺族，昇華為生死之愛。

有的全球熱愛生命獎章得主，以多藝重生啟示生命：塞爾維亞百科小畫家杜尚．克托利卡（Dušan Krtolica）── 用畫守護動物的生命，用畫維護地球的生命、台灣御藝生博士天使孫維瑄── 化癌為療癒藝術，創生命傷痕美學。

有的全球熱愛生命獎章得主，以創造新價值啟示生命：緬甸單車達人麥可．丹頓溫（Mike Than Tun Win）── 創造單車新價值，翻轉貧童新希望、委內瑞拉全球音樂教育先驅何塞．安東尼奧．艾伯魯（José Antonio Abreu）── 用音樂教育創造奇蹟，讓弱勢孩子活出傳奇、南非剛果難民博士法布思．卡皮亞（Fabrice Kapya）── 從難民讀到博士，從保全做到講師。

有的全球熱愛生命獎章得主，以發揮身心障礙優勢啟示生命：澳洲唐寶寶模特兒瑪德琳．斯圖亞特（Madeline Stuart）── 引領唐氏旋風，帶動殘疾崛起、台灣多障多藝天使莊筱清── 化多障為多藝 ． 活出無限可能。

有的全球熱愛生命獎章得主，以救助弱勢啟示生命：印度史懷哲賈內許．維薩拜．巴萊亞（Ganesh Viththalbhai Baraiya）── 樂當世界最矮醫師，立志醫治最窮病人。

生命不空，自有天地。

人間有愛，即時回饋。

由是，周大觀文教基金會出版發行全球的《打開生命密碼── 全球 21 位生命總統活出共好的故事》，確為最好的生命啟示錄，也是親子共讀、師生共學的生命教育好教材，淑華樂於推薦國內外各界悅讀分享。

掌聲背後

期盼這本由 21 位生命勇者，用生命書寫的故事，
在我們面臨困境之時，為黑暗點一盞燈，
分享他們生命的亮光。

雲林縣長 張麗善

生命的可貴，不在贏得起跑點，而是衝破轉折點。

這本生命故事告訴我們：讓有限的生命充滿無限可能。當一個人走到無法回頭的人生轉折點，只能全力以赴掙脫困境，方能看見生命轉彎處，原來如此的美好。這得靠你的智慧來看待自己、定位自己，思考自己，想要成為何種樣態的人，掌聲之前，必然是遍佈荊棘，無畏艱辛挑戰、無懼挫敗困頓，才能感受掌聲響起的幸福滋味。

這 21 則生命故事的背後，每一個生命都令人感動與雀躍，充滿愛的溫度，贏得溫暖的掌聲。

其中，印尼阿富汗難民國手米娜・阿薩迪（Meena Asadi）—— 以空手道揚名世界・帶動難民活出希望：曾代表阿富汗、巴基斯坦、印尼出賽，榮獲多種獎項，成就斐然。她原為阿富汗空手道一姊，因塔利班掌權後，婦女無法工作、女孩不能上學……，深陷性別藩籬，還深受極端份子威脅，最後被迫逃離家園，但仍堅持勇敢逐夢，為滯留印尼的各國難民 1 萬 4 千多人，創辦「希薩魯難民松濤館空手道館（Cisarua Refugee Shotokan Karate Club，CRSKC）」，號召所有難民除了運動健身，學習一技之長，鼓勵大家揮別難民陰霾・迎向陽光・創造希望，感動印尼、轟動南亞。

這些故事中，最讓我感動不捨的是：台灣傷痛天使李沐芸── 守護自殺者遺族．昇華為生死之愛：她一躍為療癒達人，陪伴千萬自殺者親友遺族允許自己好好悲傷，經歷壓抑、震驚到表達，走過尋找、困惑到放手；二躍為生活達人，陪伴千萬自殺者親友遺族好好生活，從怪罪、憤怒、罪惡感到同理，從憂鬱、好好悲傷到告別；三躍為安頓達人，陪伴千萬自殺者親友遺族昇華大愛，從絕望、無意義到超越，從孤獨、緘默到祝福。如此，李沐芸 20 多年如一日，千錘百鍊為助人力量，分秒必爭── 守護自殺者遺族、病危流浪貓，更無私奉獻，陪伴更多人，把生死傷痕化為勇敢行動，從歷經磨難的瘋女人，變身為撒播大愛的奇女子。

不論是印尼阿富汗難民國手米娜．阿薩迪，或是台灣傷痛天使李沐芸，還是其他全球熱愛生命獎章得主，都是最珍貴的生命教材。期盼這本由 21 位生命勇者，用生命書寫的故事，在我們面臨困境之時，為黑暗點一盞燈，分享他們生命的亮光，陪伴大家走向希望大道。

掌聲響起，生命有愛，最真、最善、最美！
掌聲背後，希望相隨，有信、有望、有愛！

從掌聲響起，到掌聲背後，讓我們隨著周大觀文教基金會全球熱愛生命獎章得主的腳步，一步一腳印，熱愛生活，珍惜生命。

看見希望

以一連串生命影響生命的真實歷程，
面對生活中的各項艱難，彰顯生命價值。

嘉義市市長 黃敏惠

教育之道無他，唯愛與榜樣。以一連串生命影響生命的真實歷程，面對生活中的各項艱難，不斷挑戰，彰顯生命價值，充滿慈愛與溫暖，充滿生機與感動！

感謝周大觀文教基金會 26 年來廣羅發掘全球七大洲、75 個國家，表揚 440 位全球熱愛生命獎章得主、16 位全球生命文學創作獎得主及 40 位希望獎章得主，守護 35 萬多弱勢癌童，廣受國際媒體及各地公益團體肯定。

今年更持續從全球各界推薦 3,124 位生命獎章候選人中，徵選出 21 位全球熱愛生命獎章得主，並彙集成冊，分享榮光，真正做到「點亮生命、普照地球」。

這是一本充滿希望、看見希望的生命教材，有從跨國傳愛，看見世界共好；從永奏希望樂章，看見殘疾共好；從創造新可能，看見極限共好；從終身做好一件事，看見無限共好；從多藝重生，看見回饋共好；從翻轉新生命，看見改變共好；從身心障礙優勢，看見一枝草一點露的希望；從救助最弱勢，到看見醫愛共好的希望。敏惠以終身奉獻教育園丁自許，也從不斷地實踐當中，看到生命無限的希望。更由衷感謝、讚嘆主！「原來我們不是顧念所見的，乃是顧念所不見的；因為所見的是暫時的，所不見的是永遠的。」恭錄哥林多後書第四章第 18 節。

撒播愛光的燈塔

誰能以深刻的內容，充實每一瞬間，
誰就能無限延伸自己的生命價值。

嘉義縣長

每位全球熱愛生命獎章的得主，有如一座又一座撒播愛光的燈塔。

文學泰斗泰戈爾有云：「愛，是恆古長明的燈塔」。

愛，就是人間的一道光明，照耀著也充實了生命。

周大觀文教基金會——秉持永續理念推動「全球熱愛生命運動」，已邁入第 26 年，今年第 26 屆 21 位全球熱愛生命獎章得主，正是人間的 21 道光明，在世界每個角落，散發著愛的光明。

以光明照亮他人的人，自己也將沐浴在光明之中，雖然我們的生命有限，但用生命所創造的價值，卻可以與世長存，誰能以深刻的內容，充實每一瞬間，誰就能無限延伸自己的生命價值。

從美國救命攝影師，到薩爾瓦多殘疾大衛王；從日本自閉鋼琴達人，到台灣罕病多藝天使；從非洲女力先鋒，到中國大陸沙漠女神；從塞爾維亞小畫家，到緬甸單車達人，每位都是撒播愛光的典範，每位也都是撒播愛光的見證。

愛，永不止息。

愛，永放光明。

宇宙有愛，萬物才能生生不息。

人人有愛，人類才能活出光明。

本書《打開生命密碼——全球 21 位生命總統活出共好的故事》，是最好的生命教育活教材，每位主角都發揮了最大生命能量，活出光明，翻轉新生命。章梁樂於推薦，也邀請大家好好閱讀分享，大家一起讀出光明，大家一起讀出愛。

永奏生命樂章

一滴水，是平淡；
但千千萬萬水滴，就奏出優美的天籟樂章。

屏東縣長 周春米

一滴水，是平淡；但千千萬萬水滴，就奏出優美的天籟樂章。

一位好人，雖然孤獨；然而只要挺身而出，以身作則，一定能帶動千千萬萬人，永奏真善美的生命樂章。

周大觀文教基金會自 1997 年成立以來，迄今已 26 年，當初周大觀的父母周進華、郭盈蘭，以及我們屏東縣鄉親等許多國內外各界愛心人士，完成抗癌小詩人周大觀「熱愛生命、快樂生活」的遺志，提倡：和自己好——熱愛自己的生命、和別人好—— 尊重別人的生命、和地球好—— 維護地球的生命，永續推動「全球熱愛生命系列公益活動」。

26 年來，由於這樣真善美生命樂章的演奏與分享，讓更多人見證「天生我材必有用」。

我們台灣田埂詩人吳晟大作《有用的人》，這樣描述：

初春的陽光下，和你併坐在家鄉的田埂上。
一大片開始抽芽的秧苗，也靜靜傾聽，
你在異國對家鄉的種種懸念。
初春的陽光下，沿田邊潺潺而去的流水，
一再重複我們的信誓：

做一個對家鄉有用的人，做一個對家鄉有用的人。

今年，來自美國、薩爾瓦多、日本、英國、索馬利蘭、印尼、中國大陸、塞爾維亞、緬甸、委內瑞拉、剛果、澳洲、印度、台灣等 21 位全球熱愛生命獎章得主，從 3,124 位熱愛生命獎章候選人中脫穎而出，每位的生命故事，不但是對家鄉有用的人，而且是對世界有用的人。

2016 年稱聖的德蕾莎修女，生前一直勉勵大家：「愛，是在別人的需要上，看見自己的責任」。

悅讀本書《打開生命密碼—— 全球 21 位生命總統活出共好的故事》，大家一定能見證這 21 位對家鄉，以至世界有用的生命典範，大家也一定能分享他們的生命樂章。

春米也誠邀大家，一同與周大觀文教基金會之周大觀讀出希望中心，透過「閱讀」提升生命核心價值，從小琉球走讀到大鵬灣；從六堆客家園，走讀到山地原住民區；從墾丁遊憩步道，走讀到阿朗臺古道。

逆轉生命

21 位來自 14 個國家的生命勇士，用畢生汗水與淚水，
化為生命可承受之重，堆砌出成就與自信。

花蓮縣長 徐榛蔚

每個生命都是一首美的篇章，每位全球熱愛生命獎章得主，都是一篇篇逆轉生命的史詩，經歷波瀾起伏，激盪出生命最美麗的浪花，成為亙古流傳之典範。

他們在生命史的歷程中，不擊不堅，不逆不轉，非但沒有倒下，更在每一次的逆流中—— 處逆、堅韌、尋機、養志、生趣，甚至游於藝，將愛流傳世界。

這 21 位來自 14 個國家的生命勇士，不論多少年磨一劍，如今撥雲見日，花開蝶自來，用畢生汗水與淚水，化為生命可承受之重，堆砌出成就與自信，從全球各界推薦 3,124 位熱愛生命獎章候選人中脱穎而出，榮獲周大觀文教基金會 2023 年第 26 屆全球熱愛生命獎章。

不論是「彈出自閉．奏出希望」的日本自閉鋼琴達人——末近功也（Kohya Suechika），或是「用畫守護動物生命．用畫維護地球生命」的塞爾維亞百科小畫家—— 杜尚．克托利卡（Dusan Krtolica）。

以及「創造新價值．翻轉貧童新希望」的緬甸單車達人—— 麥可．丹頓溫（Mike Thanunin），和「用音樂教育創造奇蹟．讓弱勢孩子活出傳奇」的委內瑞拉全球音樂教育先驅—— 何塞．安東尼奧．艾伯魯（Jose Antonio Abreu）。

還有「從難民讀到博士．從保全做到講師」的南非剛果難民博士——法布思．卡皮亞（Fabrice Kapya），與「引領唐氏旋風．帶動殘疾崛起」的澳洲唐寶寶模特兒——瑪德琳．斯圖亞特（Madeline Sturt）。

榛蔚歡喜推薦全球各界親子共讀《打開生命密碼—— 全球 21 位生命總統活出共好的故事》，做為疫後生命教育的教材，感受逆轉的生命無限美好。

從跨越到延伸

本書是生命教育最好的教材，
盼望大家都能透過本書感受到信望愛，活出真善美。

臺東縣議長 吳秀華

周大觀文教基金會長年深耕並提倡熱愛生命、尊重他人、關懷地球等相關理念；迄今已表揚七大洲、75 個國家、440 位全球熱愛生命獎章得主。

今年，非洲女力先鋒埃德娜・阿丹・伊斯梅爾（Edna Adan Ismail）等 21 位生命鬥士，為 2023 年第 26 屆全球熱愛生命獎章得主，從各界推薦的 3,124 位熱愛生命獎章候選人中脫穎而出，讓大家見證：人人都能造就「希望的橋」，人人也都能造就「大愛的橋」。

希望的橋，是一種生命的跨越。
大愛的橋，是一種生命的延伸。

生命，到處都有造橋的機會。昨天和過去的橋，已成古蹟，很難改變；明天和未來的橋，卻有無限可能與契機。我們能活多久，很難改變；我們要怎麼活，卻有許許多多的選擇。

非洲女力先鋒埃德娜・阿丹・伊斯梅爾：她從不向人提起：自己曾是索馬利蘭第一夫人、外交部長、衛生部長、家庭福利和社會發展部長，逢人就說：她是非洲第一位合格助產士、世界衛生組織跨國督導，為了永續追隨父親救人圓夢，傳承父親無中生有的勇氣，揮別被迫害、絕症纏身的陰霾，終身嫁給醫院，並籌建現代化醫院：栽培更多醫護人員成為無國界醫護專才，懸壺濟世、醫無國界，親身實踐：從跨越「希望的橋」，延伸到「大愛的橋」，大家公認：她是非洲女力先鋒，也是穆斯林的德蕾莎。

2023 年 9 月 15 日至 23 日，美國救命攝影師——艾米・維塔爾（Ami Vitale）、薩爾瓦多殘疾人權大衛王——大衛・雷耶斯（David Reyes）、印度史懷哲賈內許・維薩拜・巴萊亞（Ganesh Viththalbhai Baraiya）等 21 位生命勇士，已決定跨海來到寶島台灣，參加「點亮生命・普照地球——2023 年第 26 屆全球熱愛生命獎章得主會師受獎關懷生命系列公益活動」。

我們竭誠歡迎：周大觀全球熱愛生命獎章得主一行，送愛寶島台灣各級學校與各大醫院，見證「生命的跨越」，分享「生命的延伸」。

有的全球熱愛生命獎章得主，跨越病痛，造就了化病痛為藝術的橋。
有的全球熱愛生命獎章得主，跨越障礙，造就了助弱勢的橋。
有的全球熱愛生命獎章得主，跨越絕望，造就了信望愛的橋。
有的全球熱愛生命獎章得主，跨越死亡，造就真善美的橋。
生命，當然不會總是那麼平順，有時會黯然，有時會欣喜。

只要我們和本書《打開生命密碼—— 全球 21 位生命總統活出共好的故事》中，每位生命勇士一樣，懂得跨越，懂得延伸，任何病痛、任何障礙、任何絕望，都能昇華為有愛無礙、昇華為有進無退。

本書是生命教育最好的教材，盼望大家都能透過本書感受到信望愛，活出真善美。

以人為本

全球熱愛生命獎章得主，都是以人為本的生命典範，成為世界生命之光。

澎湖縣長 陳光復

以人為本，是當下澎湖縣政的核心，與周大觀文教基金會永續推動「全球熱愛生命運動」，不謀而合。

今年，來自美國、薩爾瓦多、日本、英國、索馬利蘭、印尼、中國大陸、塞爾維亞、緬甸、委內瑞拉、剛果、澳洲、印度、台灣等 21 位全球熱愛生命獎章得主，從 3,124 位熱愛生命獎章候選人中脱穎而出，每位的生命故事，都是以人為本：熱愛自己的生命、尊重別人的生命、維護地球的生命。

其中，我們澎湖生命之光── 榮獲 2023 年全球熱愛生命獎章得主：癌末菊岩陶藝大師夫婦蔡正勝、劉玲溫，把澎湖鄉土，燒成獨一無二的菊岩陶；讓澎湖三點水精神，化癌為愛助弱勢。

渠等賢伉儷一陶一愛，長期默默贊助許多弱勢癌友，累積完成捐贈新台幣 380 萬元的救護車，終於在普淨寺協助下，於 2021 年鳴笛加入救人行列。

蔡正勝、劉玲溫賢伉儷用生命塑陶，以情感澆灌陶藝，希望傳達濃濃的故鄉之愛，完成父親臨終遺願，用咱澎湖鄉厝土── 燒出菊岩新世界，他們先後入選中國文化創意設計大賽等金獎、2018 年工藝組玉山獎、2019 年榮獲苗栗藝術節柴燒組優等獎、2020 年台灣國際金壺獎等等的肯定。

2020 年元旦，「菊岩燒故事館」創立，蔡正勝、劉玲溫的陶藝創作之路，邁向新里程。他們以「起、承、轉、合」四大創作主題，傳達衷心的感動與追求創新的嚮往；更以熱情欣悅，歡迎社會大眾，一同見證台灣鄉土之美，開懷分享彼此的人生故事。

蔡正勝、劉玲溫賢伉儷表示：2016 年以《雙心石滬》作為感恩人生的「起」首式；接著《大目帆船》為血脈親情的傳「承」：我們的祖父、外公，生前皆以擺渡維生，他們的帆船就像海中大魚，擁有大眼大嘴，還有航行如飛的燕尾。

2018 年的《西嶼落霞》，則是翻「轉」自蔡正勝、劉玲溫賢伉儷的告白：陶藝創作，從立面形塑轉為平面陶板，呈現多元菊島岩礦元素。在《四季吟一傾聽大地的聲音》中，蔡正勝、劉玲溫賢伉儷結「合」平面陶板與立體燒陶，歡快吟頌著春之生機（綠意）、夏之熱情（艷紅）、秋之豐收（金黃）、東之靜定（藍白），永續禮讚生命。

蔡正勝、劉玲溫賢伉儷，雖被癌痛折磨幾乎癱瘓，逢人仍說：我們還有一雙手，我們還要分秒必爭：千錘百鍊菊岩陶．化癌為愛助弱勢。

由此，蔡正勝、劉玲溫賢伉儷分秒必爭，永續的一陶一愛，和來自全球熱愛生命獎章得主一樣，都是以人為本的生命典範，大家一躍成為世界生命之光。

本書《打開生命密碼—— 全球 21 位生命總統活出共好的故事》，是以人為本最好的生命啟示錄，值得全球各界閱讀、分享，進而見賢思齊。

穿越時空

誠邀大家人手一冊，在金門和平天空下展讀，
讀成一座生命燈塔，讀亮一個共好地球。

金門縣長 陳福海

26 年前，10 歲以詩抗癌的周大觀，在台大兒癌病房創作的《我還有一隻腳》等 42 首生命詩篇，停格在美國 CNN、英國 BBC、日本 NHK、中國大陸 CCTV、台灣 TVBS 等國內外媒體，在國內外各界愛心人士的不捨與讚嘆聲中，周大觀走了，周大觀文教基金會誕生了。

今年，周大觀文教基金會，從全球各界推薦 3,124 位熱愛生命獎章候選人中，甄選出：美國救命攝影師—— 艾米．維塔爾（Ami Vitale）、薩爾瓦多殘疾人權大衛王—— 大衛．雷耶斯（David Reyes）、台灣聽障跨國漫畫家—— 呂欣怡、日本自閉鋼琴達人—— 末近功也（Kohya Suechika）、台灣罕病多藝歌手—— 張沐妍、英國澳裔超馬選手—— 迪昂．萊納德（Dion Leonard）、台灣癌末菊岩陶藝大師夫婦—— 蔡正勝＆劉玲溫、非洲女力先鋒—— 埃德娜．阿丹．伊斯梅爾（Edna Adan Ismail）、印尼阿富汗難民國手—— 米娜．阿薩迪（Meena Asadi）、中國大陸沙漠女神—— 常青、台灣巔峰神女—— 江秀真、台灣傷痛天使—— 李沐芸、塞爾維亞百科小畫家—— 杜尚．克托利卡（Dušan Krtolica）、台灣御藝生博士天使—— 孫維瑄、緬甸單車達人—— 麥可．丹頓溫（Mike Than Tun Win）、委內瑞拉全球音樂教育先驅—— 何塞．安東尼奥．艾伯魯（José Antonio Abreu）、南非剛果難民博士—— 法布思．卡皮亞（Fabrice Kapya）、澳洲唐寶寶模特兒——

瑪德琳・斯圖亞特（Madeline Stuart）、台灣多障多藝天使—— 莊筱清、印度史懷哲—— 賈內許・巴萊亞・維薩拜（Ganesh Baraiya Viththalbhai）等橫跨 5 大洲、14 個國家、21 位全球熱愛生命獎章得主。

所有全球熱愛生命獎章得主，總是穿越憎恨，展現慈悲時空。
所有全球熱愛生命獎章得主，總是穿越創傷，展現寬恕時空。
所有全球熱愛生命獎章得主，總是穿越疑慮，展現信心時空。
所有全球熱愛生命獎章得主，總是穿越頹喪，展現希望時空。
所有全球熱愛生命獎章得主，總是穿越戰爭，展現和平時空。

本書《打開生命密碼—— 全球 21 位生命總統活出共好的故事》，每一篇都是穿越生命時空的見證，福海誠邀大家人手一冊，在金門和平天空下展讀，讀成一座生命燈塔，讀亮一個共好地球。

覺醒

每年全球熱愛生命獎章得主，總是以身作則、挺身而出，先自我覺醒，也帶動社會覺醒，更帶動全球覺醒。

連江縣長 王忠銘

生命，是一個覺醒過程。

人生的四季，怎麼可能永遠是春天？一季有一季的特色，都要感謝歲月的恩賜，也要感謝各界有形無形的奮鬥。

今年，來自美國、薩爾瓦多、日本、英國、索馬利蘭、印尼、中國大陸、塞爾維亞、緬甸、委內瑞拉、剛果、澳洲、印度、台灣等 21 位全球熱愛生命獎章得主，定於 9 月 15 日至 23 日會師台澎金馬，展開「點亮生命．普照地球—— 2023 年第 26 屆全球熱愛生命獎章得主會師受獎關懷生命系列公益活動」。

每年全球熱愛生命獎章得主，總是以身作則、挺身而出，先自我覺醒，也帶動社會覺醒，更帶動全球覺醒。

有的人，用跨國行愛，帶動和平覺醒。
有的人，用公益奔走立法，帶動殘疾覺醒。
有的人，用書畫堅強，帶動多障覺醒。
有的人，用挑戰不可能，帶動傷痛覺醒。
有的人，用創造新可能，帶動弱勢覺醒。
有的人，用醫學專業，帶動病患覺醒。

忠銘樂於推薦這本疫後帶動大家覺醒的好書：《打開生命密碼—— 全球 21 位生命總統活出共好的故事》，祝福各位翻閱出生命的覺醒，一同感受生命的喜悅。

美國救命攝影師

艾米．維塔爾（Ami Vitale）

【嫁給攝影．改變世界】

我嫁給攝影，終身用攝影改變世界。

——艾米．維塔爾

艾米．維塔爾以身犯險，用愛攝影，20 多年如一日，用鏡頭守護瀕亡動物。

終身嫁給攝影

一位「嫁給」攝影志業，用攝影改變世界的巾幗英雄，她就是艾米．維塔爾（Ami Vitale）。

她 20 多年如一日，拿起相機衝鋒陷陣百餘國，終身用愛攝影，用鏡頭搶救世界瀕亡的動物，也用鏡頭，記錄人類排出萬難、活出希望。

艾米．維塔爾現為國家地理專職攝影師、作家、探險家兼電影製片人，目前居住在蒙大拿州，經常在歐美、亞洲推廣守護瀕危動物，還是世界新聞攝影獎常勝軍。1993 年及 2010 年分別取得北卡羅來納大學國際關係和新聞學雙學位、邁阿密大學新聞和電影製作學位。

艾米．維塔爾足跡從荒蕪的戰地，至幾近瀕臨絕種的動物，她有著同情

心及好奇心，憑著一己之力，她希望在事情還能挽回之前，向更多世人觸發瀕危的環境及野生故事。

艾米・維塔爾用攝影改變世界之旅，跟過犀牛、摸過大象、爬過戰壕、躺過廢墟、喬裝成熊貓等，她之所以致力於拍攝，是因為她發現攝影真的可以改變世界，同時，她也透過攝影覺察到一旦動物都消失，人類也會消失！

因為不論戰爭、貧苦或健康，大自然對所有萬物都有影響，人類和動物的命運，息息相關。每年她在「國際瀕危物種日」，發表「年輕長頸鹿孤兒 Twiga 伸長脖子，親吻野生動物飼育員 Lekupinai」等溫柔的鏡頭，總是感動全球數億人點讚。

迄今，艾米・維塔爾拍攝的照片，已在世界各處的博物館和美術館展出，並在國際雜誌包括《國家地理》（National Geographic）、《冒險》（Adventure）、《地理》（Geo）、《新聞周刊》（Newsweek）、《時代》（Time）和史密森尼學會（Smithsonian）等發表。

艾米・維塔爾的攝影作品，更成為國際大獎的常客，其中包括：五次榮獲世界新聞攝影比賽獎（World Press Photo，簡稱 WPP）、旅行新聞業的洛厄爾・托馬斯獎（the Lowell Thomas Award for Travel Journalism）、傑出報導的丹尼爾・珀爾獎（the Daniel Pearl Award for Outstanding Reporting）、露西獎（Lucie Awards）等。

由是，艾米・維塔爾以身犯險，用愛攝影，20 多年如一日，用鏡頭守護瀕亡動物，用照片呈現「生命有愛 ・ 動物無價」，永遠以戰地記者為榮，用攝影揭開人們對於環境、自然的危機意識，甚至她肩負「國家」地理專職攝影師、Alexia 基金會攝影新聞諮詢委員會以及漣漪效應圖片（Ripple Effect Images）成員等多重身分，還幫助無數發展中國家的婦女、兒童，甚至動物保護區等籌募資金，成為全球攝影界公認「人道攝影巾幗英雄」，不愧為「美國救命攝影師」。

總有一扇上帝為你開的窗

1971 年美國知名創作歌手唐・麥克萊恩（Don McLean）發行美國派（American Pie）這張專輯，該年也是艾米・維塔爾的誕生。維塔爾的童年，是與三個姐姐一同生活在佛羅里達州。

從小艾米・維塔爾個性害羞、笨拙，甚至害怕世界。

7 歲時，維塔爾父親突然去世……家裡頓時失去昔日歡樂，母親變得自我封閉，喜歡音樂的維塔爾也不再習琴。

維塔爾 14 歲時，第一次接觸相機。當時維塔爾覺得自己像女超人，因為相機賦予她隱藏的力量，有那麼瞬間，維塔爾覺得自己是隱形的。

當維塔爾站在攝影機後，它能使維塔爾的注意力，從自身移開，攝影使維塔爾更能專注於他人，這樣的感覺讓她感到相當興奮。維塔爾也意識到圖像及故事的力量，它們可以讓人縮小自己，放大別人。對維塔爾而言，攝影超越語言、文化、宗教；攝影更突破了周遭的人為界限。

無論語言或種族，當人們看見圖像，他們可以感覺到一些東西，很快地也能立即了解維塔爾所看到和經歷的事物，維塔爾喜歡它的力量。

同時，她也意識這是一個講故事的絕妙方法，這也是維塔爾毅然決然投入其中的原因。

投身戰地記者

維塔爾進入攝影界的第一步，是在 1990 年，她在北卡羅來納州羅利市的《今日美國》日報（USA Today）獲得實習職位。

隨後，維塔爾有六年的時間裡，分別先後在華盛頓和紐約的《美國聯合通訊社》（Associated Press）擔任編輯。

有一天，維塔爾鼓起勇氣辭掉工作，出走實現自己當駐外記者的夢想。

還記得，維塔爾剛搬到布拉格時，她在布拉格的《商業雜誌》（Prague

艾米．維塔爾擅長捕捉到動物親近人類的溫馨照片

Business Journal），打工一段時間後，便投身於《巴爾幹戰爭》（Balkan conflict）的報導中。

1999 年，朗布依埃（Rambouillet）的和平談判破裂，當時的美國總統克林頓和北大西洋公約組織宣布要派兵時，維塔爾接到了四位編輯的電話。一夜之間，命運帶著維塔爾，開始穿著防彈夾克——站在第一線的生活。

從事自由職業一年的維塔爾，於 2000 年踏足多個國家，包括：以色列、巴勒斯坦、法國、捷克等，其中最令她印象深刻的，莫過一個歷經殘酷內戰二十多年的國家——非洲安哥拉！

在非洲安哥拉，石油僑民周末都會在海邊衝浪，村莊的孩子們只能從海灘上看著……

維塔爾拍了孩童們，試圖用浮木雕刻衝浪板的照片，同時寫一個關於衝突的故事，並在《衝浪雜誌》報導，引起全球各界極大迴響。

2001 年至 2004 年，維塔爾花費四年時間，住在印度，穿梭印巴喀什米爾軍事衝突現場。

印度克什米爾自 1947 年以來，持續發生軍事化衝突，這裡成為世界上最常產生衝突的地方之一，陷入這場大衝突中的人們，卻始終被置身事外，維塔爾試圖將這些殘酷的衝突人性化，同時展示世界並存的極端生活，而對維塔爾來說，這段時期也是最艱難的時期……

2005 年至 2008 年，維塔爾仍持續投身許多國家的衝突現場，像是尼泊爾、不丹、非洲等。多年來維塔爾從事的都是期限緊迫，主題常常都是圍繞在暴力和衝突的報導。

這些地區的語言，往往無法與維塔爾有效溝通，她時常被要求跳傘到不同的國家，只用幾天或幾週的時間，來報導自己都一無所知且複雜的故事。而維塔爾很快意識到，這樣的報導不是自己想要的。

日夜投身在兩極的世界中，不斷衝擊也消耗維塔爾心靈。維塔爾始終堅信：戰爭——殘忍愚蠢，無法解決問題；守護和平，人人有責。

邁向國家地理攝影師之路

維塔爾發現自己：對發掘新聞標題背後的主角故事更有興趣，她認為不論到哪裡，發掘人類的感情與萬物連結，總是有趣的。

報導衝突議題長達 10 年，維塔爾看過無數人的殘酷和不人道……

2008 年時，維塔爾尤其感到筋疲力盡並且沮喪，她意識到自己必需花時間來治愈自己。

維塔爾想要從這些衝突中休息，她感到沮喪和掙扎……就在她決定短暫告假時。當時美國自然保護協會（The Nature Conservancy），突如其來地電話邀約，讓維塔爾參與了為生活世界設計（Design for a Living World）項目，記錄世界各地的自然。維塔爾覺得是宇宙，將她推向自然這個方向。

起初，維塔爾果斷拒絕，然而在同事萬般說服下，維塔爾最終仍承擔這項任務。

維塔爾表示這個熱愛地球的項目，像是宇宙的禮物，那一刻維塔爾認為自己，彷彿是得到靈魂的渴求！維塔爾開始轉移拍攝有關文化和環境的故事。

最後的北非白犀牛

2009年，大約在維塔爾開始為美國自然保護協會工作時，來自捷克的朋友們與維塔爾取得聯繫，轉述有關世界上僅存的八頭北非白犀牛中的四頭，將移回肯亞。

對於維塔爾來說，這樣的故事像極了迪士尼的電影，但現實上，這是挽救整個物種所能做的最後努力。維塔爾表示當時她所知道的媒體組織，沒有人接受這個項目的提案，雖然他們認為這是一個很棒的故事，但新聞效果不夠顯著。

儘管維塔爾被拒絕，但是她相信自己的直覺，毅然決然出發前往非洲。

艾米．維塔爾看到最後一頭北非白犀牛蘇丹，用牠的生命，教會我們的事。

當維塔爾第一次看到那些北非白犀牛時，她被震懾住！

維塔爾看著牠們，她意識到：這就是滅絕！是人類對地球的所做所為！

根據法新社（AFP）的報道，北非白犀牛滅絕的主因是偷獵。犀牛角被認為有治病功能，在亞洲佔有市場、黑市收購價高，導致偷獵犀牛猖獗！犀牛傳統的棲息地，在中非、南蘇丹等國家，這些地方大多是戰亂區，因此這些地方，更容易成為法外之地，大量犀牛遭到獵殺。

時至 2018 年，最後一頭名叫蘇丹（Sudan）的雄性北非白犀牛，最終在肯亞死亡。蘇丹的死亡，等於宣告了北非白犀牛亞種的滅絕……

維塔爾心痛的表示：「一個生物死去，我希望這是同類中的最後一個，我不希望，也不願再經歷……這樣的感覺，就像看著同類滅亡！希望這樣令人心碎的時刻，能成為警鐘！這些物種，是複雜世界的一部分，它們的生存與人類自身息息相關。沒有犀牛、大象和其他野生動植物，人類將失去想

像力、失去奇蹟，失去美麗的可能性。當我們將自己視為自然的一部分時，我們就會明白，拯救自然，就是拯救人類自己。」

這些，是最後一頭北非白犀牛蘇丹，用牠的生命，教會我們的事。

見證復育奇蹟

2013 年起，維塔爾花費三年時間，在中國四川拍攝熊貓。

維塔爾認為大家習慣將熊貓，視為毛絨玩具和故事書，但實際並非如此。熊貓其實是一種非常難以捉摸、安靜且孤獨的生物。

拍野生熊貓的難度，超乎想像，為了拍熊貓，維塔爾先到保護區，再依據工作人員的指引，穿上沾有熊貓尿液和糞便的熊貓衣服，全副偽裝。

對於當過戰地記者，追逐拍過大象、犀牛的維塔爾，在草叢裡趴了一整天，卻根本沒拍到野生熊貓。

艾米・維塔爾穿上沾有熊貓尿液和糞便的熊貓衣服，全副偽裝拍攝熊貓。

那些動物園裡，看起來憨態可愛，一副隨你拍照的熊貓，實際上卻不是如此。熊貓的個性害羞，喜歡隱藏在叢林深處，很難追蹤得到。

維塔爾經常是連續趴在樹上好幾天，森林中最多的就是樹，維塔爾經常看得眼花繚亂，不是沒找到樹頂的熊貓，就是剛舉起相機調好設置，熊貓就已經挪地方。在森林中還經常起霧，維塔爾想拍出高質量的熊貓照片，更是難上加難！

斷斷續續三年間，維塔爾才拍到第一張還不錯的熊貓母子照片，拍攝熊貓照片，簡直和戰地拍照經歷不相上下！

熊貓在地球上，已經生活數百萬年，直到 19 世紀才被人類發現。

它們是高度孤獨的生物，生活在中國西南偏遠山區的森林中，每年通常

斷斷續續三年間，維塔爾才拍到第一張還不錯的熊貓母子照片

只有兩到三天與同類接觸，直到交配。

維塔爾：「我們將熊貓，變成了可愛的卡通人物，但牠們並非這樣。」

現今大約有 1,800 隻野生大熊貓，在過去十年中增長了約 17%。由於中國大陸採取一致的策略繁殖，並為熊貓棲息地重新造林，該物種已於 2016 年，從瀕危物種名單中刪除。

維塔爾親眼看到這些努力的成功，更大大肯定自己工作帶來的重要性！

維塔爾藉由攝影，為現今受到的環境挑戰，帶來更多正向解決方法及回饋！

贏在真誠與信任

維塔爾以拍攝主題故事而聞名，每到一個新地方，維塔爾首要就是花數月的時間，鑽研她的拍攝主題，維塔爾集中和她想拍攝的對象溝通，因為維塔爾認為所有的細節呈現，必須要在取得當地人信任，與他們才會有共鳴。

這就是為什麼維塔爾經常花費數年時間，從事單一項目的原因。

維塔爾說：「拍攝人物所遵循的規則，也適用於拍攝野生動物。拍攝動物之前，要獲得動物的尊重，這相當重要；就像在拍攝人像之前，獲得人的同意是一樣的！」

維塔爾用很多時間，跟當地人解釋拍攝這些主題的原因，如此他們才會敞開心房，讓維塔爾記錄一些特別時刻。

身為女性的維塔爾，常常會受到騷擾和威脅，這使得維塔爾必須學會注意自身安全和身處之地。

維塔爾是少數的國家地理女攝影師，她坦言每當去到一些戰爭地方和偏僻部族，自己都會比男攝影師更容易身陷險境！

維塔爾也曾有過許多可怕的經歷，記得有一次在巴勒斯坦的一個葬禮，維塔爾在太陽下山後，還想多拍一兩張照片，但隨後聽到有人大叫，説維塔爾是中情局的探子，下一秒維塔爾身邊圍著一幫男人，他們看來非常憤怒，好像想殺了維塔爾！幸好，最後辦葬禮的家庭，幫助維塔爾脱離險境。

愛心不落人後

20 多年來，維塔爾除了以自身行動，前往各個國家、地區拍攝第一手照片，她更長期發起許多募捐活動── 為肯亞 Reteti 大象保護區，拍攝募款公益短片，同時為許多非洲當地組織發起募款活動，包括：Ol Pejeta 保護區、薩拉拉基金會（Sarara Foundation）等，迄今維塔爾為各種大小的非營利組織籌集超過 200 萬美元！

維塔爾把攝影的效用，發揮得淋漓盡致，藉由攝影，為現今受到的環境挑戰，帶來更多正向解決方法及回饋。

現代社交媒體發達，人人都可以是攝影師，但是如何拍出特別的照片？維塔爾建議大家從身邊的事物開始，使用自己獨特的視角，記錄比其他人更好的故事。

維塔爾：「每個故事都有各種觀點和真相，取決於你的立場。你需要花費大量的時間和耐心，才能找到故事的細微之處。找一些你身邊的故事，它們可能就發生在你的周遭，然後把它變成你的專屬故事。如果你找到了一個故事，並全心全意奉獻精神和時間，那麼你就可以開拓你的一片天。」

薩爾瓦多殘疾人權大衛王

大衛・雷耶斯（David Reyes）

【拉丁美洲人權推手・超越極限大衛王】

去做社會說我做不到的一切，
只有我們自己不限制我們對生活、內心，
及對上帝信仰的積極態度，變革才會產生。

——大衛・雷耶斯

殘疾人權大衛王

薩爾瓦多最年輕的首位殘疾國會議員大衛・雷耶斯（David Reyes），用生命實踐人權，始終堅信：人權，是人人與生俱來的基本人權和自由，不論其種族性別、社會階級等，都一視同仁享有權利，不但任何社會或政府，不得任意剝奪、侵犯，甚至應積極立法：提供個人表達和發展的機會，以達到尊重生命尊嚴及追求美好生活的目標。

大家公認：他是拉丁美洲為保障殘疾、弱勢，全心全力人權立法的推手與先驅。

大家讚嘆：他創辦非營利組織「超越極限基金會」（Fundación Sin Límites），從公民社會展現生命力，永續帶動千千萬萬殘疾弱勢就學、就業、就醫，同時揮別陰霾，勇敢走出來、迎向生命無限可能的光明。

大家肯定：他積極參與國內外各種論壇、會議，並毫不保留分享實踐

人權・達成共好的經驗與成果，永續力挺「中美洲領導倡議」、「拉丁美洲年輕國會議員連線」，持續引進國際知識、經驗、訊息，推動國際殘障公約國內立法化。

由是，大衛・雷耶斯先生，已成為薩國殘障及青年弱勢人權推手與先驅，亦為民主政治之堅定信仰與擁護者，在當前拉美地區政治左右勢力輪流交替，強人及民粹政治風行之氛圍下，更顯珍貴。他自許在此人世間，留下其最寶貴之精神遺產：「一切皆有可能！」的積極態度；他強調在地球上的每一寸光陰，每一步伐，都不應該被忽視或遺忘。

尤其，他積極樂觀，勇於面對環境挑戰之「大衛王」精神，讓他不可思議地自小在體育及音樂上展現天賦，進而在成年後投入殘障人權推動工作，展現「雖千萬人吾往矣」之精神，感動歐美，轟動拉丁美洲，不愧為「薩爾瓦多殘疾人權大衛王」。

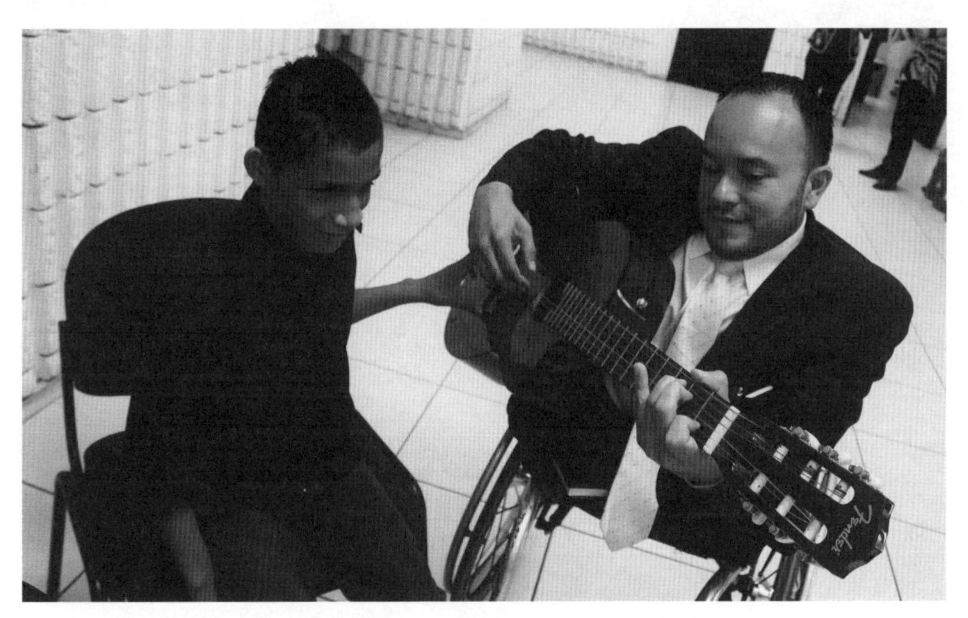

大衛・雷耶斯雖然下肢萎縮，但他自小在體育及音樂上展現天賦。

展現運動與音樂才華

大衛・雷耶斯（David Reyes）生於 1981 年 3 月 31 日薩爾瓦多首都，父母親是最受國人敬重的醫師、護理師，他是四個孩子中的第三個。與他的其他兄弟姊妹不同，他一出生就患有先天性尾椎退化綜合症，導致他的下肢退化萎縮，但是這種殘疾從未讓他停止前進。

他的父母決定將他命名為「大衛」，就是因為他們看到了他的巨大潛力，就像那位擊敗巨人，實現偉大成就的小牧羊人——大衛王一樣。

與多數人的想像相反，靠著他的毅力，對上帝的信仰，以及家人與朋友的無條件支持，他的童年成長歷程一切正常。

就像其他身體健全的孩子一樣，大衛對體育充滿熱情，他撐著滑板，戴著手套跟鄰居一起踢 / 打足球。

大衛・雷耶斯騎馬、滑板上跑步、踢足球、游泳，都是他兒少時表現精彩的一部分。

他出色的球技與滿滿能量，讓他在 10 歲那年，就獲得國家體育學院授予「體育優異獎」。他的正面態度，使他永不停止前進，騎馬、滑板上跑步、踢足球、游泳，都是他兒少時表現精彩的一部分。

大衛，同時也是一個音樂愛好者，小時候就拿著哥哥的鍵盤彈奏。

一直發展到今天，大家認可：他的音樂出色天賦。

憑藉他的音樂才能，他獲得美國德州青年希望獎學金，以持續培養他對鋼琴彈奏之天賦，這也是他第一次離鄉背井的學習體驗。

設計殘障汽車駕駛輔助系統，還獲得美國專利！

「去做社會說：我做不到的一切！」是他的座右銘。

隨著年歲增長，大衛開始面對：一個為他提供眾多不便的世界。

但是，儘管如此，他從來不覺得有真正克服不了的困難。

他生平最難忘的事，就是他在 17 歲時，設計了一套槓桿系統，使用舊輪椅的零件改裝姐姐的汽車，將它們架設在汽車踏板上，設計了自己的手動控制系統，這個系統，不但讓他輕易學會駕駛汽車，在很短的時間內就獲得駕照，更讓他在美國獲得了專利。

他進一步改良，幫助更多人用於所有自動排檔車系統。那時他意識到，只要他能激發出一些想法，他就可以想辦法實現！

「不好意思，搞錯面試對象了！」

大衛在大學獲得了市場行銷學士學位，畢業後，他殷盼能展開他人生的嶄新篇章，進入就業市場。

然而幾次面試下來，儘管大衛各方面都符合條件，但是雇主們看到他的輪椅，最終還是說：「之後會再給他打電話……」，甚至殘忍的說：「不好意思，搞錯面試對象了！」

然而，灰心喪氣並不是勇於面臨挑戰他的習慣，所以在他堅持不懈下，終獲薩爾瓦多自由派大報《今日報》（El Diario de Hoy）錄用，在其官網 elsalvador.com 公共關係部門工作。

之後，他也同時利用業餘時間進行網路行銷，在不同場合擔任代言人，以提高人們對尊重殘疾人權的認識。

相關的職場經歷，讓他更堅定強化對殘障人士之貢獻，大衛在 2010 年成立了非營利組織「超越極限基金會」（Fundación Sin Límites）。

在一群志同道合的朋友努力下，該組織致力於推動殘疾人士就業，促進對殘障族群人權之尊重。該基金會迄今已為薩國數千名希望進入就業市場之殘障朋友，創造眾多工作機會。

27 歲當選薩國史上首位最年輕的殘障國會議員

由於大衛對社會的承諾與期待、以及與殘疾人士社團的合作，讓他在 2009 年獲得甫失去執政地位，力圖革新之薩國第一大政黨「國家共和聯盟」（ARENA）黨提名，並順利贏得他在薩國首府──聖薩爾瓦多省的第一任民選國會議員任期，展開了他的政治生涯。

當時他才 27 歲，是薩爾瓦多史上最年輕的國會議員，也是歷史首位殘障國會議員代表。

他在國會中展現的議事主導、清廉和領導能力，促使其所屬政黨「國家共和聯盟」黨，於 2013 年 5 月，任命他為該黨全國青年工作主任，他也成功達成：該黨交付他重組與活化青年體系之重責。

該黨遂於 2014 年 6 月任命他為：第 5 屆黨全國大會籌備委員會召集人，該次大會並通過數項重大黨務革新，如無記名投票、黨內推派之中央及地方公職候選人──須經黨內初選等積極民主作為。

大衛除了積極進修外，也同時在國內外各種論壇和會議中，進行經驗與

大衛．雷耶斯 27 歲，當選薩國史上首位最年輕的殘障國會議員。

工作成果分享，如在玻利維亞聖克魯斯舉行之「殘障人士培訓和就業新戰略」論壇、美國華盛頓舉行的「國際領導人訪問計劃」等。

他同時亦為「中美洲領導倡議」（CALI）及「拉丁美洲年輕國會議員連線」等國際組織成員，參與這些組織，讓他不但能夠向國際介紹薩爾瓦多殘障及青年工作推動情形，更能夠增加相關知識與經驗，成為他立法與推動工作時之重要資本與不同的政治視野。

人權立法之歷史性先驅

大衛對國家與社會最重要的貢獻，主要呈現於他 2009 年迄今，連續四屆的國會議員工作，推動無數青年及殘障福利與權利立法與改革，而這些改革面向、視野，都是薩國百年歷史以來前所未見，可謂是讓薩國殘障弱勢族群權利與福利，從無到有，還要跟上先進國家的腳步。

大衛．雷耶斯國會議員任期內，積極推動尊重殘障人權工作及青年發展政策。

在 2009 年至 2012 年的首任國會議員任期內，積極推動尊重殘障人權工作及青年發展政策。

他辛勤的工作以及對殘障族群的承諾，讓他在 2012 年，以全國第二高票再次當選國會議員，任期內並榮膺國會勞動和社會保障委員會主席，並推動通過「天災預防法」、「自願辭職經濟保障法」等重要之全國性法案，以及讓數以百萬計薩爾瓦多人——在工作場所中受益的勞動條件重要改革。

同時間，大衛也在其另外所屬之「青年和體育委員會」，推動了「青年總法」及「我的第一份工作法」等重要法案改革。

2015 年再次高票當選後，基於他的工作成果與累積之信譽，他獲提名為國會主席團成員，成為主導國會議事——最主要之決策者與推手。

他的工作目標，已不僅侷限於青年工作及殘障人權，更積極推動裨益薩國人民之政策立法，包括審計法院法官選舉須經國會絕對多數通過、政黨政治獻金來源透明化、國會議員席次縮減案、及憲法對政府官員犯罪豁免權去除等重要憲法改革倡議。

不過他歷年立法工作重點，還是以殘障人權保障為優先。該任期中，大衛成功推動薩爾瓦多新購公共汽車中，至少需有 4%車輛具備無障礙措施、以及增加電動低底盤公車採購、公私立新建築商場停車場殘障人士及孕婦保障車位等，強制性殘障弱勢友善立法。

在 2018 年起迄今的第四屆任期，他推動的新公務員服務法、老年人法等均獲迅速通過，迄今更持續推動批准「聯合國殘疾人權利公約」及其任擇議定書、保障視障人權之「馬拉喀什條約」、薩國「殘障人士融合法」、保證男女同工同酬，以及殘疾人在工作場所同等報酬和同等晉升程序之「勞動法改革」。

還有確保無障礙空間設計之「城市規劃建設法」、「城市發展基本法」及「土地運輸、交通和道路安全法」立法或修法、取消盲人和聾啞人競選國會議員、地方市長或市議會議員禁令之「選舉法」修正案等殘障人權法案。

大衛從來不會因為他在這十餘年來，持續推動尊重及保障青年、殘障及弱勢人權立法之重大歷史性成就而自滿，他更期盼繼續努力，讓這些成果為所有薩爾瓦多人的生活質量帶來改善。

未來有機會，他將轉換跑道，競選中美洲議會議員，把他服務之面向，進一步擴及全區域之青少年與殘障人士。

永遠感恩

他強調，他將他最感謝的父母之愛，持續貢獻給薩國人民、甚至區域及全球。他的父母在他一出生時，沒有因為眼見的殘疾而放棄他，縱使醫生說他根本不會活多久，但是他敬愛的父母親，以無比堅定的意志與精神，陪他活出希望。

無微不至守護他的父母親，甚至給他取名為大衛，告訴他這個小男孩與巨人作戰，並擊敗了那個可能導致舉世滅亡的巨人之故事，讓他迄今只知道持續前進不輟。

見證：生命無限可能

大衛說：「只有我們自己不限制我們對生活、內心以及對上帝信仰的積極態度，變革才會產生。」

他期盼，他未來能在這人世間留下最寶貴的精神遺產，就是「一切皆有可能！」的積極的態度。

他在地球上的每一寸光陰，每一步伐，都不應該被忽視或遺忘。他想告訴所有人，無論面對的情況如何，只要你永遠保持積極態度，必然將克服一切困難。他夢想在這條努力的道路上，繼續榮耀景仰的上帝，敬愛的父母親以及他最親愛的妻子。

台灣聽障跨國漫畫家

呂欣怡（Lu, Hsin-I）

【用畫發聲・畫愛世界】

一枝筆、一本畫簿，

為我的無聲世界，開啟了一扇窗。

── 呂欣怡

以漫畫揚名韓國第一人

呂欣怡出生於 1991 年 5 月 30 日，畢業於國立臺灣藝術大學視覺傳達設計系，出生時臍帶繞頸，加上 3 歲的一場高燒等不明原因，造成雙耳失聰，終生攜帶助聽器，需藉由讀唇、口語訓練，才能和一般人對話。

雖然限制了聽覺，卻止不住呂欣怡的思想泉湧。

從小學開始，她便把想像寄託在塗鴉裡，從國中開始，長時間苦思在漫畫稿紙前繪圖創作，不斷投稿作品至各平台，歷經多次的投稿和退稿，呂欣怡終以筆名 M 蜥（Mlizard），於 2016 年以首部作品《聽見晴空的迴音》，正式成為漫畫家。

近期又以一部作品《要是未曾相遇就好了》，進軍國際，翻譯成韓文，刊登在韓國知名 SERIES、NAVER WEBTOON 網路漫畫平台，精彩的劇情引起許多觀眾留言討論，成為台灣第一位聽障漫畫家。

對呂欣怡的生命而言，聽障已不是障礙，反倒成激勵，從小接觸接觸漫畫，以繽紛的想像、多元的世界，對漫畫創作情有獨鍾，亟盼作品拍成電影、出版實體漫畫書，鼓勵聽障人士，讓社會對聽障多一些理解和尊重，見證漫畫不只跨越國界，更跨越身體障礙，用畫發聲．畫愛世界，以漫畫跨國揚名韓國第一人，不愧為「聽障跨國漫畫家」。

演講全校第一名

呂欣怡是家中第一個孫女，從小備受疼愛，讓家人困惑的是，每逢過年過節，外頭劈哩啪啦的鞭炮聲，都沒有吵醒熟睡躺在床上的她，家人嘖嘖稱奇為大膽。

一直到她一歲半，還是在說「嬰語」，沒有正確的發音，媽媽帶著她到長庚醫院檢查，結果得到最不希望的答案：聽力受損，必須配戴助聽器。

不願意接受事實的媽媽，揹著她到台大醫院、馬偕醫院、榮民總醫院等各大醫院就診，得到的答案都是一樣，至於為什麼會導致聽力受損，有可能是因為高燒不退、基因缺陷、生產過程中臍帶繞頸等，一切都只是推測，醫生們都沒有給出正確的答案。

於是，媽媽費盡心思打聽口語訓練課程，透過聽障協會，得知龍潭有位專業的老師，每天下班從中壢到龍潭，歷經一年，呂欣怡學會了運用助聽器、學習發音。即使回到家，仍持續不斷的練習。身為老師的媽媽，訂閱《國語日報》，每天將報上的短文剪貼下來，一字一句教導呂欣怡唸，直到正確為止，媽媽表示在教導的時候，會將嘴型故意放大、放慢，因為聽障的小孩會看唇語，這是他們很自然的本能。

另外常人都認定聽障孩子，要就讀啟聰班或啟聰學校，但媽媽堅持送呂欣怡去常態學校上課，並經常告訴她：「眼睛生病，所以戴眼鏡；耳朵生病，所以戴助聽器，沒有什麼好奇怪的，不必在意他人眼光。」

長期下來因為媽媽耐心的教導，讓呂欣怡聽、說、讀都有明顯的進步，甚至在小學四年級和普通學生一起參加演講比賽，榮獲全校第一名。

立志成為跨國漫畫家

呂欣怡小時候非常安靜，總有無法融入人群的感覺，平日在褓姆家不吵不鬧，總是喜歡在角落靜靜看書、畫圖，褓姆還蒐集日曆紙，讓她利用背面空白處盡情塗鴉。

那時候國小很流行《數碼寶貝》，她就把家人或是周遭的人，畫成裡面的角色，得到很多親友、長輩的稱讚，連學校的同學，都紛紛希望被她畫在圖裡，每天都期待她的新作品。

呂欣怡在小時候非常安靜，總是喜歡在角落靜靜看書、畫圖。

媽媽為了讓呂欣怡的藝術天分不被埋沒，便讓她學畫、捏陶，捏陶是為了讓她的手指更靈活，可以畫細緻的圖案，對現在的她，影響深遠。

呂欣怡回憶在小學時，每次下課回到家，不是寫作業、就是埋頭畫圖，直到有一天，媽媽帶她去租書店，店裡滿滿的漫畫書── 震撼了她，於是借了人生第一本漫畫書《美少女戰士》。

呂欣怡表示：「畫畫是一種溝通，我一直試著用畫與這個世界溝通。」

呂欣怡翻開漫畫書，發現漫畫不像電視卡通是彩色的，只憑黑白線條，就能描畫出一個多采多姿的世界，有俊男美女以及浪漫的愛情故事，從此愛上漫畫，只要有機會去租書店，每一次去，都是滿載而歸的回家。

呂欣怡省吃儉用的把零用錢，拿去買墨水、沾水筆、透寫台、網點貼紙等工具，為了加強能力，還臨摹許多知名漫畫家作品，還拜託爸爸、媽媽帶她去上電腦繪圖、漫畫等課程。

呂欣怡表示：「畫畫是一種溝通，我一直試著用畫與這個世界溝通。」

漫畫的世界，讓呂欣怡發現：就算她聽力不靈敏、不善於表達，無法跟上朋友們的聊天速度，只要透過漫畫畫面，也能傳達自己的想法，展現自己構思的故事，藉此與人交流，立志成為漫畫家。

聽見晴空的迴音一夢想的開始

立志成為漫畫家的呂欣怡，從國中便一直參加比賽，看似一路順遂會得到很好的成績，結果每次比賽卻一次又一次的落選，美術補習班的老師建議她：「多體驗人生，再當漫畫家也不遲。」

當時日本有國中生身分的漫畫家，呂欣怡對老師的建議，十分不接受，她心想：「同樣是國中生，別人都能做到，為何我不能呢？」她長大後，才明白——漫畫家不是想當就能當，曾經一度沮喪想放棄夢想。

後來，呂欣怡從臺藝大視覺傳達設計系畢業，曾考慮嘗試設計行業，最終還是選擇與漫畫相關的日商公司，為了加強自身技能，還報名遊戲美術培訓課程，透過學習，重燃對漫畫的熱愛，於是她一邊擔任美術製作、一邊繼續漫畫投稿，繼續她的夢想之路。

歷經 12 年，終於在 2014 年高雄駁二動漫祭，榮獲原創微漫畫第三名，緊接著在第一屆 comico 原創新作大賞比賽入圍，獲得連載漫畫的資格。表面上看似光鮮亮麗的漫畫家，事實上，其實體無完膚—— 提案常被編輯狠狠打槍，而編寫劇情不但要考慮各種細節、講究分鏡畫面的安排等，加上不熟悉的用詞與技術，讓她深受打擊。

不僅如此，連溝通上也發生了一些問題，因為編輯常常都使用電話聯繫，雖然會讀唇語的呂欣怡，改用視訊或通訊方式聯繫討論內容，但還是常常會發生誤會的情況。

於是，呂欣怡在討論的時候，一定會先準備大綱，讓編輯看到這些文字，然後問問題，這樣一對一的回答，加上中間編劇艾兒莎老師的協助，2016 年完成了首部作品《聽見晴空的迴音》，轟動全台。

呂欣怡當上專職的漫畫家，反而讓爸爸、媽媽大吃一驚，她表示：「我一直都很認真說要當漫畫家，就算他們看到我一直投稿，還是以為我只是說說而已，現在父母非常支持我。」

2016 年，呂欣怡完成了首部作品，轟動全台。

自身經歷融入漫畫劇情─看清現實，才能勇敢作夢

首部作品《聽見晴空的迴音》，描述聽障女孩圓夢的故事。

呂欣怡回想自己的求學階段，生活充滿各種無奈和阻礙，如親友聊天，唇語讀不到，大家又沒耐心解釋；考機車駕照時被人翻白眼，說喊了很多次名字── 沒人出來領駕照，環境音太吵或壓力太大，都會聽不見，這些問題，都需要被理解、接納，她透過漫畫中的女主角，真實呈現她生活的「困境」。

殊不知網路上的留言、評論，讓呂欣怡質疑自己：「我真的適合當漫畫家嗎？」深深感受到文字的殺傷力，對她影響極大，曾一度排斥碰觸漫畫、好幾次放棄夢想。

呂欣怡的家人、朋友不斷支持、鼓勵，幫助她跨越這道難關，大阿姨鼓勵她：「人活著為自己，不需要和別人比較。」也有粉絲私訊給她加油打氣，對她來說，是再好不過的「強心針！」

2017 年 3 月 8 日，《聽見晴空的迴音》正式完結。

呂欣怡花了兩年沉澱── 審視自己的創作，也去吸取別人作品的優缺點，如參考漫畫格式、蒐集素材、思考人物關係，將這些經驗匯集整合，再度向編輯提案作品，卻屢次被拒絕、退稿。但皇天不負苦心人，意外接到 LINE WEBTOON 網路漫畫平台邀稿通知，並於 2019 年 1 月 29 日起，連載第二部作品《要是未曾相遇就好了》。

進軍韓國連載．盼作品拍電影

呂欣怡不希望創作類型被局限，一改前作的陽光，創作《要是未曾相遇就好了》，這部作品結合近年關於恐怖情人，及分手後的情緒勒索等新聞事件，以校園為背景，走起懸疑、驚悚風。充滿懸疑氣氛的劇情，讓這部作品成功興起話題性，精彩的劇情，也深受讀者討論及稱讚，業者還將劇情翻

呂欣怡也參與特教宣導，鼓勵聽障人士，讓社會對聽障者多一些理解和尊重。

譯成韓文，刊登在 NAVER WEBTOON、SERISE 等韓國網路漫畫平台，成為台灣第一位聽障跨國漫畫家，收穫無數跨國粉絲響起的掌聲。

呂欣怡表示，能在韓國連載作品非常感動，她先前就很希望作品能打入海外市場，才將故事設定為大眾日常生活所見題材，以減少海外讀者面臨的文化衝突，也非常感恩台韓兩方的編輯極力宣傳，接著於 2021 年，在 LINE WEBTOON 網路漫畫平台，發表第三部作品《假戲真做的我們》。

擁有三部網路漫畫作品的呂欣怡表示：聽覺障礙，不再是無法突破的事，她不會放棄任何與世界溝通的可能，還要朝夢想前進，期許作品對讀者有互動學習激勵，並亟盼有朝一日，作品被拍成電影、出版實體漫畫書，鼓勵聽障人士，讓社會對聽障多一些理解和尊重，見證漫畫不只跨越國界，更跨越身體障礙。

日本自閉鋼琴達人

末近功也（Kohya Suechika）

【彈出自閉．奏出希望】

鋼琴，帶給我們希望；
我們尋找更合適的教學方法，
幫助像末近功也的孩子們，也能找到希望。

—— 末近百合子（末近功也的媽媽）

母愛力挺．鋼琴相助

末近功也（Kohya Suechika），2 歲時被診斷出患有中度自閉症，語言、學習人際互動能力微弱，比一般孩童發展來的遲緩，就連看似簡單的扣釦子，他都要學數年之久。然而在母親末近百合子女士永不放棄的母愛下，陪他進行職能治療、物理治療、語言治療、ABA 治療、水療、馬術治療和藝術等各種治療，讓他有進入校園與同儕相處學習的機會，也發覺他在音樂的天賦。

末近功也除了父母親、姊姊之外，也很幸運的遇到許多貴人，讓他們一家人在成長的路上不孤獨。首先是在治療師、醫師細心的指導之下，讓他媽媽吸收到許多療育的知識，幫助他能漸漸脫離自閉症的症狀；在老師們的愛

心教學之下，讓他有更好的學習環境，也成功搭起與同學相處的橋樑，並指導這個特殊的孩子，成為優秀的音樂神童；同學們也在師長的説明之下，能體諒他特殊的情況，樂於與他一起學習、交友，大家一起助他圓鋼琴夢。

由是，末近功也在家人、師長、同學的支持與鼓勵下，不斷的突破自閉症的限制，全心全力突破障礙，發揮上帝賦予的絕對音感，彈出自閉．奏出希望——2013 年國際身心障礙者鋼琴比賽金牌獎、2015 年亞太國際身心障礙者鋼琴比賽金牌獎、2015 年第 12 屆 Cold Concert 第三名、2015 年、2016 年兵庫縣學生鋼琴大賽銅牌獎、2016 年日本傳媒新聞特輯報導，他還立志巡迴世界各國公益義演，翻轉星生命，還與媽媽末近百合子一起創辦

末近功也在家人、師長、同學的支持與鼓勵下，不斷的突破自閉症的限制，全心全力突破障礙，發揮上帝賦予的絕對音感。

「多元鋼琴教室」，造就許多身障音樂家，引起國內外熱烈迴響，見證天生我材必有用，不愧為「日本自閉鋼琴達人」。

父母是孩子最好的治療師

末近功也 1998 年 11 月 9 日，出生於日本兵庫縣神戶市，2 歲時被診斷出患有中度自閉症，那時候的他完全不會說話，也不會與人互動。父母焦急著帶他跑遍各大醫院做早療，只要聽說哪裡有什麼有效療程，再遠的路程也會去，從 3 歲開始就密集安排職能治療、物理治療、語言治療、ABA 治療、水療、馬術治療和藝術等各種治療。

其中媽媽末近百合子最不忍的，就是帶他去做治療，常哭到聲嘶力竭，媽媽也常無助的抱著他在醫院裡，等到他哭累了、睡著了，再帶著他回家。

2018 年，末近功也因多重障礙而完全無法站立或行走，被迫靠輪椅生活，聽覺過敏也加重了，一天 24 小時都得戴耳塞。

就這樣每個禮拜都重複著所有的療育，因為治療師的一句話：「每天一定要訓練夠 8 小時，治療一定要夠密集才有效」，也因為這句話的影響，媽媽每天除了跑療育外，回到家也是密集複習所有治療師教的每個動作。

媽媽末近百合子堅信：一定要教，才有機會學會。

就連一般人再簡單不過的扣釦子，媽媽末近百合子從他 3 歲就開始慢慢訓練，一直練習到小學三年級，他才終於學會自己扣釦子。媽媽末近百合子堅信：一定要教，才有機會學會，不教他，他就一定不會。他們並不會因為長大了就自然會，所有的學習都是需要練習很多次。

媽媽末近百合子表示：教導的過程，真的是比一般孩子，要多花上幾倍的時間，這是一條艱辛的路，但是看到孩子一點點進步，就覺得一切都值得，也會為他的努力感動到流下眼淚！

以鋼琴表達自我

末近功也儘管在語言遲緩、各種執念、溝通困難等社會障礙，但他以鋼琴而非文字表達自我，以其獨特的絕對音感，令千千萬萬人著迷。

末近功也 5 歲時上幼兒園，聽朋友用鋼琴彈奏《青蛙之歌》，他立即用一根手指彈奏出《青蛙之歌》，琴震四座。

末近功也小學二年級時，媽媽末近百合子演奏蕭邦高難度的第二號詼諧曲——充滿著甜美的風味與大膽的作風，交織著愛恨情仇，在音樂史上獨樹一幟，雖沿用詼諧曲一貫的三拍子基礎，但以四小節為樂句單位，讓三拍的詼諧曲，聽起來猶如四拍子的節奏感。

如此高難度的蕭邦名曲，末近功也輕而易舉的彈出曲目中的情緒變化與對比。

媽媽末近百合子是末近功也第一位啟蒙鋼琴老師，小學三年級開始，到高野音樂學校，後來的阪神昆陽特別支援學校，各階段音樂老師耐心、細心、愛心的指導，造就了末近功也用鋼琴表達自我。

末近功也強烈渴望在街頭彈奏鋼琴，能自立更生，自娛娛人，帶動生命正能量。

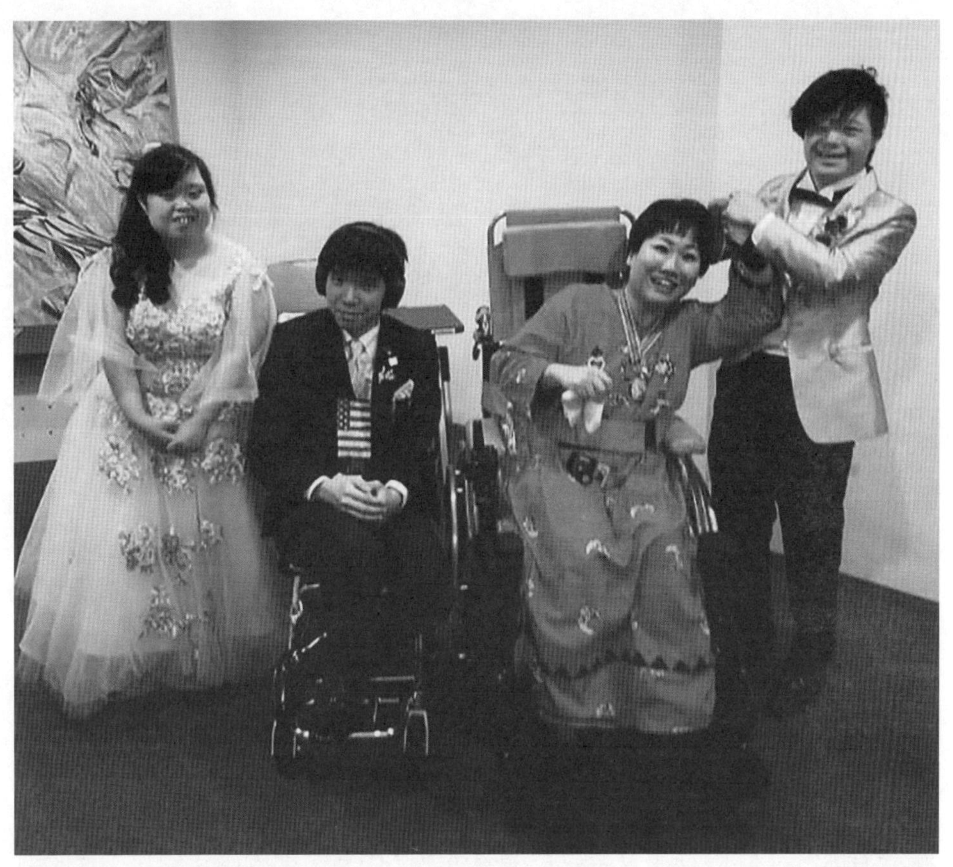

只要父母與師長不放棄，繼續給予特殊孩子尊重、愛與鼓勵，所有特殊孩子還是有希望能走出屬於自己的一片天地！

再奏希望樂章

末近功也 11 歲，參加在神戶舉辦的阪神大震災重建音樂會，碰巧遇到了從四面八方而來的殘疾人鋼琴家。那是他第一次接觸到殘疾人的音樂會。之後，他參加越來越多殘疾人音樂會，也逐漸開始參加各地的演出。

末近功也 15 歲，赴奧地利維也納參加「維也納國際殘疾人鋼琴節」，獲得自由作曲和發展性殘疾組金獎。

經過多年的辛勤苦練，末近功也宛如天使展翼，逐漸克服與周遭的人互動障礙。

2015 年，在阪神康育特殊支援學校讀高中時，連續兩年獲得「兵庫縣學生鋼琴比賽」高中組銅牌獎。

2016 年 3 月，參加在美國舉辦的「日墨美聯合音樂會」。

同年 11 月，參加在台灣舉辦的「台日聯合音樂會」。

末近功也高中畢業後，在一家航空公司，找到了一份數據錄入員的工作，這是他在高中時的訓練成果。

但是，末近功也對鋼琴的感情很深，2018 年 8 月，參加了日本和墨西哥的音樂會。同年 10 月，他因多重障礙而完全無法站立或行走，被迫靠輪椅生活，聽覺過敏也加重了，一天 24 小時都得戴耳塞。

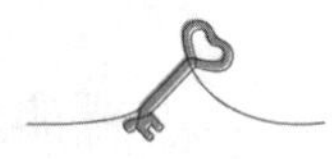

就在大家想知道是否有什麼方法—— 可以預防聽覺過敏時，神戶開始安裝街頭鋼琴表演。

2019 年 5 月，末近功也參加首次街頭鋼琴表演，想著如果有自己喜歡的鋼琴，也許他可以摘下耳塞了。大家屏住呼吸、等待，看見他拿下耳塞，開始在喧鬧的城市中大展身手，彈出動人的樂章，往後開始在神戶、明石等街頭鋼琴巡迴義演，並定期在大型商場演出，深受各界的支持與鼓勵。

2020 年 3 月，由於新型冠狀病毒感染的影響，所有音樂會都被推遲或取消，所有 Kobe Street Pianos 都關閉了。

期間，末近功也在 Facebook 上發帖説：找不到地方演奏鋼琴，時任蘆屋三田谷醫學教育研究所長飯塚由美子找到他，為他舉辦一次小型音樂會，令人動容。

同年 6 月，街頭鋼琴陸續恢復，末近功也強烈渴望在街頭彈奏鋼琴，能使他的聽覺過敏症狀減輕，也能自立更生，自娛娛人，自助助人，帶動生命正能量。

愛子情深・永不放棄

漫長的早療路上，末近功也全家人都在學習如何進入彼此的世界，原先為了他的自閉症，爸媽自憐又自責，但因為孩子的特殊，讓他們注意到很多不曾關注的人、事、物。原來很多一般孩子自然而然就會的事，對這些特殊的孩子來説，卻是要費很大的精神，花很多時間練習，才能學會。

漸漸的，他們學會了感恩，學會去看孩子的好，肯定孩子們的努力，更學會如何去尊重一個特殊的生命！

為了不後悔，媽媽末近百合子放棄了自己的理想，當個全職媽媽，也感恩爸爸全力配合支持，他們一起努力發掘末近功也的優點，並藉此引導他與人互動的能力。

末近功也從小就喜歡音樂，他們發覺他擁有敏銳的音感及對樂器的好奇心。媽媽末近百合子嘗試教他彈鋼琴，但他的眼神，從沒停留在樂譜上，為了維持他對音樂的興趣，媽媽不強迫他一定要看譜，而是大量的讓他聽樂曲，一點一滴的教會他彈鋼琴，藉由音樂才能拉近與同學、老師間的距離，經過多年的辛勤苦練，末近功也宛如天使展翼，逐漸克服與周遭的人互動障礙。

父母才是孩子永遠的治療師，因為每個特殊孩子的問題，都不會相同。也只有父母才會對孩子不離不棄，願意不停的摸索，找出最適合自己孩子的方法。他們相信，上天不會隨便把自閉兒交付給一個人，一定是特別賜予父母的使命，用以喚起人們的良善與真誠！

所以，只要他們不放棄，盡力發掘每個孩子身上的亮點，他們深信一定能在孩子的生命裡——創造出奇蹟！

末近功也見證：天生我材必有用——2013 年國際身心障礙者鋼琴比賽金牌獎、2015 年亞太國際身心障礙者鋼琴比賽金牌獎、2015 年第 12 屆 Cold Concert 第三名、2015 年、2016 年兵庫縣學生鋼琴大賽銅牌獎、2016 年日本傳媒新聞特輯報導。

曾經因為孩子確認是自閉症，讓末近功也父母束手無策，萬念俱灰。

但 20 多年來，孩子的進步，讓他們相信堅持努力，就可以看到希望。

只要父母與師長不放棄，繼續給予特殊孩子尊重、愛與鼓勵，所有特殊孩子還是有希望——能走出屬於自己的一片天地！

台灣罕病多藝天使

張沐妍（Chang, Mu-Yen）

【戰勝馬凡症．人生不麻煩】

我不知道我的生命能影響多少人……

我不停地高歌，不斷地分享，奮力地創作，

然後留下這一份厚厚的文稿，

呈以馬凡生命的結業論文。

——張沐妍

化罕病為多藝

張沐妍，現今視力僅存左眼 0.03，歷經九次重大手術及四度心臟停止，曾擔任廣播節目主持、劇場演員、活動企劃，現今是一名畫家、作家、生命教育講師，更是台灣第一位從事街頭藝術表演工作的罕見疾病患者。

她從監所、醫院、學校、社福機構、部隊、教會，並受邀至馬來西亞、澳門、中國大陸等國內外演講，迄今已逾 850 場，聽眾人數達 150 萬人次，榮獲臺北市教育局特聘榮譽生命鬥士講師，2020 年獲頒第 24 屆內政部全國身心障礙楷模金鷹獎。

張沐妍 1 歲時，被確診患有罕見疾病「馬凡氏症」，影響她的視力、骨骼及心臟功能，以及異於常人的高瘦外型，和病痛不斷的身軀，讓她成長過程飽受歧視與折磨，被同學取笑為「怪物」、「魔鬼」、「怪胎」。

張沐妍 11 歲時，逃學四年來躲避恐懼和傷害，在真耶穌教會洪信德長老娘（郭畹蕙老師）等師長的關懷鼓勵下，靠著信仰為生命尋找出口，重返校園求學，連續三年參加校內演講和英文背誦比賽，皆榮獲第一名。

張沐妍 19 歲時，罹患脊椎神經瘤，冒著有可能下肢終生癱瘓的風險切除，留下 28 公分的傷口，臥床、翻身都需要家人的協助，2018 年又檢查出近 10 公分神經瘤，考量手術風險高，故放棄手術，長期忍受腰痠背痛之苦，無法久坐、久站，只能靠止痛藥物舒緩。

張沐妍 21 歲時，因視網膜剝離陸續接受 4 次手術，卻仍宣告失敗，導致右眼全盲、失去平衡和立體感，忍著眼睛疼痛不願放棄求學的機會，努力考上淡江大學歷史系，愛好文學的她，靠僅存左眼 0.2 的視力，曾獲五虎崗文學獎新詩組佳作，更是學校獎學金的常勝軍。

在馬凡氏症病況逐年惡化下，曾經兩度急性心律不整，心跳每分鐘 200 多下送急診，醫生施針讓心跳停止才得以保命，走過鋼索的人生，感受生命的脆弱無償，更加深她活在當下的生活態度。

2005 年，張沐妍因心臟主動脈瘤太大危及性命，進行更換主動脈血管、主動脈瓣膜、修補二尖瓣脱垂的手術，歷經 21 小時心臟重組，全身插 8 根維生管，傷及聲帶、失去味覺，重新學習喝水、吞嚥、説話、呼吸、走路。

2015 年 12 月，張沐妍將生命歷程化為文字、歌聲及繪畫，首部出版《向麻煩 SAY YES ！》、舉行 6 次個人演唱會、4 場個人畫展，各大媒體相繼採訪報導，見證天生我材必有用。

2018 年 4 月，張沐妍又因心臟主動脈根部破洞漏血，形成血管瘤，歷經 5 個月，訪遍六所大醫院，求診十二位心臟內外科權威醫師，群醫都束手無策。2020 年 12 月，張沐妍進行人工血管根部置換手術、及心臟瓣膜更換手術，又於 2022 年，發生急性腦中風，她表示：「學會與病痛共處，就是最大的贏家」。

由是，一個人雖然渺小，但信念可以使人變得無限偉大。張沐妍把苦難當成一種修行，進而逆轉自己的麻煩人生，以自己的親身故事作為藍本，用各種方式來表達自己對生命的體會，希望透過實際行動，來安慰每一個破碎的心靈、撫慰每一個受傷的靈魂，不愧為「罕病多藝天使」。

不是抱錯的小孩

來到世界上的每一個生命，身上都被烙印著形狀不同的胎記，而少數被神所精選的天使，被烙印僅有萬分之一、十萬分之一、百萬分之一的記號，使他們在人羣之中，顯得突兀難以隱身，也迫使他們必須漸漸接受，才能使生命從絕望中蛻變重生。

張沐妍有一位哥哥及姐姐，從她出生那一刻，產房裡的氣氛很詭譎，當助產士將她從母親的肚子裡接生出來時，只聽見助產士喊了一句：「這個囝仔手很長！」

由於張沐妍的父親身高不到 160 公分，而奶奶也只有 145 公分的短小身材，鄰居看見 182 公分的孫女，開始議論紛紛、閒言閒語，總是對著奶奶說：「妳孫女哦？阿怎麼妳這麼矮？她麼這麼高？」。

小時候，她真的一度不相信自己是父母親生的。

直到 1 歲，她經常目不識物、走路跌倒碰撞，經眼科醫生檢查出雙眼水晶體嚴重脫位、弱視；心臟也在同時檢查出二尖瓣脫重、瓣膜閉鎖不全，被醫生確診罹患罕病「馬凡氏症」。

馬凡氏症候群（Marfan syndrome）：第十五對染色體長臂上的纖維基因發生異常，造成身體結締組織紊亂，造成骨骼、心臟及眼睛的病變，大都為染色體顯性遺傳，但亦有個別發生的病例，若無家族史，即可能是染色體突變所造成，罹病率依國外的統計約為五千分之一到萬分之一。

憂傷的童年

她自幼體弱多病，又因身形比同齡孩子瘦高，求學時經常被取笑、捉弄、欺負，讓她成長過程飽受歧視與折磨，被同學取笑為「怪物」、「魔鬼」、「怪胎」。

幼稚園，是她接觸第一個小型社會生活，對自我價值的形象，不是建構在老師眼中成績優劣的評價，而是從同學嘴裡不斷註解在她身上，成串的名詞和形容詞。

張沐妍表示學會與病痛共處，就是最大的贏家。

父母親帶著她四處尋求名醫診治，卻毫無起色，小學二年級進行第一次心臟導管手術，那一年曾被鄰居哥哥用石頭丟破頭送醫。

小學五年級身高已有 172 公分，是全家、全班，也是全校最高的女生，十分引人注目，被同學的孤立，內心的自卑和種種委屈，一度讓她想結束生命，有兩度自殘的行為，最終選擇逃學、遠離人群。

逃學四年，張沐妍幾乎躲在家裡，睡到昏天暗地、獨佔電視遙控器、不用寫功課、不用考試、不用隨時會被羞辱嘲笑等痛苦壓力，如重獲自由的囚犯，她的心每天都在跳著歡慶舞。逃避，似乎是最快速能解決問題的捷徑。

當日子隨著一天一天過去，無人管束的生活漸漸變得枯燥乏味，張沐妍體認到該面對的現實，不會因為閉上眼睛看不見而去改變，於是她努力想為生命找出口。

重回主耶穌懷抱．在信仰裡找回自己

張沐妍三代都是基督徒，奶奶和外婆都曾經靠信仰，讓疾病得醫治的神蹟，母親從小就教她禱告，也常常這樣跟她說：「妳要認真禱告，求主耶穌摸摸妳的頭，摸摸你的心臟，妳的病就會好了。」

當時張沐妍還沒有勇氣復學，請母親找一位英文家教老師，這位老師不是特教老師，卻因著敬神愛人的一顆心，是她生命第一個天使── 真耶穌教會北投教會洪信德長老娘（郭畹蕙）。

每週一堂英文課，是她最快樂的時光，除了學習英文，郭老師還會邀請她一起禱告，也在每堂課和她談心，理解她的想法，肯定她的學習。

長久以來，生病的痛苦、上學的痛苦，只有她懂，身邊的人很難理解她在說什麼，郭老師在她那段憂鬱年少生命中，從寂寞獨行的悲傷中帶離，開啟看世界的視野。

張沐妍選擇拿起蠟筆代替白手杖，以手塗抹感受蠟筆厚度，呈現她眼中的美麗新世界，在畫紙上綻放生命的熱情。

「妳不要都一個人啊，要不要去教會的初級班上課？那裡都是和妳同年齡的孩子，可以認識更多新朋友。」張沐妍帶著恐懼和猶疑，接受了郭老師的邀請。

張沐妍從老師身上，學習到相信的力量有多重要，也因老師的耐心陪伴、細心引導，再度願意踏入教會，回到人群，這一份理解，也奠基她日後從事教育相關工作時，對學生也能用一種孩子的角度和眼光，去同理他們的需求和想法。

人生所有的遺憾和缺口，因教會信仰的幫助、兄弟姊妹的陪伴、師長的引導、神的智慧和愛，讓一個原本臉上沒有笑容的孩子，體會了從未有的豐沛喜樂，學會堅強，建立自信，不再是別人眼中的怪物，也不再是她自己眼中的怪物。

在所有人的鼓勵下，張沐妍重返校園求學，逼自己參加比賽，練習站上舞台，面對評審和觀眾，克服人群恐懼，創下連續三年校內演講和英文背誦比賽——全校第一名。

二十八公分的傷口

19 歲的張沐妍，在某日回台大醫院追蹤心臟。醫生看著 X 光片，發現不明物體已經存在多年，經過電腦斷層及核磁共振檢查報告，確認脊椎神經上，長出約十元銅板大小的良性腫瘤。

唯恐腫瘤持續變大，壓迫下肢神經，造成日後不良於行或癱瘓的可能性，很快就被轉診到神經外科主任的門診，排定手術日期。

當再度清醒時，得知背部劃開一道二十八公分的傷口，背部被撕裂的疼痛，彷彿手腳四肢被四個壯漢同時用力向外拉扯。

母親看著表情痛苦的她，心疼地問：「很痛是不是？妳痛就哭出來好了！哭出來就比較不痛了！」

張沐妍無奈地緊皺眉頭：「媽！我不能。哭了，身體會顫抖震動，傷口會更痛，我只能忍，幫我禱告就好。」

張沐妍事後表示，其實最教人難忍的，不只是背上二十八公分的傷口疼痛，是當臥病在床時，必須要把「尊嚴」放在一邊。

這年她就讀高一，暑假開刀脊椎，背部從此很難挺直，挺胸時背部總會十分疼痛，也造成她駝背和脊椎側彎的情況日趨嚴重。

半邊的永夜

高三那年，她右眼視網膜輕度脫離，醫生建議立刻接受手術，若不盡早接受手術將網膜貼平，待網膜完全剝落後就可能失明。

醫生告訴她，把視網膜貼平後，待它復原，就能裝人工水晶體幫助視力恢復。那是她第一次感覺眼睛好像有救了。沒有再徵詢第二意見，隨即安排了手術。

第一次右眼視網膜手術，手術時間原本預估一小時，卻超過醫生預估的三倍（四小時），原本以為輕度視網膜剝離，只要灌空氣頂住即可，沒想到她不但打了雷射固定網膜，再注入空氣支撐網膜，最後還是灌了油，加強頂住網膜。

離開手術房時，以為最艱辛的已經過去，其實苦難，才剛拉起序幕。

視網膜貼平手術後，前幾週是危險期，任何一個小動作，都可能引來視網膜剝離的風險，比如：用力打噴嚏、咳嗽、搬重物或突然冒出的水蒸氣，還必須忍受三到六個月「不能抬頭」的生活。

當時替她動刀的醫生很年輕，紗布拆掉後，雖然原本只有 0.1 的右眼，本來就比左眼差，但開完刀的右眼，像打了馬賽克的世界，能見度只有朦朧的殘影。

待回診後，醫生告訴她眼睛內出血，必須接受第二次視網膜手術。

她當下才意識到，事情似乎不是她以為的樣子，著急四處去打探視網膜的名醫、輾轉求診四、五個眼科權威，得到的答案都是：「這隻眼睛已經壞了，救不回來了。」

因為台大醫生的態度一直保持：「一切都在正常範圍裡，眼睛狀態是走向復原。」又告訴她「第二次手術成功率是百分之九十」，但除了這位醫生之外，其他醫生都說成功率是「零」，勸她不需多挨這一刀……

晴天霹靂的消息重重打擊她，原本她懷著：「我的眼睛終於可以比以前更好！」然而台大醫生當初的手術說明，沒有完全告知風險，也沒有宣布第一次手術失敗，堅決還要她動第二次手術。

當時已經沒有醫師願意再幫她開刀，但這位台大醫師說：還有百分之九十的機會可以貼平，於是帶著滿腹的痛苦和懷疑，賭上了最後一絲希望，接受視網膜第二次手術，也是眼睛的第四次手術。

紗布拆掉後，連微弱的光覺都消失了，如果早知道，開刀會失明，她情願一點一點的看不見，而不是瞬間陷入永恆的黑暗……

柳暗花明又一村

張沐妍強忍眼睛手術後的疼痛，努力聽著同學幫她錄的上課錄音，姐姐看見躺在病床上，還在準備大學聯考的她，關心的說：「妳不要考大學了吧！讀到高中就好了，讀書很傷眼睛……」

從 15 歲決定擦乾眼淚、重新站起的她，不會再逃避生命任何挑戰，亦不再輕言放棄想要的人生，回答姐姐：「我要考大學！不管再怎麼艱難，我都會盡全力去考，不能隨便放棄！」她心想，她已經失去了右眼，更不能失去讀書的權利。

當她看見自己的名字，被列在「淡江大學歷史系」的榜單上，並沒有太多愉悅的心情，進入大學一年，費了很多力氣在適應單眼的生活。

只剩單眼的視覺，會失去一些平衡感。明明很想走直線，不知不覺便會走偏。

只剩單眼的視覺，世界變成了平面，腳下的台階很難辨別，每踏一步都有著即將失足的錯覺。

只剩單眼的視覺，飛蚊總是擋住視線。想看清楚書本上的字，要先將飛蚊引到一邊。

只剩單眼的視覺，鼻子只能看的到半邊。走路要靠右邊，才不會被右邊同行或突然超前的人影響。

只剩單眼的感覺，常傻呼呼拿著手電筒照著右眼，好想好想看的見，那怕只有微弱的光點……

歷史系的課業，加重張沐妍僅存左眼視力的負擔，要念的書和講義太

多，常常吃力的苦讀到深夜，心中開始有了：「該不該升學？該不該休學？」的想法。張沐妍大學時期的好友，邀她一起修「西班牙美學」，意外讓她對畫畫產生興趣，也得知這位授課老師有間畫室，畫室也有招收學生，她便每周坐上公車到台北民生社區學畫。

張沐妍和老師説明她的視力狀況、畫畫瓶頸等困難，這位老師非常溫和斯文，細心教導，他們決定第一堂課從炭筆開始，學畫形狀，但上沒幾堂，自卑感切斷了她和「畫畫」的連結。

「如果因為自卑感作祟，哪天再也無法用自己的筆觸—— 繪出眼中美麗的景象，會不會遺憾？」答案是肯定的。

所以她又去報名了一堂畫畫課，選擇拿起蠟筆代替白手杖，以手塗抹感受蠟筆厚度，呈現她眼中的美麗新世界，在畫紙上綻放生命的熱情，先後舉辦三場個人畫展：

2016 年，第一場於彰化—— 舉辦「綻放 Blooming illustration Exhibition」畫展。

2018 年，第二場於宣藝術藝廊—— 舉辦「七個奇蹟 SEVEN MIRACLES」畫展。

2019 年，第三場於酷馬廚房——舉辦「0.08 Seven」畫展。

張沐妍説：「我很謝謝大家給我的肯定，其實不是我創作這些畫，而是這些畫帶我去旅行，它們教會我只要願意跨出第一步，人生有很多的可能性，是可以從零開始出發的。」

四度心跳停止

因一場活動，從無到有，從企劃到執行，凡事要求完美的張沐妍，總是不自量力的過度操勞身體，某天午夜十二點心臟病發，用電子血壓計測量，心跳每分鐘是 180 下。

張沐妍從監所、醫院、學校、社福機構、部隊、教會，並受邀至馬來西亞、澳門、中國大陸等國內外生命教育演講。

她三更半夜的搭計程車前往醫院，護士抬頭用很平常的問了句：「妳怎麼了？」護士會這麼問是因為沒有明顯的外傷，也沒有人攙扶，量了血壓，發現數字不正常，隨即打了顯影劑。

藥劑隨針頭注入右手後，立即產生一陣熱麻，像通電般的電麻感火速爬升，只聽見床邊的醫生對她說了句：「忍耐一下，妳忍耐一下，待會就好了。」

她只在內心吶喊著：「天啊！醫生……是待會就好了？還是等等就死了？為什麼我比來急診前還要痛苦……」在那陣「瀕死之痛」過後，立刻得到了解脫，心跳也恢復正常了。

半年後的某個假日，右手再度插上針頭，醫生加強了劑量，藥效從前臂到上臂，再到胸前進入心臟，肺裡的空氣瞬間被抽光，胸口劇烈爆痛，臉部表情再度扭轉猙獰，這次醫生沒有叫她忍耐。

在她稍能喘息時，趕緊追問醫師這個藥劑——究竟是什麼？

醫生打了一個比方：「汽車引擎過熱時，妳知道要怎麼辦嗎？」

她說：「把鑰匙拔掉，等引擎冷卻後，再重新啟動。」

醫生說：「所以，當心跳太快時，沒有辦法讓它慢慢地慢下來，就只能把它關掉，所以那個藥是種阻斷劑，作用是讓妳的心跳停止一會，等它再度啟動，心跳才能恢復正常。」

她說：「哦！所以我剛才心跳非常快嗎？我半年前急救，大概是每分鐘180下。」

醫生查了一下病歷說：「何止180下？妳兩次進急診心跳都超過200多下了啊！」

寂寞的孩子愛唱歌

兒時就朗朗上口的「奇異恩典」，是張沐妍非常喜愛的讚美詩歌，每每唱到最後一句歌詞：「瞎眼今得看見」，總讓她心發酸、眼眶濕潤。

還有另一首「耶穌愛我」，她現今在哼唱還是會哭，因為曾以為神不夠愛她，經過多年終於明白，神的愛超越她所想的長、闊、高、深。

童年最忠實的玩伴，是音樂。她常常一個人唱歌，一遍又一遍哼唱喜歡的歌曲，在歌聲中趕走悲傷，沒有同伴的日子，唱歌才能讓空虛的心靈，暫時依附孤寂。

出社會後，張沐妍遇到幫助她甚多的上司——朱萬花小姐。

這位朱小姐以自身經歷，帶領視障藝人勇闖音樂殿堂，還為爭取一個平等的表演及就業機會而奮戰，是台灣第一位視障經理人，創造三千多場的舞台奇蹟，每年於新舞台舉辦售票的年度障礙藝術季，讓身心障礙者的演出，不被困住既定的悲傷形象下，博取同情的掌聲，以表演者的實力，向大家證明——只要努力，任何障礙就不會是阻礙。

在朱小姐的細心包容指導下，讓張沐妍發現自己潛在很多可能性。

在 2009 年 9 月，舉辦人生第一場個人演唱會「時光夢遊」、2015 年舉辦第二場演唱會「聽生命的歌」和「享愛慈善音樂會」等六場，其中還創詞作曲，用歌詞訴說童年的悲傷：

寂寞的孩子愛唱歌　　詞 / 曲 SEVEN（禾煦）

陽光灑滿笑聲迴盪的操場
笑容在她清瘦的臉龐隱藏
幻想自由自在奔跑的慾望
是她夢裡最大的渴望
孩子們最誠實天真的眼光
是她不能逃避最受傷的綑綁
人們口中那最美麗的天堂

有沒有一個角落能讓她躲藏？

一顆心 怎麼也不懂 屬於生命的答案

孤獨裡 慢慢地走 孤獨地 慢慢尋找

寂寞的孩子啊 用歌聲趕走悲傷

寂寞的孩子啊 用眼淚寫詩啊

學會與病痛共處，就是最大的贏家

2005 年 9 月，北榮醫院王主任為她做完超音波檢查，臉色凝重，建議她準備做心臟手術，主動脈擴張情況已在危險邊緣。

這次的手術意義和之前不同。

眼睛手術失敗，她的右眼失明了

脊椎手術失敗，當年可能就癱瘓了。

心臟手術失敗，她的命就沒了。

後來張沐妍並沒有留在北榮動手術，而是轉診到離家更遠的大醫院，求診為許多馬凡症友動過主動脈手術的朱醫師。

手術進行 21 個小時——更換主動脈血管、主動脈瓣膜、修補二尖瓣膜脫落，醫院家屬休息室螢幕上她的名字的狀態，改成了「恢復室」，家人看到這三個字幾乎高興的想要失聲尖叫。

「手術成功了嗎？」家人心急地問。

醫生說手術還算成功，但不易止血。且她的骨質很疏鬆，肋骨薄弱如紙，用機器撐開胸骨那麼長的時間，醫生擔心她的肋骨會撐不住，不知道要斷幾根，幸好都沒有斷。

張沐妍再次清醒意識恢復時，發現嘴裡咬著一根呼吸內管；鼻孔塞著鼻胃管；肚子上插著三根引胸腔血水的引流管，加上右大腿上的一共有四根。胸前從鎖骨下方到肚子上，一道二十七公分的開胸傷口，跟她背上那條疤成雙成對。右頸動脈、左手肘和右手背上都注射著點滴，這感覺像是被原子彈炸過，千瘡百孔，劇痛難耐。

我活了，卻又痛苦的想死。

神啊，請祢顧念我這個軟弱的靈魂吧！

有一度在肉體和靈魂上，她想放棄了，這麼多年，她不曾再有求死的想法，在加護病房如煉獄般的身心痛苦中，她不斷泛起「不如一死」的念頭」。

歷經九次手術，四度急性心律不整的急救過程，對於「活著」這件事，她有更深刻和透徹地察覺── 必須更謹慎看待活著的每分每秒，才不會辜負生命給她呼吸的機會。

2018 年 4 月，心臟主動脈根部因破洞漏血形成血管瘤，歷經五個月，訪遍六所大醫院，求診十三位心臟內外科權威，群醫都束手無策。

現今，她與六顆腫瘤共生，當中檢查出近 10 公分的神經囊瘤，考量手術風險高，故放棄手術，長期忍受腰痠背疼的痛苦，無法久坐或久站，只能靠止痛藥物舒緩。

2020 年 12 月，張沐妍進行人工血管根部置換手術，及心臟瓣膜更換手術，又於 2022 年 8 月，發生急性腦中風。

張沐妍表示：「學會與病痛共處，就是最大的贏家」。

馬凡不等於麻煩

生老病死，乃人生必經之路，亦是必學的課題。面對病痛，有的人更積極地生活；而有的人卻萎靡不振。然而，病痛其實是上天給予每個人的功課，只要大家學會與病痛共處，便能造就更完成的自己。

張沐妍已做過九次的重大手術，她坦言死亡並不可怕，因為真正讓人恐懼的，是不知道自己活著的目的。

2015年12月，集聚國內外各界人士的幫忙，張沐妍成功發行出版個人自傳《向麻煩SAY YES！》

病痛雖然帶來身體的衰敗，但不甘向命運低頭的精神意念，完全抵銷了張沐妍對身體病痛的無助感，以下是她分享的一段話：

馬凡氏症，奪走我健康的眼睛
馬凡氏症，奪走我健康的心臟
馬凡氏症，奪走我健康的骨骼
馬凡氏症，奪走我健康的腸胃
馬凡氏症，奪走我健康的童年
馬凡氏症，奪走我平等的學習機會
馬凡氏症，奪走我平等的工作機會

它，奪走我太多
但我不想什麼都沒有
我已經沒有健康
所以我要更快樂的活著
它，可以奪走我的健康
卻不能奪走我的快樂
也不能奪走我擁有健康的心智
更不能奪走我擁有正能量的意志力

現在的張沐妍不僅成為一名畫家、作家、生命教育講師、更是全台第一位街藝表演的罕見疾病歌手，從監所、醫院、學校、社福機構、部隊、教會，並受邀至馬來西亞、澳門、中國大陸等國內外演講，迄今已逾 850 場，聽眾人數達 150 萬人次。

然而，不論是哪一個身份，她都以自己的親身故事來作為藍本，用各種方式來表達自己對生命的體會，希望透過實際行動來安慰每一個破碎的心靈、撫慰每一個受傷的靈魂。

2015 年 12 月，集聚國內外各界人士的幫忙，成功發行出版個人自傳《向麻煩 SAY YES ！》，其中包含作家、畫家、紀錄片導演雷驤、知名作家小野、知名音樂製作人黃韻玲、罕見疾病基金會創辦人陳莉茵、立法委員楊玉欣等名人推薦，文章還被選為高中國文閱讀測驗模擬試題。

張沐妍也在她的著作中提到：「我們的生命不斷在各種麻煩中迴旋；遇見麻煩、面對麻煩、克服麻煩，然後再度遇見不同的麻煩，直到你學會向麻煩 Say Yes ！生活就能從麻煩的紛擾中，得到不被擊敗的智慧。」

英國澳裔超馬選手

迪昂．萊納德（Dion Leonard）

【陪跑流浪狗戈壁成戰友．超馬大叔跑出全球奇蹟】

帶流浪狗「戈壁」回家，是我人生做過最困難的事；
被流浪狗「戈壁」挑選為主人，則是我生命中最棒的事！

——迪昂．萊納德

人狗奇緣傳愛・穿越人間沙漠

迪昂・萊納德是英國澳裔超馬選手，目前定居蘇格蘭愛丁堡。2013 年開始路跑，至今參加過無數場世界各地的超馬賽事，累積許多獲勝紀錄。

2016 年，萊納德參加在新疆戈壁大沙漠舉行的 250 公里超級馬拉松，這場沙漠賽事，讓他與一隻褐色嬌小狗狗相遇，不論萊納德在賽程中如何加快步伐，這隻小狗始終跟著他，萊納德將狗狗取名為「戈壁」。

比賽過程中，他與戈壁變成戰友，甚至在跑馬途中，將牠抱起渡溪、照料牠的飲食，戈壁也視萊納德為她的家人。

賽後萊納德決定帶戈壁回英國，未料，在新疆進行醫療檢查和檢疫程序的戈壁忽然失蹤，讓已經回到英國的萊納德心急如焚，他再次回到烏魯木

齊尋找戈壁，同時架設臉書粉絲專頁「Bring Gobi Home」，請網友幫忙尋找戈壁，所幸在各界協助下，最後他們終於重聚。萊納德和戈壁接受過許多報章雜誌及脫口秀節目的採訪，他們的故事甚至出版成書感動全球，翻譯成 16 種語言，同時改編電影，成為橫越半個地球的奇蹟故事。

萊納德回想：一路超馬，從南非喀拉哈超馬，到非洲撒哈拉超馬，再到中國戈壁超馬，歷經腎臟萎縮、血尿、心悸，幾乎跑不下去；卻在絕望中在中國戈壁巧遇救星狗「戈壁」，激起重拾路跑人生，跑出希望。

萊納德常極為謙卑對人說：「戈壁是名人，我只是帶著她的人。」

萊納德因為在收養戈壁的過程中，受許多華人及媒體的幫助，近年天災相當頻繁，他希望能用這戈壁與他的故事——長達 4 天 125 公里的沙漠長征，一條流浪狗成為英國澳裔超馬大叔的最佳戰友，最扣人心弦的尋狗之旅，最賺人熱淚的重逢，感動全球每個角落的人，為大家帶來一些正能量。同時呼籲更多人用溫柔的力量，助流浪狗等動物一臂之力，不愧為「英國澳裔超馬選手」。

南非喀拉哈里超馬

萊納德在喀拉哈里沙漠超級馬拉松獲得總體第二名佳績，也是他從事跑步以來，第一次在多階段賽事中走上台領獎。

這場賽事讓萊納德的身體不堪負荷，因為體內水平衡狀態失衡，嚴重缺水導致萊納德腎臟萎縮，加上劇烈跑步，造成瘀青和挫傷，以至於出現血尿情況。完賽幾個月後，萊納德甚至出現心悸，更併發出強烈噁心及暈眩感，這樣的情況嚴重影響到萊納德的身體。

非洲撒哈拉超馬

萊納德在撒哈拉超馬中舊疾復發，靠著意志力，他完成這場賽事，取得五十名的成績。由於自我要求嚴格，撒哈拉超馬賽事結束後，他的跑步生涯一度停擺！嚴重痙攣，導致他短時間無法再跑步。

萊納德聽從建議，試遍不同肌力與體能的運動組合、諮詢物理治療師，但始終無法讓他重拾路跑人生。

萊納德花了八個月的時間休養、復原，同時找尋解決方法。最後，他了解到問題的產生是因姿勢不正確，未使用正確肌群。

中國戈壁超馬

在熾熱沙漠高溫中，熱衰竭、熱中暑對多階段超跑跑者來說，相當可怕！熱衰竭發生時，會出現脫水、痙攣、暈眩、脈搏加速的症狀；嚴重者會變成熱中暑，劇烈的狀況，包含意識不清、失去方向感及判斷力，或是突發性心臟病等，跑者通常不自覺，最後容易演變成昏迷，幸運者能及時被搶救，反之，則是消失在杳無人煙的沙漠。

對於比賽的艱險，萊納德相當清楚，他知道 2016 年的中國戈壁超馬，是他受傷後，首次以全新跑法參加比賽，他相當認真看待這次比賽。

萊納德預期，如果這次的賽事順利，他將能參加另一場重要賽事——智利亞他家馬高原沙漠超馬，若是奪得勝利，預計隔年就能重返撒哈拉超馬，創出自己的一片天。

橫越沙漠．溫暖作陪

30 公分高、毛髮棕褐色、眼睛大又圓，帶著奇怪形狀的小鬍子，牠穿梭在四散的椅子，以撒嬌的姿態向人們討食，這是萊納德比賽時，第一天初見「戈壁」的景況。

第二階段賽程起跑點上，萊納德身旁徘徊著淘氣的戈壁，但不論萊納德怎麼喊聲，牠的主人始終沒有出現，萊納德試圖驅趕戈壁，希望牠盡快離

EDINBURGH EVENING NEWS www.edinburghnews.com WEDNESDAY, JULY 5, 2017 5

Charity jog for rescued pooch

A dog who achieved worldwide fame on her marathon journey to a permanent home in Edinburgh is to take part in a fun run to raise awareness of the Capital's own stray dogs and cats.

Gobi captured hearts across the world when she joined ultramarathon runner Dion Leonard in his 250km run across China's deserts and mountains.

Now reunited in Edinburgh, the pair are taking to Portobello Prom on August 13 for 'Jog with Gobi', a 2.5km fun run event to benefit the Edinburgh Dog and Cat Home.

Nicola Gunn from Edinburgh Dog and Cat Home, said: "The Home is so grateful to Dion and Gobi for helping us raise much-needed funds to care for our stray and unwanted dogs and cats."

REUNITED: Ultramarathon runners Dion and Gobi will lead 'Jog with Gobi' - a 3.5km fun run for an Edinburgh charity

Rented flat in top 30

AN Edinburgh property has been recognised as one of the top rental homes in the world-based on traveller reviews.

Apartment 5, Parliament Square on the Royal Mile won a place in TripAdvisor's 10 high-end properties category.

The two-bed apartment is just 300 metres from the castle and sleeps four, costing £500 a night to rent.

Dermot Halpin, president of TripAdvisor Attractions and Rentals, "These homes are travellers' top picks and a wonderful representation of the hundreds of thousands of amazing properties we list all over the world."

Family seek for answers

THE family of Kirsty Maxwell have returned to Spain to seek answers about her death.

The 27-year-old from Livingston died after falling from a 10th-floor window on April 29.

許多媒體包括BBC、CNN等紛紛邀請萊納德受訪，戈壁的故事更廣為人知。

開，以免在人群中受傷，比賽聲響起時，戈壁遲遲不肯離開，牠緊緊跟在萊納德身旁，時而出現、時而消失。

賽程開始後，眼前出現寬約三公尺的人工涵洞，萊納德不假思索，直接越過強勁的水流，原先身旁的戈壁卻沒有跟上。

依據萊納德的推測，他認為狗狗是駐紮蒙古包時，在附近當地住家的寵物，儘管身後的戈壁發出叫喊聲，但他並未回頭。

比賽中萊納德從不回頭，他保持一貫冷靜，全心繼續投入比賽。離開涵洞約二十英呎後，戈壁再次出現繼續跟在他身旁，溫暖作陪。抵達檢哨站後，戈壁的出現又引起關注，連帶萊納德也開始被帶入人群。

打破原則・一起渡河

第三天賽程，萊納德來到了一條寬度至少 150 英呎的河。水流相當湍急，當萊納德趨於前，河水高度幾乎超過膝蓋位置。腳踏滾滑的石頭，萊納德屏氣凝神專注渡河，他假定戈壁會像昨天在涵洞一樣化險為夷。萊納德涉水四分之一距離時，身後不斷傳來絕望的叫聲。

萊納德打破原則在比賽中回頭。

他把戈壁抱起夾在左腋下，轉身立刻踏入冰冷的河中。雖然戈壁體重輕盈，但是在湍急的河水中，帶著戈壁一起渡河的難度更高。

萊納德努力保持平衡、小心翼翼的往前邁進。雖然好幾次情況險峻，數度不小心讓戈壁浸濕，但是戈壁並沒表現出惶恐不安，反而是始終保持冷靜不吵不鬧，讓萊納德順利渡河上岸。

最好的啦啦隊長

第四天賽程，由於天氣等各種不利條件對戈壁太過艱險，於是萊納德與主辦單位達成共識，讓戈壁搭乘工作人員的車，直接前往下個營地會合。

當日，萊納德早早便起床，甚至打破自己超馬比賽節奏與準則——賽前 15 分鐘才踏出帳篷。萊納德向工作人員關切護送戈壁，同時，腦中不斷思考，有關戈壁護送的事情。

第四階段賽程，距離終點線最後一英哩。眼前終點線鼓聲喧嘩，但萊納德的意志力及體力幾乎消耗殆盡，腦中不段浮現各種無法控制的思緒。四個跑者接連超越，但萊納德無力可及。

在終點線最後一個彎道時，應入眼簾的小小身影——戈壁。戈壁在終點線的岩石上，不斷四處張望，突然戈壁望向前方定睛，一眨眼戈壁便穿越賽場飛奔到萊納德身旁，戈壁成為最好的啦啦隊長。萊納德展現出久違的笑容，同時他也意識到自已非常想念戈壁。

在這單獨奮鬥的第四天賽程，讓萊納德明白——戈壁是個拒絕半途而廢的鬥士，無論飢餓、口渴、疲倦都無法打敗牠。戈壁始終如一、無比堅決、永不放棄的跑步態度，對他是很大的鼓勵與陪伴！

決心帶戈壁回家

第五天的賽程尾聲，突然沙塵暴來襲，萊納德與其他跑者們，只好一同下榻在一間博物館內。

當跑者齊聚聊天時，麥可問萊納德：「比賽結束後，打算如何處理戈壁？」萊納德不知道為什麼戈壁選擇他？但他相信這場百位選手、眾多志工及工作人員的情況下，戈壁選擇他，背後一定有著深刻的意義。

橫越三段賽程的戈壁即使怕水，但牠仍然勇敢前進、全然信任萊納德，因此，萊納德下定決心在比賽結束後，他要帶戈壁回家。

縱使這個決定充滿許多未知數，但萊納德知道自己必需奮力一行！

很棒的生命附加價值

比賽的第一天，萊納德獨自與這場賽事拚搏，比賽落幕的那天，萊納德身旁有著與他一起跑向終點的夥伴戈壁。

這場戈壁超馬的開端，萊納德一如既往，按著自己的常規、習慣、低調、孤僻，全心投入比賽，但是這場比賽，對萊納德卻是意義非凡！

萊納德在這場戈壁超馬面臨的低谷、困境，比過去更甚，他經歷的巔峰、高潮，比過往更加美好，更重要的是因為戈壁的出現，讓萊納德的人生，有了很棒的附加價值及人生回饋。

複雜的領養流程

萊納德回到英國愛丁堡後，太太露西亞在機場告訴他關於領養戈壁，入境英國的費用及複雜性，比原先預想得更加困難。首先戈壁搭飛機離開烏魯木齊，必須接受血液檢查、取得獸醫簽證證明、中國政府官員許可，同時必須要有陪同出入境者。接著戈壁抵上海或北京後，須經過出境航班當地獸醫檢查，確認狀況無虞後，轉飛英國，抵達後在檢疫隔離區待四個月。

ULTRA EQUIPMENT

來自四面八方的愛

戈壁的醫療費、國際運輸費、簡易隔離費等費用，加總估計至少要六千五百元美金。返英後，萊納德收到不少在中國戈壁超馬選手提供的金援，於是他和露西亞著手創立社群募資平台——帶戈壁回家。

集資費用定在六千兩百美金，雖然萊納德明白，這筆天方夜譚的金額不太可能達成，但他仍想為家中的一份子戈壁盡一份心力。

尋找戈壁的網站成立後，獲得許多關注及回饋，同時《每日鏡報》的記者主動聯繫，希望能夠做一則戈壁的專訪報導。

隔日見報，戈壁與萊納德的故事大幅曝光，萊納德將這個消息發布在平台，短短 24 小時內，隨即開始不斷有善心人士的捐款湧入，一下子就達成原先募資的目標。

許多媒體包括 BBC、CNN 等紛紛邀請萊納德受訪，戈壁的故事更廣為人知，這讓萊納德更加有信心，完成接戈壁回家的承諾。

全球關注

故事見報一個星期，萊納德始終得不到在新疆照顧戈壁的努拉莉小姐回信。網路平台上紛紛出現許多留言——都是戈壁近況更新的問題。

即是萊納德和露西亞非常急切，但是他們只能漫無止境等待努拉莉的回信。最後琪琪向萊納德夫妻提議，由她代為寫信詢問努拉莉，希望同樣身為中國人的她，能解決語言及文化差異的問題。

社群網路開始出現反對、攻擊的聲音，因此萊納德決定：致電戈壁超馬運動賽事中的一位主辦人。萊納德表示帶戈壁回家，原本是他個人的事情，但是事情現在已經成為全球關注的焦點，希望主辦單位能介入。

一星期後，琪琪收到努拉莉的回信。琪琪與努拉莉達成共識，由努拉莉繼續照顧戈壁，琪琪則會派人到烏魯木齊接戈壁到北京。

萊納德和戈壁的故事出版成書感動全球，翻譯成16種語言，同時改編電影，成為橫越半個地球的奇蹟故事。

再隔一個星期，努拉莉又人間蒸發。募資平台上線兩個星期，但始終沒有戈壁開始接受醫療檢查等各項進度。

於是萊納德再次聯繫賽事主辦人，但卻得到官方回覆：努拉莉現在美國，隔幾天她就會回到烏魯木齊。努拉莉確實也遵守她的承諾，回到中國後隨即寫信給琪琪，保證一切都會安計畫執行。

然而萊納德心中不斷浮現不祥預感……

戈壁失蹤令人震驚

萊納德再次和主辦單位通話，他表示努拉莉在美國期間，戈壁是由公公照料，平時戈壁出門閒晃一、二天便會回家。但是，某天牠出門後，就再也沒有出現，而努拉莉也派人尋找過，但是至今尚無結果。萊納德試圖保

持冷靜，但是他有股強烈的感受，他總覺得主辦人的說法聽起來不太對勁。

從努拉莉失聯好一陣子來推測，戈壁失蹤可能超過 10 天或者更久。

萊納德打電話給琪琪說明一切，接著琪琪聯繫努拉莉，但是琪琪認為事情的真實性有待商榷。因此，她建議可以找她在北京領養收容所的朋友克里斯・巴登幫忙。

萬里跨國找戈壁

從返國後已經六個星期，距離萊納德參加智里亞他加馬沙漠超跑，只剩下六周，原本應該進行各項自我訓練的萊納德，反而全心投入在尋找戈壁。萊納德心想，要是自己不去中國大陸找戈壁，他會一輩子無法活得心安理得。他義無反顧搭上飛機，歷經 30 多小時航程、三次轉機抵達烏魯木齊。

抵達烏魯木齊後，萊納德沒有時間休息，他和翻譯人員小不點、盧欣及工作人員立刻投入了解目前尋找戈壁的進度。

街上到處都是群聚的流浪狗，萊納德拖著疲憊的身子和大夥繼續尋找戈壁。雖然團隊們一度以為某隻咖啡色的狗狗，很可能是戈壁，但是事情並非如此順利，萊納德一眼就看出那不是戈壁。

尋找戈壁如同大海撈針，大夥對戈壁的印象，都是來自海報上的模樣。

現實總是容易使人挫敗，萊納德只能繼續勉強自己，打起精神尋找戈壁。萊納德一行人在街上貼了上千張海報，拜託無數店家遭拒，被清潔人員驅趕，遇到不友善的當地人士……

露西亞向來納德表示，從他離開英國後，她便與琪琪不斷聯繫討論方法。他們認為借助當地媒體，或許是一個可行的方式，而露西亞也盡她所能克服語言等障礙，安排一家媒體到飯店做採訪。團隊的人數不斷加，甚至有 20 位志願者，在晚上進行夜間搜索。

接受採訪後，越來越多新面孔加入尋找戈壁的行列，甚至許多媒體提出採訪邀請。當然不是所有事情都非常順利，報導伴隨而來的還有一些不明電話，謊稱有戈壁的消息。萊納德只能暗自祈禱，希望這些採訪和新製的維吾爾語海報，能夠發揮效用。

搜尋日期越長，尋找戈壁的事件就越受關注，甚至連中國當地政府也注意到。萊納德知道往後在回應媒體時，他必須更加小心言論，倘若一不小心，讓中國當局覺得西媒利用戈壁的故事，誤將中國人抹黑成吃狗肉的野蠻人，這將會影響尋找戈壁進度及中國當局的協助資源。

久別重逢

盧欣傳來一張解析度不佳的照片，萊納德覺得眼睛不像戈壁，加上頭上有一道深的疤痕。友人理查倒是沒有這麼肯定，他建議萊納德還是去看一下，起先萊納德分析了開始尋找戈壁後的情形，有 30 次以上的誤認經驗，每次都必須花超過 1 ～ 2 小時抵達目的地，卻都無功而返，這樣一次次的期待落空，讓萊納德有些筋疲力盡。

30 分鐘後，盧欣又傳了一張解析度，稍微好一點的照片，這次理查更加肯定，要萊納德去一趟！這次目的地在一個壯觀的公寓大樓，有別於之前所見的烏魯木齊，這個地方到處都可以看得到財富的象徵。

萊納德擠進一群人裡，尋找戈壁的身影，說時遲那時快，一道褐色像閃電般的身影出現在他眼前——是她，戈壁！

戈壁投入萊納德的懷抱，發出興奮與嗚咽的叫聲，就像每次超馬賽事分開與重逢一樣，牠總會發出這樣的聲音。雖然戈壁的外觀有些改變，但是萊納德從總總互動來看，他非常肯定這是牠的戈壁！

眾人狂躁的歡呼逐漸平復後，大家與屋主馬先生聊聊遇見戈壁的經過，雖然戈壁已經失而復得，但是棘手的問題是戈壁沒辦法住進飯店。於是只能讓戈壁暫時待在馬先生家，另尋它法。

隔日抵達馬先生家，有個態度強悍的男子出現，它是努拉莉的先生，萊納德依稀記得與他有過一面之緣——戈壁超馬賽事裡的一名司機，他的態度顯得不誠懇，這更加讓萊納德懷疑理查的綁架推論或許是正確的。

有戈壁的陪伴，萊納德完成了最險惡嚴峻的挑戰。

衝破阻礙

琪琪以驚人效率，為萊納德和戈壁安排前往北京的飛機。下機後，萊納德在行李轉盤前等待戈壁，他擔心一路上已碰到許多阻礙，會不會臨時又多了突發狀況……

所幸，板條箱內的戈壁還在，不過這趟3小時的飛行，讓戈壁飽受驚嚇。

琪琪向萊納德說明，戈壁需要在寄養中心待 30 天，才能飛回英國進行 90 天的檢疫隔離，萊納德別無選擇，只好遵循這樣的安排後獨自返英。

陪伴 120 天如 120 年

自從戈壁找到後，萊納德便一刻不得安心，因為有心人士利用戈壁的事件架設網域名稱，更加令人不可置信的是，其中竟然有熟面孔，之前尋找戈壁時的綁架論、監視、不明電話等，更讓萊納德無法冷靜，安心等待戈壁 29 天後的重逢。

萊納德毅然決然購買機票，他決定再次飛往中國大陸，親自陪伴戈壁度過這段 120 天的漫長時間。萊納德不希望戈壁返回英國後，還需獨自待在機場隔離區 90 天，於是他決定親自陪伴戈壁在中國大陸生活 120 天，度過 30 天的觀察期、90 天的生活。

漫漫回家路・長長人間情

轉眼在中國的 120 天進入尾聲，萊納德與戈壁即將返家。英國航空公司禁止狗狗搭乘客艙，加上之前從烏魯木齊到北京的經驗，萊納德決定花更長的時間，安排更舒適的方式，讓戈壁能快快樂樂回家。

這次返英的路程——10 小時的飛機到巴黎、5 小時的車程到阿姆斯特丹、12 小時渡輪前往英格蘭北部新堡、2.5 小時車程回到愛丁堡等，漫漫之路林林總總的時間，需要耗費 41 小時！

萊納德逢人就說：「戈壁在某種程度上改變我，讓我活出生命意義與價值，立志帶動更多人——用溫柔的力量，大家一起助流浪狗等所有動物一臂之力。」

由於戈壁的陪伴，他不僅完成了橫越包含摩洛哥撒哈拉沙漠等最險惡嚴峻的自然環境，累積許許多多獲勝的紀錄，鼓舞千千萬萬人與流浪狗等所有動物，一起活出希望・活出愛。

台灣癌末菊岩陶藝大師夫婦

蔡正勝（Tsai, Cheng-Sheng）、劉玲溫（Liu, Ling-Wen）

【千錘百鍊菊岩陶・化癌為愛助弱勢】

把澎湖鄉土燒成獨一無二菊岩陶，
讓澎湖三點水精神化癌為愛助弱勢。

——蔡正勝＆劉玲溫

千錘百鍊 · 化癌為愛

攝護腺癌末勇士蔡正勝、肺腺癌末天使劉玲溫，不畏癌苦，仍在分秒必爭樂觀創作，永續堅持：把澎湖鄉土燒成獨一無二菊岩陶，說做就做：讓澎湖三點水精神化癌為愛助弱勢。一陶一愛，長期默默贊助許多最弱勢癌友，累積完成捐贈新台幣 380 萬元的救護車，終於在普淨寺協助下，於 2021 年鳴笛加入救人行列。

蔡正勝、劉玲溫賢伉儷用生命塑陶，以情感澆灌陶藝，希望傳達濃濃的故鄉之愛，完成父親臨終遺願，用咱澎湖鄉厝土── 燒出菊岩新世界，他們先後入選中國文化創意設計大賽等金獎、2018 年工藝組玉山獎、2019 年榮獲苗栗藝術節柴燒組優等獎、2020 年台灣國際金壺獎等等的肯定。

2020年元旦，「菊岩燒故事館」創立，蔡正勝、劉玲溫的陶藝創作之路，邁向新里程。他們以「起、承、轉、合」四大創作主題，傳達衷心的感動與追求創新的嚮往；更以熱情欣悅，歡迎社會大眾，一同見證台灣鄉土之美，開懷分享彼此的人生故事。

蔡正勝、劉玲溫賢伉儷表示：2016年以《雙心石滬》作為感恩人生的「起」首式；接著《大目帆船》為血脈親情的傳「承」：我們的祖父、外公，生前皆以擺渡維生，他們的帆船就像海中大魚，擁有大眼大嘴，還有航行如飛的燕尾。

2018年的《西嶼落霞》，則是翻「轉」自蔡正勝、劉玲溫賢伉儷的告白：陶藝創作，從立面形塑轉為平面陶板，呈現多元菊島岩礦元素。在《四季吟——傾聽大地的聲音》中，蔡正勝、劉玲溫賢伉儷結「合」平面陶板與立體燒陶，歡快吟頌著春之生機（綠意）、夏之熱情（艷紅）、秋之豐收（金黃）、東之靜定（藍白），永續禮讚生命。

由是，蔡正勝、劉玲溫賢伉儷，雖被癌痛折磨幾乎癱瘓，逢人仍說：我們還有一雙手，我們還要分秒必爭：千錘百鍊菊岩陶．化癌為愛助弱勢。如此用全部生命奉獻菊岩陶、以終生情懷創新鄉厝土，進而化陶為愛．化癌為愛，不愧為「癌末菊岩陶藝大師夫婦」。

夫妻本是同林鳥．病苦相依不棄離

因為癌細胞的侵襲，蔡正勝雙腿癱瘓，無法再渲染陶板畫作。但天生樂觀堅強的他，不讓自己的創作，受困於無法行動的身體。他拿起畫筆，在油畫布上揮灑出「生命的樂章—— 四季交響曲」，他要為癌症協會的病友而創作，他要用自己的生命意志鼓勵癌友，同時也要將賣畫所得部分捐給最弱勢癌友。

就在此刻，因肺腺癌住院的妻子玲溫，雖然手臂吊著點滴，她沒有消極頽廢於病魔的折磨，反而拿起鉛筆在素描本上作畫，畫出可愛的小孫子。剛學會站的小孫子胖嘟嘟的小臉，露出燦爛的笑容，玲溫的心也跟著喜樂起來，笑看著生命的每一天。

蔡正勝和妻子劉玲溫伉儷情深，幾年前，蔡正勝檢查出攝護腺癌，原本在金融業工作年收入超過兩百萬的劉玲溫，毫不眷戀銀行主管的職務，立即辦理退休，全心全意照顧丈夫。陪著丈夫治病、陪著丈夫練氣功、陪著丈夫抗癌的劉玲溫，經常會咳嗽，起初也不以為意，有一天她感到氣喘、呼吸困難，到醫院就醫發現是肺部積水，經過精密斷層掃描，竟然檢查出肺腺癌第四期。原本是照顧病人的劉玲溫，瞬間自己也成了病人。

夫妻雙雙罹癌，如晴天霹靂般的打擊，沮喪的心並沒有持續太久。蔡正勝和劉玲溫很快就調整心情，決定攜手抗癌。他們一起到北部就醫，喜歡攝影的蔡正勝和劉玲溫，身體狀況好時，夫妻倆便出外踏青、拍照，踏遍台北近郊和巷弄美景，

病中，體力尚好的蔡正勝仍堅持做渲染陶板畫作，並且開陶藝展。因為他們夫妻倆曾發願，要捐贈一輛復康巴士和一輛救護車。復康巴士在幾年前已經完成捐贈，救護車需三百八十萬，因夫妻罹癌花去許多的治療費用，因此，蔡正勝即使生病仍不放棄創作、開展，期望早日完成自己心中的承諾。在普淨寺協助蔡正勝和劉玲溫的悲心大願，自願為他們分攤救護車的費用下，終於在2021年共同贊助下，蔡正勝、劉玲溫完成了救護車的捐贈。

探索泥塑—開啟玩泥作陶的契機

蔡正勝浸淫陶藝逾30年，他一生念茲在茲，無非捏陶、燒陶。追溯其製陶生涯，應當從菊島（天人菊為澎湖縣花）西嶼說起。

蔡正勝出生於澎湖西嶼竹灣的漁村，從小就與海浪與礁岩為伍的他，活潑好動，喜愛四處探索，大自然是他最好的啟蒙師友。在國校前水井旁，

蔡正勝、劉玲溫賢伉儷用生命塑陶，以情感澆灌陶藝，榮獲周大觀文教基金會第26屆全球熱愛生命獎章。

那泥土特具黏性，村人稱之「佛仔土」。土壤與神佛何干？他感到不解。

後來聽人提起，神像多半木刻石雕，土地公卻是泥塑。有一天，他趁父母外出，爬上椅子一探神龕究竟，不小心竟打碎了神龕上的福德正神。他又驚又奇：「土地公果真是泥作！」自此，他對泥像產生了好奇，也在他心底埋下了日後玩泥作陶的契機。

蔡正勝年少時，父母為了生計舉家遷徙高雄。蔡正勝定居台灣，卻心繫鄉土。長大學成後，他以國際貿易本科進入南山（畫框）企業任業務課長，負責藝術美學行銷業務。其間他不曾忘懷陶泥夢，常私下摸索並嘗試創作。

1987 年，蔡正勝創立「正愉公司」，專營陶燒公共工程景觀藝術。時值政府啟動公共工程藝術化計畫，明定公共工程之施作，必須融入人文、生態或藝術等景觀設計元素。蔡正勝認為這是大好機會，積極洽商建築師，強化團隊合作能量。從規劃設計、製作到執行實施，正愉團隊以堅實品質打響了名號。然而，深耕二十多年的景觀藝術事業，卻在高峰驟然轉向。從電窯生活陶、建築陶到柴燒藝術陶，其間幾經周折與挑戰。

追求藝術創新．勇闖柴燒藝境

三十年前，蔡正勝以先驅之姿，投入建築陶板裝置藝術創作。有人問他，讀了國際貿易為何從事陶藝創作？他回應：「貿易本在互通有無，從無到有，或就現有推陳出新。其實，兩者息息相關，都在創造嶄新的、不可取代的附加價值。」

只不過，他傾注心力的陶板公共藝術，係採少量多樣的客製化接單模式，是因應個別需求而開模製作的限量藝品，並非純藝術創作。

蔡正勝約莫做了五年，陸續有人跟進，終而百家爭鳴。後來，他一直在思考，建築陶產業競爭激烈，各家看來相似，既沒特色又乏創新。審慎評估後，他毅然退出市場。在 2013 投入柴燒手捏陶行列。

創作轉向，起初，大家對他並不看好，甚至笑他頭殼壞掉。因柴燒市場式微，已成夕陽文創產業，而他卻執意栽進。早先柴燒當紅，一把陶壺可賣 5 萬元；現在眾人紛紛赴中燒陶，回銷台灣後，現值卻一成不到。

在蔡正勝心裡，即便夕陽，也可以旭日東昇！蔡正勝對自己許下壯志，他相信一種人生理念：「是甚麼，做甚麼；做甚麼，像甚麼。」「人生課題是一道是非題、選擇題兼應用題，我選擇我認為對的，然後思考如何面對與應用。」

父親臨終提點・發現菊岩新世界

蔡正勝事親至孝，體恤兄弟營生忙碌，他與妻竭心盡力服侍高堂，每年清明掃墓，他們陪同父親返鄉祭拜，十八年來未曾間斷。

2015 年清明，他自台北參展歸來，不幸遭逢親喪。父親臨終前夕，交代遺言要他接管澎湖產業，並牽著他的手說道：「勝仔！用咱故鄉厝內的土，好好的運用創作，你一定會成功。」

陶藝創新是蔡正勝一生的終極追求。回顧來時路，他熱愛的故鄉風土，擁有遼闊無垠的海洋景致與樸實樂天的人文風情；因此，創作的過程，他一直在找尋足以代表故鄉意象的素材。受到父親的提點與鼓勵，他驀然發現故鄉的家藏珍寶—— 菊岩砂。於是，他另闢蹊徑，開展出一條至真至樸的菊岩柴燒陶藝之路。

蔡正勝運用故鄉私家的泥土（佛仔土），採集澎湖岩礦砂泥天然基材，將其融入陶作，透過特殊的窯燒技法，歷經無數的嘗試與失敗，終於在柴火高溫的淬鍊下，創作出「菊岩燒」系列陶作極品。那一年，他 62 歲。

千錘百鍊——創作獨一無二的菊岩陶

2015 年「柴燒陶寶」正式推出，2016 年「菊岩燒」接續發表。菊岩作

蔡正勝採集澎湖岩礦砂泥，將其融入陶作，創作出「菊岩燒」系列陶作極品。

為創作基材，經由高溫燒結成陶，因此富含岩礦的粗獷張力，更見砂泥的樸實細緻。蔡正勝認為，這是積累了千萬年歲月的能量所致。

1740 萬年前，台灣海峽南端地殼張裂，地層深處躁動的岩漿噴湧流溢，覆蓋大片海域，造就了壯麗的澎湖群島。今日玄武礦岩，即是火山熔岩噴湧的積泥，它蘊含著千萬年歲月的能量。堆疊巨厚的玄武礦岩，歷經長久風化，富含氧化鐵、鎂及微量二氧化矽等元素，經過千度高溫淬鍊，植物的落灰與礦岩的熔釉完美結合，成為陶作變化萬千的炫耀彩衣。

至於陶材燒結的過程，蔡正勝形容：「那是打鐵成鋼的錘鍊，一千三百度長時間的高溫，一次又一次，反覆的淬煉 ，它所創造出來的── 靛青的藍、深邃的紫及玄武的黯，是獨一無二的辨識度，也是菊岩燒的特色。」

傾力三十多年的歲月，蔡正勝不忘初衷，盼將陶土與澎湖千萬年的熔岩砂結合。而今，他果真做到了！

傾注情感——用陶藝感動人心

對多數陶藝家來說，燒製作品的過程，精準掌握力道與火候，是博學厚積的功底，更是心性修為的展現。巧手捏製的敬謹，轉身入炭的迅敏，一如潛心入定的修行者。

「我以千萬載歲月的岩礦砂泥，融合大自然的意境；用鮮明色彩的流動渲染，賦予作品生命力；我要將藝術美學及自然能量，與生命的體悟相結合。」蔡正勝矢志，「我努力做自己、做自然，願將生活的體驗與感動，融入我的作品中。」

從排窯、燒窯、封窯，到入炭、降溫、卸窯，接連數天將近一週，柴燒工作夜以繼日地進行，大家輪值守候著薪火，只盼火的熾盛生命力，如期將泥坯轉為陶器，讓泥土的微量金屬元素散發出迷人光芒。

而凡事全力以赴的他，甚且廢寢忘食。自侃從小玩泥，不曾正式拜師，但憑一股傻勁苦幹實幹，希望賦予菊岩燒生命光彩，並以陶藝與眾樂樂，分享一切美好。

蔡正勝的首件柴燒作品亮相時，形色樸拙黯淡，識者都嫌醜陋，建議他不要展售。熟料，某日顧客上門，不但一眼看上，還買下其中三組，後來成為莫逆知交。對方表示，觀賞他的陶作，頗覺古樸厚實，帶有一種感人的力量。另有企業老闆喜愛其菊岩陶寶，不但自家收藏，還買來贈與國際客戶。企業家開心表示：「以前送禮總感為難，現在終於找到恢弘大器、可以代表台灣意象的藝術品了。」

蔡正勝、劉玲溫賢伉儷用生命塑陶，以情感澆灌陶藝，希望傳達濃濃的故鄉之愛。立足藝壇、卻不曾參與藝協社團，每次參展與賽，雖無師友引薦提攜，但總能獲得各方肯定。他們曾先後入選中國文化創意設計大賽紫金獎，2018 年工藝組玉山獎，2019 年榮獲苗栗藝術節柴燒組優等獎，2020 年台灣國際金壺獎等等。

起承轉合——成就陶藝精彩人生

欣賞蔡正勝作品，從他日積月累的創作能量，可以感受到濃濃的鄉土情懷。他深情表白，感謝父親的提醒與期許，感恩故鄉土地賜予的岩礦砂泥，才有今日「菊岩燒」系列作品的問世。

創作了各式各樣的菊岩燒作品，蔡正勝也嘗試以陶版作畫。喜歡爬山的蔡正勝在高雄柴山小漁港拍攝夕陽，突然升起一種「念故鄉」情懷，那漁船停泊海邊、那漁婦補著魚網，此情此景與故鄉澎湖多麼相似啊！在柴山設立「菊岩燒故事館」念頭於焉誕生。

為了故事館的成立，蔡正勝更加努力創作，為了燒陶，他幾乎幾日幾夜不眠不休顧著柴火，燒出美麗作品。為了成立故事館，他承租一座廢墟，

因為夫妻雙雙罹癌，療癌雖然耗用他們的積蓄，但蔡正勝還是一心回饋社會。

以個人之力清理環境、搬運作品，四十幾天完成故事館的布置。卻也是如此勞累，不知不覺累出病來。

2020 年元旦，「菊岩燒故事館」創立，蔡正勝的陶藝創作之路邁向新里程。他們以「起、承、轉、合」四大創作主題，傳達衷心的感動與追求創新的嚮往；更要以熱情欣悅，歡迎社會大眾，一同見證台灣鄉土之美，開懷分享彼此的人生故事。

蔡正勝、劉玲溫賢伉儷表示：「感恩人生的『起』首式，就以 2016 年的《雙心石滬》作為代表，這是菊岩柴燒的處女作，取其永懷澎湖鄉土的意象。《大目帆船》，則象徵血派親情的傳『承』。」

蔡正勝、劉玲溫賢伉儷說：「我的祖父與外公，生前皆以擺渡為生，他們的帆船就像海中大魚，擁有大眼大嘴，還有航行如飛的燕尾，可惜現在已成絕響。」2018 年的《西嶼落霞》，則是翻「轉」自蔡正勝、劉玲溫賢伉儷的告白。其陶藝創作從立面形塑轉為平面陶版，雖仍融入菊島岩礦元素，但作品的呈現已更趨多元化。

在《四季吟——傾聽大地的聲音》中，蔡正勝、劉玲溫賢伉儷結「合」了平面陶板與立體燒陶，歡快吟頌著春之生機（綠意）、夏之熱情（艷紅）、秋之豐收（金黃）及冬之靜定（藍白）。這首四季旋律，傳達了故事館主人對大自然、對美好人生的禮讚。

不忘以感恩心回饋社會

自幼生活在貧困的環境中，蔡正勝內心意志十分堅強，任何時刻他都不曾懈怠，不曾曠廢時日。他說：「我從求學到就業，二十六年來不曾請假，二十六年全勤。求學生涯也始終都是第一名。」

他以畢生之力投入陶藝創作，以菊岩燒闖出自己獨特的陶藝天地，以「菊岩燒故事館」，為自己的藝術生命做了完美註腳。卻在藝術生涯巔峰之際，被檢查出罹患攝護腺癌，生命頓時從雲端跌到谷底。

不預警的病魔纏身，蔡正勝卻不認輸，他以堅強毅力去抗癌。很幸運地他身邊有一位溫柔、善良的妻子玲溫，義無反顧地放下一切，照顧他、陪伴他。

在蔡正勝心目中，劉玲溫不僅是一位好妻子，更是一位孝順賢媳。當蔡正勝的母親長年生病臥床，劉玲溫無怨無悔照顧公婆十八年。他們發願以父母之名和大哥一起捐贈一輛復康巴士。並以自己和妻子之名合捐一輛救護車。多年來，夫妻倆省吃儉用，終於完成了心中的願想。

雖然雙腿癱瘓．我還有一雙手

近年，因癌細胞壓迫到坐骨神經，導致下肢癱瘓的蔡正勝，雖然無法在創作渲染陶版作品，但他想著：「我的雙腿沒有辦法行動，但我還有兩隻手，依然可以創作啊！」於是他購買了筆、壓克力顏料和畫布，坐在輪椅上創作，不浪費一刻的生命，讓藝術魂在畫布上流淌出耀眼的光芒。

經常出入醫院的玲溫，以繪畫來填補病中的生活，她則以水彩、鉛筆素描創作小品，畫出家人溫暖的畫面。

因為夫妻雙雙罹癌，療癌雖然耗用他們的積蓄，但蔡正勝還是一心回饋社會。他在 FB 分享「生命的樂章、四季交響曲」，同時發起義賣。他要為癌症協會的病友而創作，他要用自己的生命意志鼓勵癌友，同時也要將賣畫所得部分捐給「台灣癌症基金會」。

蔡正勝、劉玲溫賢伉儷雖然為癌症病苦纏生，但是他們從不怨天尤人，不向命運低頭。一心想用自己的力量創造有意義的生命價值，為社會帶來溫暖的微光。

非洲女力先鋒

埃德娜・阿丹・伊斯梅爾（Edna Adan Ismail）

【穆斯林德蕾莎・醫愛本無國界】

我不知道我的生命能影響多少人……

就像父親一樣，我總是隨時待命，應付醫院任何緊急情況，

為追隨父親救人第一，我嫁給了醫院。

——埃德娜・阿丹・伊斯梅爾

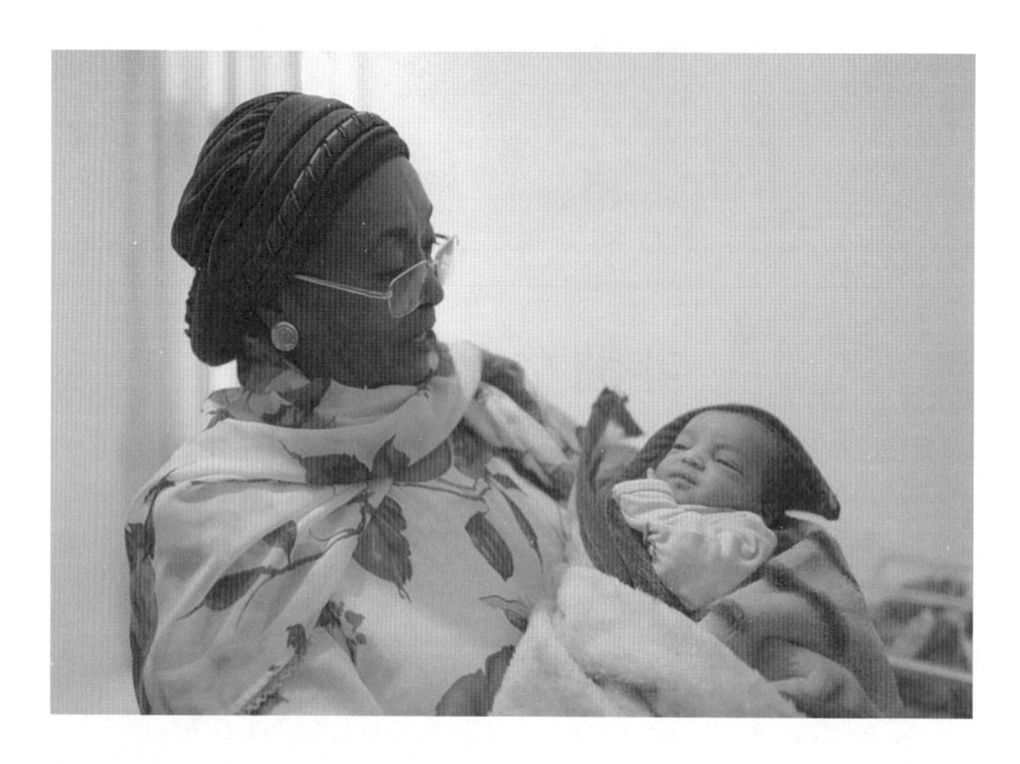

女力先鋒・德蕾莎

大家公認：她是非洲女力先鋒。

大家也公認：她是穆斯林的德蕾莎。

大家更動容：她終身嫁給醫院。

埃德娜・阿丹・伊斯梅爾（Edna Adan Ismail），從不向人提起：她曾是索馬利蘭第一夫人、外交部長、衛生部長、家庭福利和社會發展部長，卻逢人就說：她是非洲第一位合格助產士、世界衛生組織跨國督導，為了永續追隨父親救人圓夢，終身一志籌建現代化醫院：栽培更多醫護人員成為無國界醫護專才，懸壺濟世、醫無國界。

她從小追隨父親，在非洲之角最簡陋的醫院長大，假日成為父親最好的醫護小幫手。

她為傳承父親醫護救人的勇氣，又幸運考取公費到英國留學，以最棒的成績，成為非洲第一位合格助產士，終生都為降低非洲、中東地區婦嬰死亡率奮鬥。

歷經恐怖的割禮、面對政治迫害、陷入一無所有，她始終拒絕放棄，一切從零開始，戰勝迷信劣俗，分秒必爭搶救產婦、嬰兒。

她永遠迎接新的挑戰：揮別暗無天日的監禁，挺過殘忍的割禮、政治迫害以及索國 20 多年南北戰爭。

她忍受了一切羞辱，立志義助非洲婦女活出希望。

她親眼目睹：非洲醫療水平低、缺乏教育、還有許許多多古老的迷信。

她號召各界，戰勝非洲的迷信劣俗。

她被迫挨餓、一無所有時，連流浪漢都及時送給她，一瓶救命的新鮮牛奶，因為她是索國最受歡迎阿丹·達赫塔爾（Adan Dakhtar）醫生的女兒。

當國家被捲入血腥的內戰中，她發揮醫護菁英角色，成為索國婦女健康守護天使，還為世界衛生組織栽培中東地區成千上萬的醫護人才。

最後她60年如一日，捐出世界衛生組織的終身

1954 年，17歲時的埃德娜·阿丹·伊斯梅爾。

俸給，創辦埃德娜．阿丹大學附設醫院，分秒必爭致力於助產士、護理師及醫師的培養，更成為推動全球無國界醫護人員的搖籃，台灣輔大附醫、高醫大附醫、彰基醫也深受感動，挺身而出展開醫療外交助她一臂之力。

赫芬頓報頭版：埃德娜．阿丹．伊斯梅爾，人人稱呼她為穆斯林的德蕾莎，先後榮獲英國倫敦南岸大學、美國麻州克拉克大學榮譽博士學位，

以及美國「宗教界諾貝爾獎」美譽的譚普敦獎等多國勳章肯定。

由是，埃德娜．阿丹．伊斯梅爾，傳承父親醫護救人的勇氣，揮別被迫害、絕症纏身的陰霾，迎向戰勝迷信劣俗、創辦醫院救人的陽光，60 年如一日，分秒必爭栽培無國界醫護專才，守護非洲、中東等世界最弱勢婦女活出健康、活出希望、活出無限可能，不愧為「非洲女力先鋒」。

從傳承父親的勇氣到最偉大的冒險

埃德娜．阿丹．伊斯梅爾從小最愛跟著爸爸進出醫院，親眼目睹非洲飢荒、營養不良、醫療不足、孕產婦死亡率奇高等現況。

她的醫師爸爸一年 365 天都以醫院為家。她從小就是醫師爸爸好幫手：把舊牀單剪成繃帶、洗淨熱燙注射器、餵食病童……還有一起克難行醫——送愛遠離難民營的赤貧家庭部落。

她的醫師爸爸，總是面帶笑容，醫治每一位病人—— 無論病人多麼貧窮、骯髒、臭氣沖天，還是病重繳不起微薄醫療費者，除了自掏腰包代付醫藥費，仍讓大家有尊嚴繼續接受治療。

她的媽媽常常笑稱醫師丈夫：為手掌上有洞的人，因為錢常從他手掌裡溜走，通常花在醫院或病人身上。

她 8 歲，身受醫師爸爸耳濡目染醫護救人的感召，被安排到法屬索馬利蘭方濟各會修女開辦的「土著學院」上學，打下英語、法語的基礎，立志將來成為救助孕產婦先鋒的助產士。

年輕時的埃德娜決定選擇護理，為家鄉的人民服務。

埃德娜與她的「獵豹寶寶」薩努合影。

埃德娜・阿丹・伊斯梅爾在國際會議中，大聲疾呼廢除非洲女孩不人道的割禮。

在索馬利蘭每 1000 名嬰兒中，就有 94 人死亡，相比之下，英國只有 4 或 5 名嬰兒死亡，讓人怵目驚心。

她面對這個非洲之角的醫療匱乏，特別用功讀書，只有好好接受教育，全力以赴學習，才能改變眼前的一切。

她以優異成績高中畢業，第一次最大冒險：擔任來自英國 AShe 醫學博士索馬利語翻譯，激起了她對更多醫護健康工作的興趣。

她的第二次最大冒險：參加英國殖民署公費留學計畫考試，從二萬三千多位參加模擬考試和 GED 面試中，脱穎而出。

她的第三次最大冒險：隻身前往英國留學，前後七年就讀英國倫敦南岸大學，不論助產士學科成績，或是相關醫療部門實習成績，都是名列前茅。她為急著回國協助醫師爸爸，婉拒保送醫學系深造，留下她一生最大遺憾。

從面對迫害到戰勝迷信劣俗

埃德娜還記得留學英國期間，在英國文化協會舉辦的耶誕舞會中，與同樣來自索國的留學生穆罕默德・易卜拉欣・埃加勒（Mohamed Ibrahim Egal），在一曲華爾茲共舞中有說有笑，第二天她收到第一束的玫瑰花，當時只有 17 歲的她──留下了深刻的印象。

一眨眼，十年河東，十年河西。

後來，穆罕默德成為索國反對派主要政治人物，在索國各界親友的撮合下，26 歲的埃德娜嫁給了他，埋下了被政治迫害的引信。

1967 年，穆罕默德被任命為索國總理，正值美蘇冷戰爭奪非洲資源，埃德娜不得不陪同總理先生──獲邀風光國事訪問美國等西方陣營。

國事訪問中，埃德娜・阿丹・伊斯梅爾與約翰遜總統合影

彰基攜手輔大與索馬利蘭展開國際醫療學術合作

拓展醫療合作馬利蘭大使訪彰基

埃德娜雖貴為索國第一夫人，卻對國內外的政治興趣缺缺；她還是最歡喜穿上護士服，堅持她專業助產士的工作。

豈料，1969 年，在埃德娜與總理先生國事第二度訪問期間，索國總統阿卜杜拉希德·阿里·謝爾馬克（Abdirashid Ali Shermake）遇刺身亡，蘇聯支持的西亞德·巴雷（Siad Barre）將軍政變掌權，他們一回國立即被捕，總理先生被監禁四年，她被軟禁半年，家產全被沒收充公。

埃德娜的美麗家園，變成索國政變首領西亞德·巴雷將軍及手下稱為「埃德娜夜總會」，房子面目全非，到處都是空瓶子、菸灰、髒盤子、污漬，還有心愛的獵豹薩努被槍殺……真是無法無天。保安警察，不時闖進她家搜查。國家廣播電台和報紙，被當局接管，連 BBC 都一併被摧毀，國內外新聞全被封鎖。新政權，唯有獨裁者西亞德·巴雷將軍，唯我獨尊，大家沒有言論自由、沒有行動自由、沒有反對黨、沒有新聞自由……

有一天，朱巴旅館發生火災，摩加迪休廣播電台緊急呼籲：亟需捐血者和任何有護理技能者，立即搶救傷患，埃德娜不加思索穿上白色大衣，衝破重重圍籬、警衛，立即成為迪格弗醫院救星，護理專長不但及時救回 30 多位生命，從此也救了她自己——以醫院工作取代軟禁。

1976 年，埃德娜被任命索國衛生部培訓主任，立即展開反對女性割禮等迷信劣俗，進一步成為全球首位反對割禮的社會運動家。

尤其，埃德娜於 1986 年到 1991 年，榮任世界衛生組織中東及地中海護理和助產陪訓總顧問，一一登門說服 21 個國家穆斯林父母，讓女兒避免割禮、封閉交往、不受教育等迷信劣俗，加倍積極鼓勵所有女孩走出來，普及教育，到醫院學習護理、助產等醫療保健專業知識與技能。

埃德娜把世衛改善自我以及公共衛生的愛苗，撒遍非洲、中東及地中海穆斯林地區，讓迷信劣俗的雜草惡木一棵又一棵倒下，長成一座又一座健康希望的森林。

埃德娜終生為拯救非洲產婦與嬰兒的高致死率而努力。

一切從零開始到籌建現代化醫院

生命無價．醫無國界。

埃德娜先後揮別總理夫人、閣員夫人、大使夫人三段婚姻，也先後揮別索國家庭福利及社會發展部長、外交部長、衛生部長，更從世界衛生組織退休，終身嫁給醫院，終身以醫院為家。

埃德娜終身以投入護士、助產士、世衛組織工作為榮，實踐醫師爸爸阿丹．達赫塔爾（Adan Dakhtar）行醫救人的遺志。

埃德娜一切從零開始，把從世界衛生組織的退休俸，作為籌建現代化醫院第一筆基金。在索國摩加迪休（Mogadishu）城外七公里處，一塊破舊的灌木叢，她曾在此遭受軟禁、拘留以及無休止騷擾、羞辱的人間地獄；卻成為她籌建現代化醫院的基地。

埃德娜這個行動，把一個位非洲之角的小國，尚未被聯合國承認的索馬利蘭，僅獲得同樣也是未受國際普遍承認的中華民國承認，帶動了醫療外交等不可思議的變化。

「這是索馬利蘭，一個平和的國家，剛剛慶祝了 32 年的國泰民安」埃德娜說。對於 86 歲的埃德娜和索馬利蘭的人民而言，這正是慶祝的時刻。

他們有了一座提供完整服務的全新醫院，這一切歸功於全球各界的愛心。「再一次地，感謝全球各界，無數的感謝！」埃德娜說。

如果沒有埃德娜盡心盡力地投入，不可能有這座設備齊全的醫院。她是一位社會運動家，用盡一生促成為人民帶來福祉的改變，宛如非洲的德蕾莎修女。

埃德娜在索馬利蘭培訓許多助產士，也改變了這些女孩們的宿命。

「如果我可以為那些── 比我們擁有更少機會的人們生活帶來改變，何樂而不為呢？這就是我們來到這個世界上的目的，這就是活著的價值所在。」埃德娜說。

埃德娜是一位知名醫師的女兒，後來成為非洲首位專業助產士，也是第一位擁有駕照的女性。

埃德娜還創辦了一所護理學校，目前有超過 1,000 名學生，其中 70% 為年輕女性。

這位現年 86 歲的女性，創辦了一家奇蹟醫院，後來更成為非洲的第一位女外交部長。

「是我們一起── 男性和女性，才能促成正面的公民健康、國家發展與社會進步。」埃德娜說道，「沒有這樣的合作關係，不會進步。」

埃德娜認為現今的阿富汗，可以從索馬利蘭的女性領導人身上學習。

「她們為國家的發展做出了貢獻，與社區合作，為人們的需求而努力。公共健康需要她們，社會服務也需要她們。」埃德娜說道。

在遙遠的土地上，一位不可思議的女性影響了數百萬人，影響了整個非洲。

「早上醒來時，我們應該問問自己『今天有什麼需要解決的？』，然後就去面對和處理你能解決的問題。」埃德娜說道。

埃德娜說，在這 30 多年間，索馬利蘭已重建自我，現在有了女律師、女醫生、女外科醫生和一名女牙醫。

一位母親焦慮地等待著：即將在數個月後出生的第四個孩子時，也仍在為先前流產而未出世的前三個孩子傷心。

另一位母親抱著她生病的孩子，乘坐公車前往車程需十二小時的最近醫院，眼見孩子就這麼在懷裡逝世，她痛不欲生；第三位母親則是因為嚴重摔傷，擔心著她未出生的雙胞胎的健康。這些，都是索馬利蘭婦女們的遭遇。

埃德娜建造一棟以他父親為名的醫院，來紀念他的偉大。

埃德娜・阿丹大學附設醫院，是位於索馬利蘭南部周圍是一個偏遠的沙漠地區，由於醫療資源相當有限，她們必須忍受著這些痛苦且往往帶來創傷的經歷。

在這個產婦和兒童死亡率極高的地區，埃德娜・阿丹大學附設醫院企圖為這些急需醫療照護的母親們，就近提供服務，此外，也對整個索馬利蘭的醫療品質帶來重大的改變。

埃德娜・阿丹大學附設醫院── 為這個擁有 150 多萬人口的地區，提供一流的初級與二級醫療照護。最重要的是，目前的職員中有 60% 為女性，其中許多為當地助產士，透過免費的產前護理與產婦照護計畫（Antenatal

Care and Maternity Care Program，ANC）訓練她們，以幫助治療與教育成千上萬名母親。

這個免費計畫僱用當地的助產士，以教育索馬利蘭這些母親們安全健康生產——所需採取的重要與必要步驟。透過 ANC 計畫，埃德娜．阿丹大學附設醫院的助產士，為索馬利蘭母親們提供健康教育與產前知識外，還協助：

- 舉辦預防妊娠性貧血的健康講座。
- 強調產前護理的重要性。
- 教導母親們如何辨別高風險的生產。
- 鼓勵母親在「埃德娜．阿丹大學附設醫院」分娩，以獲得她們所需之適當照護。
- 建立妥善的產後母親與嬰兒之健康管理程序。

「摩加迪休正迅速發展，需要一家能解決這個區域內各種健康問題的醫院。」埃德娜說道，所有家醫科醫生，專門從事婦產、內科以及兒童與嬰兒照護。「我很喜歡教學、提供技術訓練以及給予我的人民最高品質的醫療服務。在身為一名醫院創辦人的能力範圍內，我會一直提供協助，以此提升『埃德娜．阿丹大學附設醫院』的服務。」

印尼阿富汗難民國手

米娜・阿薩迪（Meena Asadi）

【以空手道揚名世界・帶動難民活出希望】

為什麼只因為我是女孩，就不能像男孩一樣自由活動，
我追求成為空手道職業選手的動力，
就是全心全力促成打破「性別藩籬」。

——米娜・阿薩迪

以空手道一姊揚名國際．帶動難民活出希望

印尼阿富汗空手道女國手米娜．阿薩迪曾代表阿富汗、巴基斯坦、印尼出賽，拼命得獎，令人動容。原為阿富汗空手道一姊米娜．阿薩迪，小時候即是難民，她在巴基斯坦學空手道，表現傑出，2010 年 18 歲時，首度參加國際比賽，代表巴基斯坦拿下銀牌，但無法代表阿富汗讓她非常傷心。

印尼阿富汗空手道一姊追夢，想為國征戰竟如此困難。現在已成為滯留印尼的阿富汗空手道一姊，於 1992 年 10 月 12 日出生於阿富汗，曾於 2012 年的南亞空手道錦標賽—— 首度為阿富汗爭光，也是迄今唯一一次代表阿富汗參賽，寫下最光榮的歷史—— 為阿富汗首次贏得女子空手道賽事的獎牌。

為阿富汗拿首面女子空手道國際賽事的米娜・阿薩迪。從小就是難民，為了代表國家出征，她於 2012 年毅然返國，卻遭極端分子攻擊，但她堅持追夢，激勵了千千萬萬女孩打破性別籓籬、活出希望。

米娜・阿薩迪 2004 年 12 歲時，為了逃離家鄉阿富汗的戰火與性別歧視，成為棲身巴基斯坦的難民，她在巴基斯坦開始學習空手道，成為傑出運動員，巴基斯坦協會讓她取得身分資格，代表巴基斯坦出征 2010 南亞運動會，一舉勇得 3 面銀牌。

她為激勵家鄉阿富汗女孩勇敢逐夢，並進一步打破性別籓籬，不顧極端分子的恐嚇威脅，毅然決然於 2012 年回到阿富汗，代表阿富汗國家隊，參加 2012 年於印度舉辦的南亞空手道錦標賽（South Asian Karate Championship），她為祖國阿富汗再拿下 2 面銀牌，帶動了阿富汗全國女孩學習空手道的風氣。

但是，好景不長，塔利班掌權後，阿富汗的婦女無法工作，女孩無法上學學習，婦女必須用圍巾遮住臉，由男性親屬陪同，才能走出家門。

由於生命安全，深受阿富汗極端分子威脅，米娜・阿薩迪全家人，被迫於 2015 年時，再度逃離阿富汗，滯留印尼。

米娜・阿薩迪全家人，現在和成千上萬滯留印尼的難民一樣，仍在等待到第 3 國家安置的機會，她看到難民無法工作、就學，幾乎什麼事也不能做，只能苦等，大家承受極大壓力，又非常沮喪，因此自立自強開設「希薩魯難民松濤空手道館」（Cisarua Refugee Shotokan Karate Club，簡稱：CRSKC）。

米娜・阿薩迪為帶給滯留印尼的阿富汗、伊朗、伊拉克等多國難民更多希望，始終以身作則，全心全力透過道館——讓所有難民除了運動健身，還要學習一技之長，號召大家一起揮別陰霾，迎向陽光。

於是，米娜・阿薩迪在 2018 年榮獲日本著名的「空手道世界聯盟」

（KWF）頒發黑帶 3 段證書肯定，她為進一步帶動大家活出無限可能，並激勵大家融入印尼社會，率先在 2021 年參加印尼茂物市長盃線上空手道競賽，在 300 位參賽者中大獲全勝，勇奪金牌，鼓舞了許許多多滯留印尼的各國難民。

米娜．阿薩迪無懼性別歧視、不怕極端分子威脅，始終勇敢逐夢，以空手道揚名世界，曾為祖國阿富汗以及暫時滯留的巴基斯坦、印尼等為國爭光，進而在滯留的印尼，為各國難民創辦空手道道館，號召所有難民除了運動健身，還要學習一技之長，鼓勵大家揮別陰霾，更以身作則號召大家勇敢迎向無限希望，感動印尼．轟動南亞，不愧為「印尼阿富汗難民國手」。

亟盼各國給難民機會

米娜．阿薩迪這次來到印尼，目前和先生、女兒等家人，仍在等待到第三國安置的機會。她看到難民無法工作、就學，什麼事也不能做，只能苦等，承受極大壓力、且非常沮喪，因此開設道館，讓難民學習技能，或透過運動緩解心理焦慮。

米娜．阿薩迪的「希薩魯難民松濤館空手道道館」（Cisarua Refugee Shotokan Karate Club，CRSKC）位於茂物縣希薩魯區（Cisarua），空間僅能容納 30 多名學生，包括孩童、青少年及成年人，主要來自阿富汗，也有伊朗、伊拉克的難民。

米娜．阿薩迪說，難民沒有收入，有些人已滯留 10 年、12 年，生活非常辛苦，因此，她都免費授課。但經營道館很不容易，每個月需要 200 萬印尼盾（約新台幣 4,000 元）租金，再加上購買訓練器材等，她常要向別人募款，才能維持下去。

米娜．阿薩迪的道館開設快 7 年多，她說，不知道能撐多久，「我只能一再盡最大努力」。

米娜．阿薩迪以空手道揚名世界，勇奪金牌，鼓舞了許許多多滯留印尼的各國難民。

訓練課堂中，可看到大小學員們對空手道的熱情，一群 7 歲至 9 歲的阿富汗小女孩，主動大方對中央社的鏡頭，分享喜歡學空手道的原因。

賈瓦迪（Setayesh Jawadi）說，喜歡學空手道，想學會自衛防身。賈邁爾（Diana Jamal）、雷札伊（Zahra Rezaie）說，希望未來跟米娜．阿薩迪一樣，奪得金牌。侯賽尼（Mahdia Hussaini）說，空手道很有趣，很喜歡來上課。

阿富汗少女海達里（Shaha Haidari）說，喜歡武術，空手道增強她的自信、勇氣，在現實生活中對她幫助很大。阿富汗傳統視女性從事運動為禁忌，期待女性只做煮飯、打掃等事，米娜．阿薩迪是我的偶像，我都向她看齊，她給我很多激勵。

儘管難民身分的諸多限制，米娜．阿薩迪從不放棄她的夢想。她近期參加印尼茂物市長盃（Walikota Bogor Cup）的線上空手道競賽，在 300 名參賽者中，勇奪金牌。她也在 2018 年獲得日本著名的「空手之道世界聯盟」（KarateNoMichi World Federation，KWF）頒發黑帶三段的證書。

米娜．阿薩迪近年也積極與印尼空手道協會協調，雖然過程波折，但終於爭取到讓難民也可以參加級別認證考試。米娜．阿薩迪表示：難民需要的只是一個機會，「只要給難民機會，他們都能展現很好的才能」，這也是她開辦道館的最大期望。

不要對未來失望

新冠肺炎疫情讓很多人歷經隔離時光，無法過一般的日子。

試想，如果身處異鄉長達數年甚至十多年，都不能工作，小孩無法唸書，生病不易就醫，或許得流落街頭，只能等待有一天能前往第三國……。要能堅強活下去，有多不容易。

這是約 14,000 名國際難民在印尼的普遍處境，其中約 8,000 人來自阿富汗。這幾年來，棲身西爪哇省茂物縣（Bogor）的難民裡，有機會練起空手道，包括稚齡孩子、學童、青少年和成年人，約 40 多人，每週固定到道館上課，不論學技能或紓壓，對他們都意義非凡。

他們的教練是為阿富汗，拿下女子空手道國際賽事首面獎牌的米娜．阿薩迪（Meena Asadi）。

米娜．阿薩迪出生於 1992 年 10 月 12 日，從小是難民，19 歲返國為國征戰，因首創教育女性的空手道道館而遭伊斯蘭極端分子威脅，再度淪為難民。目前阿薩迪和先生賈瓦第（Ashraf Jawadi）、8 歲的女兒、3 歲的兒子與婆婆在印尼，希望能有機會到第三國安置，至今已超過 7 年。

因為從小深知難民之苦，阿薩迪 2016 年抵達印尼不久後，即在茂物縣

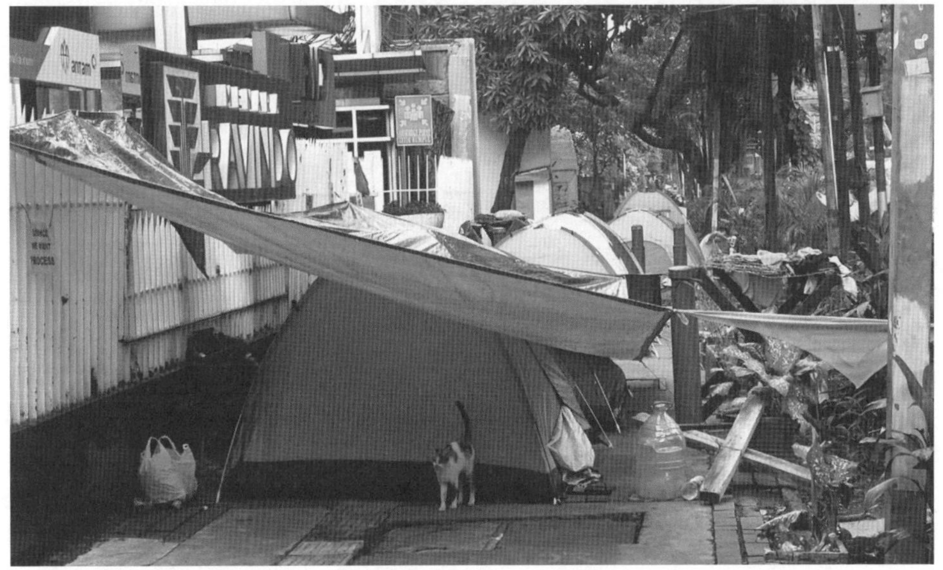

阿富汗難民滯留印尼的故事，有許多令人難以直視的沈重。

希薩魯區（Cisarua）開辦「希薩魯難民松濤館流空手道道館」（Cisarua Refugee Shotokan Karate Club，CRSKC），盼能幫助難民透過運動，找到生活中「希望的微光」。

米娜・阿薩迪是阿富汗的哈扎拉族人（Hazara），來自阿富汗中部偏東南的加茲尼省（Ghazni）亞戈里區（Jaghori），地處高地的地形氣候宜人，高山、縱谷與稻田構織秀麗風景。當地也一直是阿富汗教育程度最高的地區，農業是主要的經濟型態。

前蘇聯在 1979 年出兵入侵阿富汗，這場戰爭延續 10 年，導致阿富汗民生凋敝。蘇聯撤軍後，阿富汗陷入長期的內戰。阿薩迪家人原本在亞戈里區務農，但農作收入不夠家庭開銷，父親在南部的坎達哈省（Kandahar）找到工作後，一家人搬到坎達哈省。

米娜・阿薩迪開設道館，讓難民學習技能，或透過運動緩解心理焦慮。

阿富汗戰火綿延造成數百萬人逃亡，當時有約 200 萬人逃到鄰國巴基斯坦。極端組織塔利班（Taliban），1990 年代中期在坎達哈省崛起，米娜．阿薩迪的父母也帶著 3 個小孩，躲到巴基斯坦，她年僅 7 歲，孩童時期看盡難民無家可歸、失去尊嚴的艱辛，至今仍是纏繞著她的惡夢。

戰爭摧毀米娜．阿薩迪在阿富汗的家和所有一切。她回憶，剛到巴基斯坦時，他們「什麼都沒有」，連要找個住下來的地方都難，父母費盡千辛萬苦才租到一個房間，房子內還有另外兩家人，大家共用廚房、浴室和廁所，但家人聚在一起，有個落腳處，已是求之不得了。

米娜．阿薩迪當時住在普什圖族（Pashtun）掌控的俾路支省（Balochistan）首府奎達市（Quetta）。她父親在坎達哈省時學會普什圖語，這讓他在奎達市找到賣水果的工作，但收入微薄，母親刺繡、幫傭，她和 9 歲的哥哥、5 歲的妹妹在工廠學習編織地毯。

米娜．阿薩迪記得，他們花 2 個多月的時間，學會編織地毯後，才開始領到些許收入。再過幾個月後，家裡的經濟有點改善，她媽媽讓他們到一間提供阿富汗孩童，免費就學的慈善學校唸書，早上到學校，下午繼續到工廠編織地毯，晚上回家寫作業。

這幾年的日子，就這樣一成不變地過下去。米娜．阿薩迪說，長年無家可歸的處境，讓父母非常憔悴，但她媽媽在小孩面前，總顯得很堅強，不厭其煩地告訴他們：「不要對未來失去希望」，然而「我知道她的心理非常痛苦」。直到她 12 歲時，感受到運動的召喚，生活起了變化。

偷偷學會空手道

米娜．阿薩迪說，當時她每天往返學校，途中會經過一個武術館，總是在窗外駐足觀看學員們練習武術，覺得非常有趣，也試著把這些動作記在腦海。回到家後，她自己一個人練習，但不是所有動作都記得一清二楚，隔天再到武術館時，常常發現自己做錯了。米娜・阿薩迪說，她對運動越來越著迷，但在他們的社會裡，男孩可以無拘無束做各種運動，運動對女孩卻是禁忌，甚至連在旁邊看都不行。有些人也不准女性工作、唸書或從事其他活動，「為什麼身為女孩就不行？我的孩童時期，對這些充滿問號，沒有人可以給我解答」。

米娜・阿薩迪的家人也受到社會規範的影響，多數都反對她從事運動。奶奶常警告她，女孩子最好不要運動，以免傷身體，奶奶尤其擔心她因運動失去童貞，未來的生活將會很悲慘。但家人的阻力並沒有讓阿薩迪退卻。她說，反而是「激勵我要努力打破性別藩籬的動力」。

就在那時，她認識到兩位來自阿富汗，在伊朗長大的姐妹，她們談論起她的狀況，兩位姐妹鼓勵她，不要輕易放棄。由於道館沒有供女孩使用的場地，她們就在一個小房間練習，房間沒有任何設施，地板也不乾淨，她們練習前都會先打掃，才不會吸入太多灰塵。

米娜・阿薩迪說，當時父母付錢讓她上英文，但她都沒去上課，而是跑去武術館練習。每到這個時間，她都很興奮，但也很擔心會被家人抓到。過幾個月後，因為她都沒有寫英文作業，也沒有拿成績回家，讓家人起疑，最終發現她利用英文課去練武術，而禁止她再去道館。

這讓米娜・阿薩迪非常傷心。當時她開始練習武術才不過短短幾個月的時間，但她學得很起勁，也進步很快，讓她更想加緊練習。家人的禁令對她是很大的打擊，她說：「瞬間整個世界都變得沒有意義了。我對任何事情都提不起興趣，心情很低落」。

不久後，米娜・阿薩迪決定要爭取家人支持，她選擇從說服爸爸開始。社會普遍認為，讓女孩從事運動是丟臉、不光彩的，親戚們也都這樣說，個性比較傳統的爸爸很難不受影響。她曾哭著央求爸爸，讓她繼續練武術，爸爸可能有點心動，但無法不顧及他人的意見。

儘管不能去道館，阿薩迪在家裡並沒有停止練習，也常常和一起練武術的姐妹聯絡。有一天，姐妹們告訴她道館要舉辦比賽，並要幫她報名。她知道家人絕對不會同意，但參加比賽是她一直以來的夢想，「我常常想像我在擂台上，面對對手、擊敗對手的情景」。

米娜・阿薩迪勇奪許多獎牌，才能打破女性不能參與體育活動的限制。

米娜・阿薩迪懷著期待又忐忑不安的心，將這個消息告訴爸爸。爸爸強烈反對她參賽，說她如果執意參賽，就要叫叔叔打她，爸爸也把她的武術服等裝備丟到屋頂，讓她拿不到。

比賽那天，米娜・阿薩迪的爸爸去觀賽，她馬上跑到屋頂把她到武術服等裝備拿下來，也匆忙趕到道館，順利赴上比賽。爸爸視力不太好，且學員都穿武術服，爸爸遠遠地看不到她在參賽者中，聽到大會唸出她的名字時，也不知道她有出席。她等待上場時，非常興奮。

贏得生命第一面獎牌

米娜・阿薩迪在那場比賽，贏得人生中的第一面獎牌，大會宣布她獲勝時，全場為她報以熱烈的掌聲。回家後，爸爸說他當下不敢置信，她居然偷偷去比賽，而且還贏了，爸爸又開心、又生氣。這是她首度獲得爸爸的肯定和鼓勵，但爸爸仍說：「運動不是女孩子該做的」。

她在爸爸時而反對、時而支持下，斷斷續續練習。有親友質疑爸爸為何讓女兒從事運動時，爸爸就會阻止她，「像在玩貓捉老鼠」。後來她告訴爸爸，醫生說她腳痠痛的問題，必須靠運動復健，這個「藉口」奏效，爸爸不再阻止他，但親戚仍有意見，有時還會跟家人為此吵架。

米娜．阿薩迪在武術館練習一年後，在 2005 年轉而學習空手道，主要是因為巴基斯坦當時有很多國家杯，或其他等級的空手道比賽。這對她很有吸引力，她希望多參加比賽。

當年，米娜．阿薩迪加入奎達市哈扎拉松濤館流空手道道館（Hazara Shotokan Karate Club in Quetta），在教練的指導下勤於練習，幾個月後參加俾路支省的省際競賽，贏得獎牌，之後陸續在許多國家級比賽獲勝，獲邀加入巴基斯坦水電發展署（WAPDA）空手道隊。

WAPDA 為巴基斯坦培育許多優秀空手道選手，隊史成績輝煌。米娜．阿薩迪加入後，努力練習，不斷進步，不僅為隊上增添多面獎牌，也證明了她的資質與奮戰精神，讓她在 2010 年獲邀加入巴基斯坦國家隊，在孟加拉舉辦的南亞運動會（SAF）拿下 3 面銅牌。

雖然職涯順利，米娜．阿薩迪並不快樂，巴基斯坦要求她改以 Zohra 的名字加入國家隊。對米娜．阿薩迪來說，不能用本名代表阿富汗哈札拉族拿下榮耀，「我很挫折、難過」。而一方面，仍有親戚持續反對她從事運動或比賽；另一方面，她在巴基斯坦國家隊也受到隊友歧視。

首次也是最後一次為祖國爭光

米娜．阿薩迪在 2011 年，毅然決定返回阿富汗，當時的她，滿懷報國的抱負、熱情與希望，沒想到卻因保守社會嚴重的性別歧視，遇到重重挑戰，生命安全也受到威脅。

米娜．阿薩迪的學生們，也接連在多項比賽中獲得肯定。

她首先回家鄉亞戈里區，首創阿富汗女子空手道道館後，立即面臨伊斯蘭基本教義派學者的恐嚇與阻撓，只好逃到首都喀布爾。喀布爾的風氣較不保守，她想對女學生授課的決心也相當強烈，道館終於在 2011 年 8 月，在喀布爾西部的達斯特巴奇區（Dasht-e-Barchi）成立。

由於女性不應從事運動的普遍心態，深植阿富汗社會，道館成立之初，只有少數的女學員參加，成為阿富汗有史以來，男女學員一起學空手道的道館。

米娜．阿薩迪在同年 11 月，披上阿富汗的國旗，參加在印度德里舉行的南亞冠軍盃（South Asian Karate Championship），一舉贏得兩面銅牌，寫下阿富汗在女性空手道國際賽事，首度拿下獎牌的歷史。當時阿富汗媒體大幅報導，社群媒體也大量轉載，轟動阿富汗社會。

米娜・阿薩迪成為媒體焦點，許多女孩看到她的故事，紛紛加入道館。

但同時，米娜・阿薩迪也被伊斯蘭極端份子盯上，他們不斷到道館騷擾，但她並沒有退縮，持續帶領學員練習，並積極參加國內比賽，取得優異成績，5 名女學員於 2013 年，獲選加入阿富汗國家隊，她們的故事再度登上社群媒體版面，極端份子則訴諸暴力，逼道館關門。

築夢空手道：卻報國無門，遠走他鄉

米娜・阿薩迪說，其中一名女學員受到威脅，被迫逃離阿富汗。她被脅迫多次後，為了自己和家人的生命安全，也只能放下當初回國的夢想，再度遠離家園。

她在 2015 年輾轉經印度新德里、馬來西亞，最後落腳在印尼。米娜・阿薩迪說，離開阿富汗是「一生中最困難的決定」。她對空手道充滿熱忱，開道館教育男女學員是她的志業，她又已克服那麼多挑戰，每天指導數十名學員，希望在更多國內外比賽爭光，這一切都得拋下。

米娜・阿薩迪將這些理想深埋心裡，踏上必須忍受無家可歸之痛的未知路途，10 月 25 日這天下著雨，天空像她一樣在落淚。飛機起飛後，她看到被雨水洗去塵埃與煙霾的喀布爾，是如此清新且美麗，她將此情此景深烙腦海，直到在新德里降落，才被拉回再度淪為難民的現實。

抵達印尼後，語言、文化的差異，最初讓米娜・阿薩迪和家人很難適應，但是她們必須開始新生活，家鄉的情勢讓她體認到：當時已「沒有回頭路可走」。米娜・阿薩迪一家人到聯合國難民署印尼辦公室（UNHCR Indonesia）登記，取得難民身份。

俄羅斯 2022 年 2 月入侵烏克蘭，戰爭持續至今，已造成 500 萬烏克蘭

印尼不允許國際難民工作或就學，滯留印尼的難民處境艱難，一名難民孩童抗議活動手舉海報，呼籲國際救援。

人逃離家園，加劇全球難民危機。阿富汗、葉門、蘇丹、緬甸等地，多年來戰事、人權迫害不斷，聯合國難民署統計，全球有將近 8,000 萬的難民，但第三國收容腳步慢，僅不到 1%的難民獲得安置。

印尼未簽署聯合國的難民公約，不收容難民、不允許難民工作或就學，也沒有提供基本照顧。對於難民在印尼的處境，印尼政府一向相應不理，而主張是聯合國難民署，或同屬聯合國系統的國際移民組織（Internaitonal Organization for Migration）的責任。

聯合國難民署常以美國、加拿大、澳洲等收容難民的第三國，各有各自的難民政策為由，對難民解釋，對於申請安置的進度緩慢，他們也無能為力。而國際移民組織在雅加達、茂物等城市有幾個集合式住宅，作為難民的庇護所，但實際上收容不到半數的難民。

自力更生創辦道館

向來勇於面對困難、不對命運妥協的米娜．阿薩迪與先生，經幾個月到處奔走後，終於在 2016 年 1 月，找到場地，開辦現在的「希薩魯難民松濤館流空手道道館」。

這個現在看來仍簡陋老舊的道館，最初沒有任何設備，米娜．阿薩迪與先生也沒有其他人支援。他們看到其他難民的處境，決心延續夢想，希望在他們的困頓生活中，點亮一盞微光。剛開始有 5 名學員，現在有 40 多名學員，多數來自阿富汗，也有伊朗、伊拉克的難民。

道館經營不易，租金、電費、學員的空手道服、訓練器材等等，樣樣都是開銷。阿薩迪了解難民無力負擔，不僅免費授課，她在路上，看到成天只是心情沈悶地坐著打發時間的難民時，都會鼓勵他們到道館來，即使是活動筋骨、和其他人互動，對他們都好。

米娜．阿薩迪在 2018 年 2 月，參加由總部位於東京的「空手之道世界連盟」（Karatenomichi World Federation，KWF）所舉辦的空手道晉級審查，取得黑道三段的資格。道館開設約兩年後，米娜．阿薩迪也開始嘗試與茂物的空手道協會（Karate Federation in Bogor）聯絡，爭取參加空手道比賽的機會。米娜．阿薩迪的學生們，也接連在多項比賽中獲得肯定，道館逐漸在印尼的難民社群，和其他國家打開知名度。

帶動更多難民活出希望

2018 年 3 月的茂物市西奧瑪斯盃（Ciomas Cup）空手道賽，是道館成員首度亮相，米娜．阿薩迪和她的學生，共 10 人參賽，贏下 7 個獎項。當年 8 月，她和 7 名學生參加茂物空手道冠軍盃公開賽（Bogor Open Karate Championship），奪下 5 項獎牌。

印尼歷史最悠久、最具規模的空手道組織「INKAI」（Institut Karate-

Do Indonesia），在 2018 年舉辦每兩年一屆的晉級審查賽，道館有多名學生取得晉級資格。2019 年，道館的一名女學員，參加 INKAI 舉辦的冠軍賽（INKAI Karate Championship）拿下銀牌。

受新冠肺炎疫情影響，道館曾中斷好幾個月課程，但米娜・阿薩迪和學員沒有放棄精進的機會。有 4 名學員（2 男 2 女），在 2010 年參加茂物巴關盃空手道冠軍賽（Pakuan Karate Championship），都獲得獎牌。2011 年茂物市長盃（Governor of Bogor Cup）在 4 月透過線上舉行，米娜・阿薩迪拿下金牌。隔年米娜・阿薩迪和一名學員，在 1 月 INKAI 的冠軍杯拿下金牌。

米娜・阿薩迪勉力經營道館多年，許多滯留印尼的難民，已將道館視為共同的家，他們在這痛快揮拳、踢腿，跟大家一起嘶吼，讓身體大汗淋漓，

只要給難民機會，他們都能展現很好的才能，這也是阿薩迪開辦道館的最大期望。

暫時忘記生活的苦楚、緩解對不確定的未來充滿焦慮的不安。很多小學員都說，米娜．阿薩迪是他們的榜樣，「未來要和老師一樣」。

為了能幫助更多女性難民，米娜．阿薩迪自 2022 年起，開設專為女性設計的體能課程。她說，男性難民容易聚在一起，從事打球等運動，女性難民比較難加入，更缺乏抒發心理壓力的管道，目前有 20 多名女性參加這項課程，她希望體能課程能幫助她們，維持身心的健康。

武裝組織塔利班，在 1996 年至 2001 年掌控阿富汗，實施嚴格的伊斯蘭律法，禁止女性受教育或參與大部分公共活動，屠殺不同宗教與種族的少數族裔，包括什葉派哈扎拉族等。

美國與北大西洋公約組織（NATO），在 2001 年紐約發生 911 恐攻事件後，為圍剿庇護策劃恐攻的蓋達（al-Qaeda）組織塔利班而進軍阿富汗。經過 20 年戰亂，美國等國在 2021 年陸續撤軍，塔利班重新掌控阿富汗，阿富汗陷入嚴重的人道危機。

強權傾軋，無數小人物的生命驟然消逝或被輾得粉碎。阿富汗再落入塔利班手中，很多在印尼的阿富汗難民上街哭喊，國家形同滅亡，回家的路更遠了，米娜．阿薩迪也說，她恐不再有機會為國家征戰。但她懷抱永不放棄希望的信念，希望道館學員未來能成為世界冠軍。

中國大陸沙漠女神

常青（Chang, Cing）

【只有荒涼的沙漠．沒有荒涼的生命】

對神奇的自然界，人類已知的東西太有限了，
滄海一粟都算不上。

——常青

播綠天使・締造希望之洲

漫漫黃沙，滾滾沙丘——面對浩瀚的世界第二大流動沙漠塔克拉瑪干，人們往往會驚歎於大自然的殘酷。

鬱鬱綠意，蔥蔥草木——沿著世界最長的沙漠公路，走進這片「死亡之海」腹地，人們更會震撼於人類不屈奮鬥創造的奇蹟。

是誰，為塔克拉瑪干披上了綠色的衣裳？

31 年前，中科院新疆生態與地理研究所高級工程師常青，和同事們頂著漫天黃沙走進沙海。

如果說塔中作業區，是塔里木油田的一張名片，沙漠植物園，就是塔中作業區的名片，也是整個塔中的驕傲。

每一個塔中的來客，都會被邀請到沙漠植物園參觀，看一看園內上百種沙漠植物；聞一聞沙漠裡的花香；聽一聽沙海裡的鳥叫……這裡成了「死亡之海」中，令人流連忘返的世外桃源。

2011 年 7 月 10 日，國內外各界會師參觀，看到茫茫沙海中的這片生意盎然的綠洲，大家都舉起大拇指喊讚：「在塔里木這樣一個特殊的地域和環境中，在沙漠綠化方面創造了奇蹟，為中國大陸做出了了不起的貢獻。」

被視為「死亡之海」的塔克拉瑪干沙漠腹地，一片片綠色植物正萌發蓬勃生機，讓荒漠地區的城鄉，建起無數個一年四季都有鳥語花香的「逆境園林」。在成功的背後，看到的是常青與同事們不放棄、不服輸的拚勁，這卅多年的苗木總數量超過兩千萬株，在塔里木沙漠公路兩側，形成了一條長 436 公里、寬 70 多公尺的綠色長廊，播綠天使，化死海為活海，締造希望之洲，不愧為「中國大陸沙漠女神」。

守護大陸最美的沙漠

塔克拉瑪干沙漠，位於新疆南部塔里木盆地，維吾爾語意為「進去出不來的地方」，當地人通常稱它為「死亡之海」。整個沙漠東西長約 1,000 餘公里，南北寬約 400 多公里，總面積 337,600 平方公里，是中國境內最大的沙漠，也是世界第十大沙漠，更是最神秘、最具有誘惑力的一個。

塔克拉瑪干沙漠中心是典型大陸性氣候，風沙強烈，溫度變化大，全年降水少。流動沙丘的面積很大，沙丘高度一般在 100 至 200 公尺，最高達 300 公尺左右。沙丘類型複雜多樣，複合型沙山和沙壟，宛若憩息在大地上的條條巨龍，塔型沙丘群，呈各種蜂窩狀、羽毛狀、魚鱗狀沙丘，變幻莫測。

沙漠有兩座紅白分明的高大沙丘，名為「聖墓山」，它是分別由紅沙岩和白石膏組成，沉積岩露出地面後形成的。「聖墓山」上的風蝕蘑菇，奇特壯觀，高約 5 公尺，巨大的蓋下可容納十餘人。

為解決油氣運輸問題，中國石油投資 8 億元，在世界第二大流動沙漠上，建起了全長 522 公里的沙漠公路，也是中國大陸征服「死亡之海」的一大傑作。

無數個蘆葦柵欄和草方格組成的防風固沙帶，像兩條連天接地的金絲網，如蜿蜒逶迤的巨龍，護衛著黑油油的沙漠公路。

1995 年 9 月 30 日，沙漠公路通車那天，全國各界代表齊聚，為「逆境園林」奇蹟剪綵。這條公路北起輪台縣，南至民豐縣，使和田至烏魯木齊的距離，縮短了 500 公里，它是世界上穿越流動沙漠最長的等級公路，也是支撐塔里木油氣資源勘探開發，和南疆各族人民脫貧致富的幸福之路，後來被列入世界金氏記錄。

白天，塔克拉瑪干赤日炎炎，銀沙刺眼，沙面溫度有時高達 70～80 度，旺盛的蒸發，使地表景物飄忽不定，沙漠旅人常常會看到遠方出現朦朦朧朧的「海市蜃樓」。

沙漠四周，沿葉爾羌河、塔里木河、和闐河和車爾臣河兩岸，生長發育著密集的胡楊林和檉柳灌木，形成「沙海綠島」。特別是縱貫沙漠的和闐河兩岸，長生蘆葦、胡楊等多種沙生野草，構成沙漠中的「綠色走廊」。

「綠色走廊」內流水潺潺，綠洲相連，林帶中住著野兔、小鳥等動物，亦為「死亡之海」增添了一點生機。

愛植物如命．撒愛戈壁荒漠

沿著塔里木沙漠公路一路南行，遠處是層層疊疊、一望無際的沙丘，近處兩側卻是高四到五公尺的綠色屏障。

在流沙包圍的塔中植物園，醉人的綠色讓人瞬間發矇：這是夢還是真？

1963 年 12 月 23 日生於烏魯木齊的常青，經常把皮膚晒得黝黑，有些脫皮的雙手偶爾撩一下，有些凌亂但不失幹練的短髮，一談起植物就眼睛

為了尋找能在沙漠中存活的植物，常青走遍了新疆的戈壁荒灘。

發亮、滔滔不絕，常青說：「我喜歡植物，這些植物就像我的孩子。」

1991 年，常青和同事們南下沙漠邊緣的肖塘，為沙漠油田生物防護篩選培育植物——「越往南走風沙愈大，嘴裡的沙子都磨牙。」

從烏魯木齊到肖塘近七百公里的路程，常青和同事們走了一個多星期，天天搬著《新疆植物名錄》查找，為此走遍了南北疆的戈壁荒灘。

抵達肖塘後，最先迎接他們的是一場接著一場的風沙，在寸草不生的荒漠上建苗圃，聽起來有點像天方夜譚。

高溫炎熱，風沙肆虐，在常青和同事們看來，也就是「那麼回事兒」，甚至沙塵暴迷路遇險，在她口中也很「平常」。

但一提起植物，常青就滿臉心疼：「最可惜的就是那些實驗植物，剛種下去，一場風沙就全沒了。後來一颳風，我們就往外衝，得保護小苗啊！」

用苦鹹水栽種出綠色長廊

1994 年，當塔里木沙漠公路修建到塔中地區時，又在塔中進一步開展試驗研究。

為了尋找適應苦鹹水的植物品種，中科院新疆生態地理研究所與塔里木油田，在肖塘建立了 1 公頃的植物篩選試驗基地，並在 2 公里公路建設試驗路段，進行苦鹹水灌溉種植植物的先導試驗。

「當時住地窩子、喝苦鹹水，實驗室只能設立在地窩子中，每當起風，沙子就從草和泥巴縫中流下來，一碗水有半碗沙子。」當年經歷，常青記憶猶新。

常青苦笑著説：「在這裡培養植物很費勁，沙子裡什麼都缺，用的都是鹹水，很多植物活不了。本來植物選育，就是個非常磨人的活兒，在沙漠中更是如此。」

在簡陋的地窩子，常青和她的同事們，一住就是 12 年。

從基地試驗到 2 公里路段試驗，再到 6.2 公里試驗、30.8 公里試驗，風沙在她臉上留下一道道細紋，不知道吃了多少沙子。

2003 年 8 月 16 日，以常青為主的三名科研人員，創立了流沙地高礦化度水，灌溉造林技術模式，提供「塔里木沙漠公路防護林生態工程」（簡稱塔中植物園）技術支撐。

為了尋找能在沙漠中存活的植物，常青走遍了新疆的戈壁荒灘。

有一次，常青帶著學生在戈壁上，尋到一種荒漠灌木，但季節不對，無法採種，就用 GPS 及北斗定位，計畫第二年再去，「第二次跑到那個點去找，沒有那個植物，我又不甘心，站了半天，找了方圓一公里，轉了一

大圈才找到，它的種子帶刺，手不能抓，抓了扎手，找了兩個木棍一點點在那刨，像筷子一樣夾出來。」

沙漠中風沙大，常青和同事們利用前期在試驗站的技術，利用紅柳、梭梭和沙拐棗，把綠化區域固定好，然後劃分出不同的區域，用尼龍網紗帳一塊塊圍出來，再把新植物種進去。

塔中植物園的工作人員申世靈說：「我在電視上看過都是光禿禿的沙漠沒見樹，到這裡來我就是好奇，這麼多的樹，這個苗子怎麼種、怎麼管理，來到這後，這些都是她教給我的。」

常青說，「給沙漠披綠，是件值得一生付出的浪漫的事。」

在常青和同事們的努力下，2004 年，塔中植物園初見雛形，科研人員在沙漠腹地成功引種了 100 多種耐鹽鹼的植物、2,000 多萬株各類苗木，在塔里木沙漠公路兩側，形成了一條長 436 公里、寬 70 多公尺的綠色長廊。

工程完工後，大多數人都回歸了都市，而常青卻選擇繼續留在沙漠。

用孤獨的愛陪伴綠色生命

2005 年底，塔中植物園建成之後，塔里木油田在 436 公里的沿線，建起了 108 座水井房，一百多對夫妻護林員：日出而作，日落而息。每年的 3 月到 10 月，護林員每天的工作：就是給轄區內的 20 多萬株植物澆水，全靠水泵抽出後，通過一條條像血管一樣的滴灌帶，養護著公路兩旁的防沙植物。送菜的生活車，10 天才會來一趟，偶爾會有遊客和司機來找水，就再見不到其他訪客了。

「一颳三級風，就是漫天的黃沙，不出門都是一嘴沙子，待在這兒是名副其實的吃土，她一年竟然能待 260 多天！」塔中植物園工人張國平一說到常青就直驚嘆：「剩下的 100 天，她不是在採種，就是在採種的路上，因此她女兒送她綽號『沙漠女神』。」

「沙漠女神」的一年，大多是這樣度過的：

春天，帶著上一年採的種子進沙漠培育，守著孱弱的小苗；夏天，剪枝，澆水，做課題，帶學生……除了開會出差，從不跨出沙漠一步；秋天，南北疆的戈壁沙漠，只要有荒漠植物，常青足跡必達；冬天，也是讓常青最頭疼的季節，因為每年冬天必然要和老鼠、野兔鬥智鬥勇……

常青說：「我近視挺厲害的，平常來個人，遠了就看不清五官，可是別處有什麼植物，一眼就能瞅見。」

她常年在風沙漫天的沙漠中行走，習慣了眯著眼睛，連女兒都說她一天到晚就知道盯著植物，看到植物就六親不認、眼珠子發紅。常青他們剛剛為植物園綠色漸多，長長出了一口氣，一些「不速之客」出現了。

與兔鼠鬥智鬥勇

植物園裡不知道從哪裡來了數目眾多的兔子和老鼠，牠們成群結隊，啃食植物外皮和根莖。「剛長出來的小苗，一個早晨就被吃得乾乾淨淨，光剩桿兒了；你種子種進去了以後，就把種子吃掉了。」在植物園工作多年的工人沈世靈恨恨地說。

特別是到了秋冬季節，沙漠中缺水。兔子在地上啃樹皮，老鼠在地下啃樹根，上下交攻，園中一片狼藉。

「我們都奇怪，這可是沙漠中心呀，牠們到底怎麼進來的？」常青到現在也沒想明白。

為了對付這些不速之客，常青和工人們想盡了辦法。先是下夾子套，不知是工人們技術不過關，還是兔子和老鼠太狡猾，將近一年過去，兔子和老鼠沒能打到幾個，反倒把一名工人的腿給夾傷了。

直到 2007 年，園裡招了一位從東北來的馮姓工人，以前在老家抓過兔子，套兔子一套一個準。常青就安排他專門負責抓兔子，還給了一個特殊政策：「抓住一隻兔子獎勵他 10 元錢。」

不只種植物，還要與眾多的兔鼠鬥智鬥勇。

那兩年，工人們幾乎天天吃兔肉，吃不完就送給塔中油田的工人，就那樣，餐廳的冰箱還被兔肉塞得滿滿的。好景不長，兩年後那位馮姓工人回老家了，園裡兔子又開始氾濫，夾子沒人會用，只能另覓他途。

有工人提出下藥，被常青拒絕了，害怕毒死鳥，按照常青的要求，即使發生了蟲災，植物園裡也從來都不撒農藥。

「有了鳥，沙漠裡才有了生氣，哪怕葉子被蟲吃光了，也不會馬上把樹吃死，最多當年樣貌難看一些，第二年就能緩過勁兒來。」常青說。

唯一的破例，是為了對付老鼠。每次下種前，工人先用農藥浸泡一下種子，讓種子沾染上刺鼻的農藥味，之後再埋到地裡。常青說：「老鼠鼻子靈，聞到農藥味，牠就不吃了，這樣既不會毒死老鼠，也可以保護地下的種子。」

即使這樣，每次下種時常青都要盯在現場，親眼看著工人把種子埋好、埋深，還要做好防護，避免誤毒了鳥。「不能為了保我的種子，就把鳥毒死，那就得不償失了。」常青說。

為了對付兔子啃食樹皮，有人想了個辦法：把礦泉水瓶子兩頭剪掉，中間剖開，套在樹幹靠地處綁住。一棵樹上套三個礦泉水瓶子，兔子就無處下嘴了。塔中除了石油工人之外，幾乎沒有其他住戶，哪有那麼多礦泉水瓶子？常青把工人派出去，四處撿拾。

後來看到有人喝礦泉水就等著。「不認識我的人還好，認識我的人往往打趣說，你要兼職收破爛了嗎？」常青大笑著說。想了那麼多的招兒，植物園裡的兔子和老鼠，依然是成群結隊、四處亂竄。「和兔子、老鼠鬥了那麼多年，最終還是牠們贏了！」常青苦笑著說。「不過植物園裡的樹長大了，苗木多了，沒那麼容易被啃死了。」

花草媽媽：實現常青大夢

每天常青都要去園裡轉兩三次，看著園裡枝繁葉茂的植物，常青如數家

珍，眼看著一株株樹苗長高、長壯的同時，常青卻對自己的女兒充滿了愧疚。進沙漠工作的第二年，女兒出生。塔中距離烏魯木齊一千多公里，常青一個多月才能回家一次，每次都待不了幾天就得走，孩子就抱著媽媽的腿哭，丈夫常年在國外，孩子就放在父親身邊。

後來女兒上小學了，學校離得遠，只能自己住，有一天常青突然想起，該回家看看她的寶貝女兒了。

10 歲的她，已歷練出驚人的自立能力，放學回家後，發現家裡被盜了，立即站在門口用手機報警，為了保護被盗現場，就在門外站著等員警。聞訊趕來的員警叔叔誇獎之餘，對這個小姑娘如此年幼，卻如此冷靜理智大為驚訝。

見到日夜思念的媽媽，女兒自然高興極了，像個小大人似地說：「媽媽，我會做飯了，我給你炒個菜吧！做一個番茄炒雞蛋。」

常青有些納悶：「女兒才 10 歲，我也沒給她教過番茄炒雞蛋這道菜啊！」熱騰騰的番茄炒雞蛋端上來了，常青一看，紅豔豔的番茄上，還帶著黑乎乎的土泥巴。

常青的臉上掛著笑，淚水卻在眼眶裡轉。「因為我長期不在家，沒有人告訴她菜炒之前要洗。」常青強忍著淚水，笑著吃完了那盤菜，還把女兒表揚了一番，最後才提醒女兒菜一定要洗完之後才能炒。

儘管家在烏魯木齊，但常青每次回去都蔫蔫的，還容易失眠，一回到塔中，她反而精神百倍。

2010 年，要去廣東上大學的女兒，對送行的常青說：「媽媽，我很慶幸，我是你的女兒。」

「女兒現在 28 歲了，可我每次想起這些，還是心疼得想流淚，我感覺最虧欠的，就是女兒，在她小時候沒能好好照顧她。」常青說。

常青對自己的女兒充滿了愧疚

以永不放棄創造沙漠綠洲

一個植物品種，是否適應在沙漠地區種植，常青從不輕易下結論。

她認為，一種植物能不能引種成功，受多種因素影響：採集的種子季節對不對？是不是被蟲子咬過？是不是變質了？移植的苗木種植的時間，有沒有特殊要求？苗的大小是否合適？運輸中有沒有損傷？等等，這些眾多的環節，都會影響植物的成活率。

塔中植物園曾經有一次試種過沙地柏，沒能成活，就認為沙地柏不適合在塔中地區種植，把它從引種名錄中篩除了。

常青了解情況後不死心，2006 年又運了一批沙地柏苗木到植物園。

同事告訴她：「這個沙地柏已經種不成功了，妳還試什麼？」

常青說：「以前那批苗木，是從陝西榆林買過來的，會不會在長途運輸中有損傷，我想再試試。」

結果 20 棵沙地柏苗木，活了五、六棵，最後還是成功了。

「對神奇的自然界，人類已知的東西太有限了，滄海一粟都算不上。」常青說，哪怕已經在植物園成活的植物，也不能說我們完全瞭解它的習性。

她舉例說：「中國共有 18 種檉柳，塔中植物園一共引種過 15 種，目前生長較好的有 12 種。」

這 12 種已經引種成功的檉柳，它們的習性就各不相同，有的能耐 20 多克（升）的鹽分，有的能耐 12 克（升）升的鹽分，也有只能耐 4.7 克（升）的鹽分；而且有些前幾年長勢很好，越往後長勢就越差，這可能是和它植株內鹽分的積累有關，這些都需要耐心、細心地去實驗。

「測出所引種植物耐鹽鹼、耐乾旱的極限，總結出栽培技術規範，為沙漠地區綠化提供更多的可選擇項，這就是我們的工作目的所在。」常青說。

為了適應鹽鹼、乾旱的環境，沙生植物的葉片都退化了，灰撲撲的不好看，「大自然是有道理的，它們一樣很美。」常青說。

一種植物的葉片不美，有可能它的花很美；可能單一的一種不美，但是和其他的幾種植物搭配起來，就顯得很美，而且這種美，更具有震撼力和感染力。

「她可以算是把她整個一生都獻給了這片植物，她對植物特別熱愛，對植物的那種呵護，像對待自己孩子一樣。」塔中植物園的工作人員範文鵬這樣評價常青。

只有荒涼的沙漠．沒有荒涼的生命

卅多年來，她和科學家悉心打理下，塔中植物園日漸興盛，他們先後從南北疆和寧夏、甘肅、青海、非洲等地引進 400 多種植物。不但被運用到了塔里木油田各作業區防護林中，並成功地推廣到南疆鐵路等防沙綠化工程中，完成「土庫曼斯坦阿姆河右岸天然氣專案綠化工程」。

中亞乾旱區的植物區系擁有 127 科、1,279 屬和 9,346 種，這裡的生物區系既古老又獨特，具有世界乾旱區最為豐富的種質與基因資源，是世界乾旱區生物多樣性的關鍵區域。

透過中國大陸「一帶一路」的政策，與非洲、中亞等地區國家，開展荒漠化防治合作，提供技術支持，締造更多希望綠洲。

「本來準備今年退休，可以好好陪陪女兒和愛人，但是我最後還是提交了繼續留守塔中植物園的報告。」常青選擇再堅守五年，「打心眼裡離不開這裡的植物啊！到時候如果需要，我可能還會再留下來。」

這些日子，常青正在研究的一項課題是「荒漠觀賞植物篩選」。

她忙著觀察植物園裡各種植物的長勢，了解去年新引種的幾種喬木長勢如何，是否適合這裡的環境？她說，目前新疆乾旱地區綠化，大多採用內地的一些植物，成本高，不容易成活，往往幾年之後要重新再種，浪費財力、人力。如果能解決沙生植物，在園林上的運用，既能有效防風固沙，綠化美化，還能節約乾旱地區本就緊張的水資源。

「既然選擇，就一定要堅持到底。」常青說，「給沙漠披綠，是件值得一生付出的浪漫的事。」

離植物園不遠的沙漠公路旁，立著一塊標牌，上面寫著：只有荒涼的沙漠，沒有荒涼的生命。

這，也許就是常青與「死亡之海」故事的最好注腳。

台灣巔峰神女

江秀真（Chiang, Hsiu-Chen）

【完攀世界七頂峰．挑戰人間聖母峰】

生命最美曲線，猶如登山，總是高低起伏，從容不迫。
而生命，是互相成就彼此，而變得更加有意義。
創辦福爾摩莎登山學校，是每位台灣人的遠征，
因為登山技巧，是一個人的事，
登山教育，是台灣所有人的事！

——江秀真

挑戰人間聖母峰

現為福爾摩莎登山學校創辦人江秀真（Chiang, Hsiu-Chen），是全球華人第一位完成攀登世界七大洲、七頂峰的女性，並從南、北側路線完成聖母峰登頂的女性登山家。

她從聖母峰頂轉身之後，就把終身奉獻給登山教育：人人平安快樂登山．人人平安快樂回家。

近十多年，她為了籌備正式登山學校，完成嘉義大學森林研究所碩士、台灣大學大氣科學系研究所碩士，並攻讀中正大學成人及繼續教育學系博士班，走遍台灣，進行3千多場演講、成立山域教育協會，還前往法國、日本、波蘭等著名登山學校取經。

江秀真逢人就說：台灣有 7 千多座美麗大山，卻沒有一所普及化的登山學校。

江秀真非常遺憾：台灣 2020 年，發生 453 起山難，248 人不幸罹難，為過去十年平均的兩倍；又因登山客的自私和無知，2021 年 7 月，一把野外炊食的火，燒了玉山 12 天，留下 71 公頃焦黑的山林土地。

登山，是自我學習、成長的歷程，登山猶如人生，是一場冒險之旅，如何避開危險、處理危機，也是人生的課題，更是全民登山教育的主軸。

江秀真迄今已攀登台灣高山百餘座，成功完攀歐都納世界七大洲、七頂峰圓夢計畫：登頂歐洲最高峰——厄爾布魯斯峰（海拔 5,642 公尺）、登頂非洲最高峰—— 吉利馬札羅峰（海拔 5,895 公尺）、登頂南美洲最高峰——阿空加瓜峰（海拔 6,962 公尺）、登頂北美洲最高峰—— 麥肯尼峰（海拔 6,194 公尺）、登頂大洋洲最高峰—— 查亞峰（海拔 4,884 公尺）、登頂南極洲最高峰——文森峰（海拔 4,897 公尺）、第二次登頂珠穆朗瑪峰 / 南側路線（海拔 8,848 公尺）。

江秀真更創下難能可貴的紀錄：1995 年首位台灣女性攀登珠穆朗瑪峰成功（費時兩個月）、2005 年首位玉山國家公園女性巡山員、2008 年榮獲十大傑出女青年獎、2009 年再度登頂珠穆朗瑪峰、2009 年榮獲內政部一等獎章、第 47 屆十大傑出青年獎殊榮。

2014 年，江秀真再努力考取國立台灣大學大氣科學系碩士班，鑽研有關「高山氣象」資訊的計算與測量，期盼將這一領域所學再灌注到登山智識中，作為登山者參考數據，同時，為了「與時俱進．完備登山學校軟硬體」，於 2020 年更上一層樓，攻讀中正大學成人及繼續教育博士班，並借鏡國外登山教育，來降低山難事故發生。

近年來，江秀真持續進行「行腳每一所學校」的演講計畫，致力於推廣「登山安全與生命教育」，鼓勵年輕學子勇敢追求夢想，並戮力將創辦登

江秀真是第一位成功登頂珠穆朗瑪峰的台灣女性。

山教育學校的願景，與有志之士分享，祈願大家一起來成就這樁美事。

由是，江秀真有很多「生命第一」：完攀世界七頂峰．挑戰人間聖母峰。她全心全力奉獻登山教育，將為台灣創辦一所普及化的登山學校，讓每位學生擁有登山專業與外語能力，人人考取登山嚮導證，除了能接團帶國內外登山客平安上下山，也能挺身而出公益並普及所有人登山知能，讓台灣零山難，創造台灣登山奇蹟，榮登全球登山生態教育最高峰，不愧為「巔峰神女」。

有很多「生命第一」

在江秀真身上，有很多「生命第一」。

她是第一位成功登頂珠穆朗瑪峰的台灣女性、第一位完攀世界七大洲、七頂峰的全球女性登山家、第一位玉山國家公園女性巡山員……

24 歲就成功登頂聖母峰、更在 2009 年完成攀登全球七大洲、七頂峰的江秀真，40 歲前就完成許多登山家，一輩子難以達成的終極目標，堪稱台灣登山界傳奇女傑。

在攀登頂峰之後，人生的下半場，她選擇投入推廣山岳教育，除了到各個機構學校分享自己的生命故事，更身體力行帶著孩子與熟齡族，實際走入山林，十多年下來，演講經歷已超過 3 千次。

「登山可以說影響了我的一生，我所做的這些，不只是為了分享，也是回饋。」

17 歲愛上爬山・24 歲登頂聖母峰・28 歲完攀世界七頂峰

從小就喜歡運動，體能也特別好的江秀真，小學就開始打躲避球、練田徑到進校隊，而她和登山的緣分，則是從高中參加救國團活動開始，「那時候我去登山，主要是因為喜歡山上的景色，特別是冬天積雪的樣子，真的非常漂亮。所以就慢慢對台灣的高山產生憧憬。」

後來江秀真跟著同樣喜愛登山的二姊，參加同好所組成的民間登山社團，逐漸累積攀登山岳的數量，慢慢進入登山精銳好手的領域，幾乎只要一有空就往山上跑。

「1993 年台灣第一次有人登上聖母峰，當時登山界大家都想挑戰，我當然也很心動啊！一些前輩看我體能好，就建議我應該試試看。」

要登上全世界海拔最高的巔峰，所需的準備自然也不同一般。她經過一年半的訓練，在 1995 年成功登頂，是台灣第一位登上聖母峰的女性登山者。

「我第一次接觸到來自世界各國的登山隊，他們無論是在裝備，或是登山的觀念、知識，那個差距之大，讓我感覺非常衝擊。」

「最讓我印象深刻的，是他們面對山岳的心態，並非征服，而是有哲學、人文的思考在裡面。」

她從此不再用「攻頂」這個詞，也埋下要到國外登山學校，獲得真正專業登山知識的念頭。

初登聖母峰‧體會慢哲學

2006 年，江秀真獲得推薦，加入戶外品牌贊助的攀登全球七大洲頂峰計畫。此時她所面對的登頂挑戰，早已遠遠超出當初只是想「看漂亮風景」的程度，在無比險峻的環境中，如何讓身心都準備妥善？

「第一次爬聖母峰，我是成員中資歷最菜的，當然是前輩說什麼我照著做，算是看著他們的背影，學習關於登山的一切知識。隊伍裡的攀登隊長是影響我很深的一位，他告訴我說：秀真妳記得不要急、不要貪快，走慢一點沒關係。」

一個「慢」字說來簡單，但對於專業登山家而言，卻是一個必須克服的功課。

「會想要快有 2 個原因：第一個是會和隊友在心裡比較，希望比其他人成績表現更好，第二是害怕自己落後，會造成隊友的麻煩或是負擔。所以我學習走在別人後面，當那個押隊的人，去陪伴、協助走在後段的隊友。」

江秀真記著這個叮嚀，不急著在一開始，就衝過頭、耗盡體力，果然到了後段，就比其他急著要加快腳步的隊員適應得更好。

「現代人凡事講求速度、效率，登山讓我學會如何慢下來，找到自己的節奏，是最重要的」，這不僅是登山的秘訣，也適用於人生。

每步都是死裡求生‧矢志辦登山學校

在台灣開門就可以見山，但多數人卻不了解山。登山家江秀真在南美阿空加瓜峰的瀕死經驗，讓她知道自己有使命，決定籌辦台灣第一所登山學校。

過去11年來，江秀真走遍全台演講，近三年她則深入校園，推廣山林教育。

腳下踩著厚厚積雪，刺骨的寒風打在臉上，幾乎要讓人失去知覺，江秀真回憶當年，她踏在海拔超過 4,000 公尺的阿拉斯加冰河上，到處充斥著看不見的冰河裂隙，只要稍有不慎，就得提前從生命中登出。

她的每一步，彷彿都在尋死，但腦海中的專業知識，確保踏出的每一步，都在求生。

江秀真是全球第一個從聖母峰南、北兩側，都完攀登頂的華人女性登山家，更是完成攀登世界七大洲頂峰的首名華人女性。

她讚嘆山的雄偉與美麗，卻也見識過大自然翻臉的決絕與無情。

她在 2012 年華麗轉身，從一名登山家，一躍成為全民登山教育的實踐者，然而這個轉變，她相信是山林賦予她的「天命」。

無情暴雪・體悟重生

江秀真從小就熱愛運動，學生時期她不但是巧固球隊的一員，高職三年她還是田徑隊成員，主攻中、長跑，考大學時，她一度還想念體育系。會開始接觸爬山的理由，讓人噴飯，「當時我只是想賞雪，所以就去爬了雪山」，江秀真笑著說。

正因為有田徑隊的底子，江秀真上山後，發現自己的體力真的很好。她在 21 歲那年考取了嚮導證，開始擔任實習嚮導，成天往山裡跑，許多資深山友看到她年輕、體力又好，紛紛鼓勵她往國外走。她在 24 歲就成功攀上全球第一高峰聖母峰，也開啟她的「旅外」登山生涯。

2006 年，台灣本土戶外運動品牌—— 歐都納發起：「世界七頂峰攀登計畫」，資助七名台灣登山家，挑戰世界七大洲最高峰，江秀真就是隊員之一，她除是「代表隊」中唯一的女性，還是成功完攀七頂峰三人中的其中一人。

在這為期三年計畫當中，江秀真有無數次與死亡擦身而過的經驗，其中令她印象最深刻的一次，是挑戰南美第一高峰阿空加瓜峰，至今她仍清晰記得 2007 年 2 月 14 日那晚，四天前才剛滿 36 歲的她，「差點生日變忌日」。

當時同行的隊友返回基地營運補物資，江秀真獨自待在第二營等待，沒想到竟讓她碰上堪稱「毀滅性」的大風雪，幾乎要把山頂上的所有生機都抹滅，就連她僅存的棲身之地，也快被掀翻湮滅。

「當時我在帳棚裡大哭了一場。」江秀真強調，所有攀登高山前，都要受過獨處訓練，知道一個人時該如何自處，因此當哭過發洩完，她馬上鎮靜下來，先解決眼前保暖的問題，再想辦法填飽自己。

沒想到當晚深夜的暴風雪強度，比白天還要來得更恐怖，這回江秀真是真的慌了，她跪在帳棚裡，祈求老天爺饒她一命，也把所有知道的法號、聖號全念了一遍，「不管是佛教、道教還是天主、基督，能求的、能拜的，

江秀真登山有無數次與死亡擦身而過的經驗。

我全都祈求了」。說起這段往事，江秀真笑得開懷，和她口中的恐怖經歷形成強烈對比，因為在那一刻她明白了：「老天爺要捏你就捏死了，人真的很渺小。」

但當她成功撐過整整兩天兩夜的暴風雪，三天後，她和隊友們竟成功登頂，且平安下山，她的心境有了轉變。

「你會很清楚，你被老天爺退貨了，你會知道你有使命。」

劫後餘生的江秀真直言：「能活著回來，當然很好，活著回來，就證明我有更重要的事要去做，我再也不怕什麼暴風雪，再也不怕這個那個，在我的人生中從此沒有困難，只要問題來了，就去解決。」

知山登山・人人有責

另一個對江秀真造成衝擊的，是 2007 年 6 月，她們要挑戰北美第一高峰── 麥肯尼峰，由於阿拉斯加遍地都是冰河地形，但台灣並沒有可以模擬的場地，因此有隊員說服贊助商，讓全隊提前一個月，動身到當地的登山學校受訓。

「在受訓期間，有名 63 歲的歐吉桑，是阿拉斯加當地人，他也來上課受訓，我們很好奇問他，他不是土生土長的當地人，每天都在看雪，為何還要來上課？」

江秀真還記得，那名歐吉桑是位退休校長，而這名歐吉桑接下來說的話，給了她人生新的方向。「他說我雖然在這裡長大，但我從來沒有爬過冰山，既然要做不熟悉的事，當然要來上課。」江秀真這才發現，當人家

江秀真知道自己有使命，決定籌辦台灣第一所登山學校。

要做一件事之前，無論是專業技能，還是知識，都很重要，「這才是為自己的生命負責」。

旁人的經驗，加上自身親身經歷，江秀真也想通，唯有專業，才是能幫助你在山林裡保命的法寶，她想將這些知識傳承下去，讓更多人了解山林，減少因無知造成喪命的悲劇和遺憾，籌辦台灣登山學校的想法，成為她終生的夢想。

江秀真嚴肅地說，在上山之前，需要做很多功課，也要了解自己的能力，「如果你在無知、逞強的狀態下，把命弄丟了，你沒有盡到保護自己的責任，你就不夠熱愛生命、尊重生命，你就是在玩命」。

另一方面，台灣是個多山島嶼，在 3.6 萬平方公里的面積上，就有 268 座海拔 3 千公尺以上高峰，是全世界高山密度最高的島嶼之一。

江秀真直言：「雖然台灣的山，跟國外動輒 7 千、8 千公尺的峻嶺，在高度上不能比，但台灣的山，也不是那麼好惹的，台灣的地形、地貌，加上天氣變化實在太快，就算是我，去到不熟悉的山，加上天氣若是不好，也有可能會迷路。」

江秀真感嘆：在台灣開門就可以見山，但多數人卻不了解山。

「你可以不爬山，但你應該要對山有某種程度的了解和認知，我希望把它當成每個人生命當中的一種知識，當成一種本能的知識教育」。

3 千多場生命分享．踏出登山學校第一步

為了這個理念，過去 11 年來，江秀真走遍全台演講，近三年她深入校園推廣山林教育，希望能走遍全台灣的學校。到今天，她已踏進超過 1,400 所學校、延伸 3 千多場生命分享。

她搞笑地說，很多單位打電話來邀約演講，總問她費用怎麼算，「我都回答他們，講師費不用考慮，你們幫我把人找來比較重要」。

要在台灣成立登山學校，就需要有教材、教案，以及一套完整的教學系統，江秀真利用校園演講的機會，一路摸索、嘗試各種不同的教學方式。

江秀真承認，到目前為止，登山教育的系統還沒到位，「包括要教什麼、教多久、怎麼教，如果你有一套很順的系統，就可以直接變成實驗學校了，所以我現在就在做這些事情」。

依照她腦海中的藍圖與規劃，未來登山學校，會歸類在技職學校，畢業前學生除要有外語專長，還需考取登山嚮導證，替畢業後的再就業或深造多一分保障，不但讓學生保有向國外發展的潛力，就算留在台灣，也有接團帶客上山的能力。

2020 年 12 月 12 日，在各界師長與親朋好友的期盼與協助下，江秀真正式成立了「台灣福爾摩莎山域教育推廣協會」，並在 2021 年暑假，開始發動群眾募資，開啟全民登山教育計畫、線上免費登山教育課程，建立正確登山安全觀念、知識與行動。

江秀真始終堅信：矢志為台灣創立「福爾摩莎登山學校及登山教育平台」，是屬於所有台灣人一步一腳印、一階一希望的遠征，就是台灣 7 千多座美麗大山，就是台灣 2 千 3 百多萬個美麗風景。

這個為台灣福爾摩莎登山學校的遠征集資計畫：基地營——登山線上課程（新台幣 20 萬 / 月）、第一營——氣象生態線上課程（新台幣 40 萬 / 月）、第二營——山難預防與救援線上課程（新台幣 60 萬 / 月）、第三營——出版教課書（新台幣 80 萬 / 月）、登頂架設線上教育平台啟動人才培訓計畫（新台幣 90 萬 / 月），到 2023 年 5 月 15 日中午 12 時為止，已有 6360 人支持，已募集每月新台幣 216,837 元，已達成 24%。

每一次轉身下山後，江秀真相信大家都想為山做些什麼？她為了「人人快樂登山．人人平安回家」，挺身而出全心全力：邁向成立台灣第一所登山學校的登山大道前進，祈願大家一起來成就這樁最美麗的生命風景。

台灣傷痛天使

李沐芸（Li, Mu-Yun）

【守護自殺者遺族．昇華為生死之愛】

我全心全力為所有自殺者及遺族奉獻：

接納困惑、理解自殺、連結回憶、投入生活……

今天你有沒有哭，讓我們彼此陪伴，走向希望的路。

——李沐芸

守護自殺者遺族

李沐芸現為台灣自殺者親友遺族關懷協會創會理事長，曾任馬偕紀念醫院自殺防治中心個案管理師、講師、研究人員。

1992 年，李沐芸榮獲全國高中護理職種技藝競賽教育廳長獎。

1993 年，李沐芸又以全校第一名畢業於康寧護校，更以全國第三名保送國立台北護理健康大學，與在外同租一屋，手足情深的姊姊，最為歡欣鼓舞，逢人就說：永遠以第一名的妹妹為榮。

1993 年，李沐芸回家留宿一夜，半夜錯過數通姊姊來電，豈料姊姊不明原因，從 11 樓租屋處跳樓自殺，並留有債務。李沐芸陷入極度悲傷：震驚、壓抑、困惑、憤怒、孤獨、憂鬱、絕望、自殘……以至於 1995 年 4 月輟學，當起大夜班護士，一肩扛起家計，同時用眼淚讀遍國內外自殺者文獻。

2005 年，李沐芸協助馬偕紀念醫院籌設國家級「自殺防治中心」，曾在一週內訪視 44 位自殺者遺族，經常從深夜陪伴自殺者遺族到清晨。

2007 年，李沐芸以第一名畢業於國立台北護理健康大學生死教育與輔導研究所，同時以〈自殺者遺族悲傷調適之模式初探〉，榮獲全國碩博士論文首獎，深獲當時世界衛生組織國際自殺防治中心主席狄耶構博士（Diego de Leo），以最美麗閃耀靈魂肯定。

後來，李沐芸幸遇獸醫老公楊韻清呵護，又歷經不孕、試管嬰兒折磨、雙胞胎一女早夭、父母先後病逝、更自身罹患腎病、罕病、乳癌、卵巢癌等身心靈千刀萬剮，雖剩一口氣，仍四處奔走，永續關懷自殺者親友遺族，2022 年成立亞洲第一個「台灣自殺者親友遺族關懷協會」，轟動東亞，感動亞洲。

由是，李沐芸一躍為療癒達人── 陪伴千萬自殺者親友遺族，允許好好悲傷，從壓抑、震驚到表達，從尋找、困惑到放手；二躍為生活達人──陪伴千萬自殺者親友遺族好好生活，從怪罪、憤怒、罪惡感到同理，從憂鬱、好好悲傷到告別；三躍為安頓達人── 陪伴千萬自殺者親友遺族昇華大愛，從絕望、無意義到超越，從孤獨、緘默到祝福。

如此，李沐芸 20 多年如一日，千錘百鍊為助人力量，還分秒必爭──守護自殺者遺族、病危流浪貓，更無私奉獻── 昇華為生死之愛，陪伴更多人，把生死傷痕，化為勇敢行動，從歷經磨難的瘋女人，一躍出奇不意撒播大愛的奇女子，不愧為「傷痛天使」。

把生死傷痕化為勇敢行動

2006 年，李沐芸受馬偕紀念醫院精神科劉珣瑛主任邀請，暫時休學參與團隊協助規劃自殺防治中心，並擔任遺族個管師。開始邀請網路聊天室的遺族們到醫院會談、參加團體諮商、交流。

我和我的獸醫先生

李沐芸曾在一週內陪伴 44 位遺族，大家在一起同哭、同悲、同理。同時，開始規劃「社團法人台灣失落關懷與諮商協會」，李沐芸為協會四位創始人之一，擔任 15 年台灣失落關懷協會理事，負責遺族關懷業務，直到 2023 年當選常務理事。

2007 年，李沐芸復學完成學業與碩士論文，榮獲年度諮商與輔導學會——全國最佳碩博士論文首獎。

2008 年，李沐芸出版台灣第一本關於遺族的書《我是自殺者遺族》，榮獲文向教育基金會——疾風勁草生命勇士的攝影與紀錄片紀念獎。

2018 年，李沐芸罕病控制相對穩定，寫了第二本書《生死傷痕》，來敘說這段七天六夜的喪母經歷，目睹母親被插管與約束，綁在床上的心痛，

還有自己在加護病房，與到幼稚園門口（接女兒）的煎熬和抗病的歷程，新書發表後辦了數場讀書會，版稅、講師費全數捐贈台灣失落關懷協會。

這本李沐芸嘔心瀝血的著作《生死傷痕》，可能是台灣第一本：從家屬的立場述說的加護病房心情故事，但絕不會是最後發生的事。不論是身處加護病房的家屬或自殺者遺族，當面臨生命是否要搶救、或從有機會治療走向沒有機會時，那些處置與看待的態度，都應該要再仁慈一點，即使少痛一些也值得努力。

李沐芸陷入疾病深淵，出現嚴重的腎病症候群，治療之後，外貌毀容般的改變、皮膚萎縮，依然沒有治癒的可能。在心裡、在身上留下一條條怵

我與國際自殺防治學會主任、澳洲自殺研究與防治中心所長、聯合國世界衛生組織自殺防治協調中心前主席Diego De Leo教授合影。

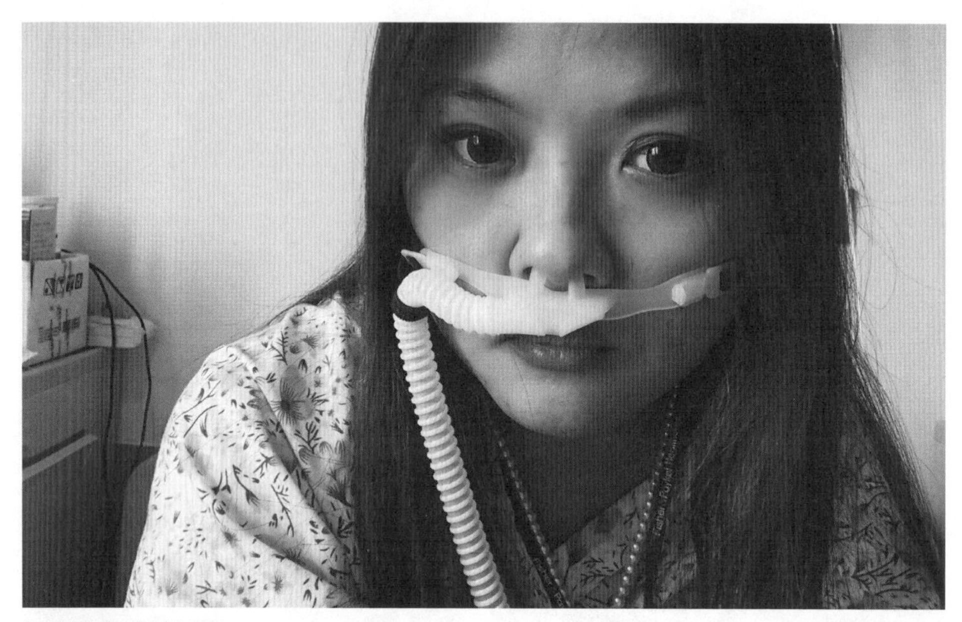

氣喘導致呼吸衰竭

目驚心的傷痕，老公卻說：「妳看那麼多人愛穿豹紋，追求時尚，妳不需要，自帶老虎斑紋。」

李沐芸逢人就說：「既然傷痕抹不掉，那麼我就當一隻帶著生死傷痕的美麗母老虎吧！陪伴更多人，把生死傷痕化為勇敢行動」。

2019 年，李沐芸承蒙香光尼眾佛學院邀請，主審印文法師畢業論文「我的悲傷療癒了沒」，她感同身受，立即親手寫了 5 張 A4 紙回應，也表達讚美，為佛教舉才，大家一起培養更多奉獻精神、恢弘器識、弘法之能等知生知死・療癒悲傷的相關人才。

父女走過傷痛・等了 30 年

李沐芸的爸爸逢人就說：「有沐芸一個孩子就夠了……」談起自殺的姊姊，沐芸告訴父親：「您才傻，這樣一句話讓我等了三十年。」

在 2020 年 4 月 29 日，李沐芸被告知爸爸罹患晚期食道癌。把爸爸接回家住後不到三個月，沐芸發現自己得了乳癌，馬上分秒必爭成立遺族臉書社團，如今已有千位遺族加入其中。

2021 年，李沐芸爸爸仍不敵病魔摧殘，臨終前三天，爸爸突然對沐芸說：「妳真傻，妳姊姊死都死了，妳怪自己做什麼？」父女兩人相擁而泣打破沉默。

其實，大部分的人都知道，自殺不是解決問題的辦法。李沐芸的同學自殺時，手裡握著《難以承受的告別》的書。

李沐芸的姊姊自殺前，在日記本上寫著「身體髮膚，受之父母。」她們會不知道，她的死會讓周圍的人多傷心嗎？

在許多國家都已證實：生命教育的傳統教材，並無法降低自殺死亡率。當然，並非生命教育無用，而是施行的心態與方法錯誤。幫助的前提是接納，而不是急著劃清界限，好像自殺是另一群人會做的事，而我們高高在上的想伸出援手，想要幫助「那種人」。

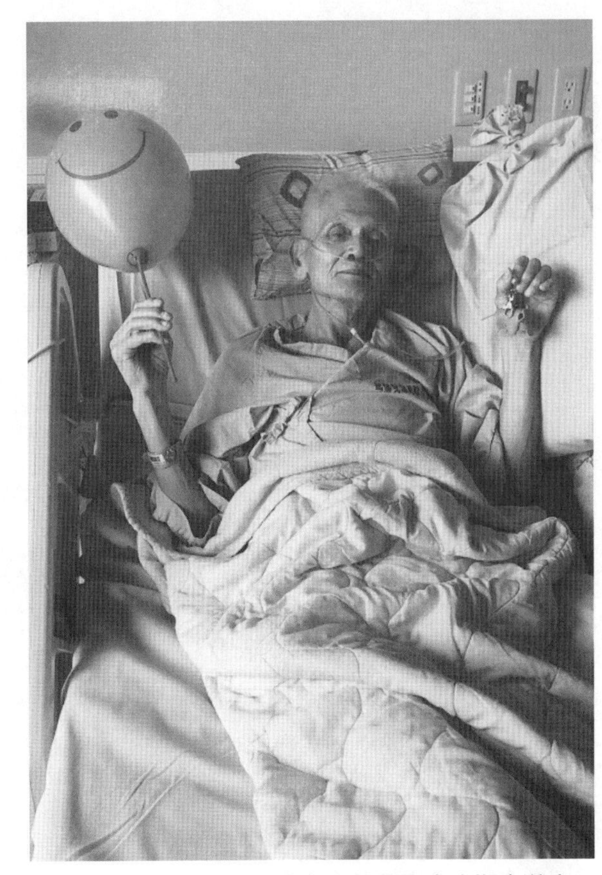
2020年，爸爸罹患晚期食道癌。

喜、怒、哀、樂，都是同等可愛，而且是必然存在的情緒。若說要「走出」悲傷，或要做「悲傷輔導」，都是在對悲傷的情緒貼標籤、污名化為悲傷不好，所以要「走出」來；悲傷不正常，所以要「輔導」。

實際上，人們因為有愛，所以悲傷。因為心軟，所以容易受傷，這就是生命的厚度，也就是對生命事件真實的回應。專家與遺族，這雙重角色的結合並不容易，因為這個社會很難容忍一位「專家」有脆弱、悲傷的一面？

如何保留脆弱與悲傷，再幻化成一種柔軟與慈悲，這才是真實的人生，也才是有效的生命教育。

乳癌在李沐芸身上紋身，放療、手術，永遠無可抹去的傷痕。

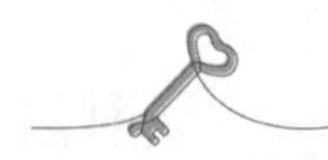

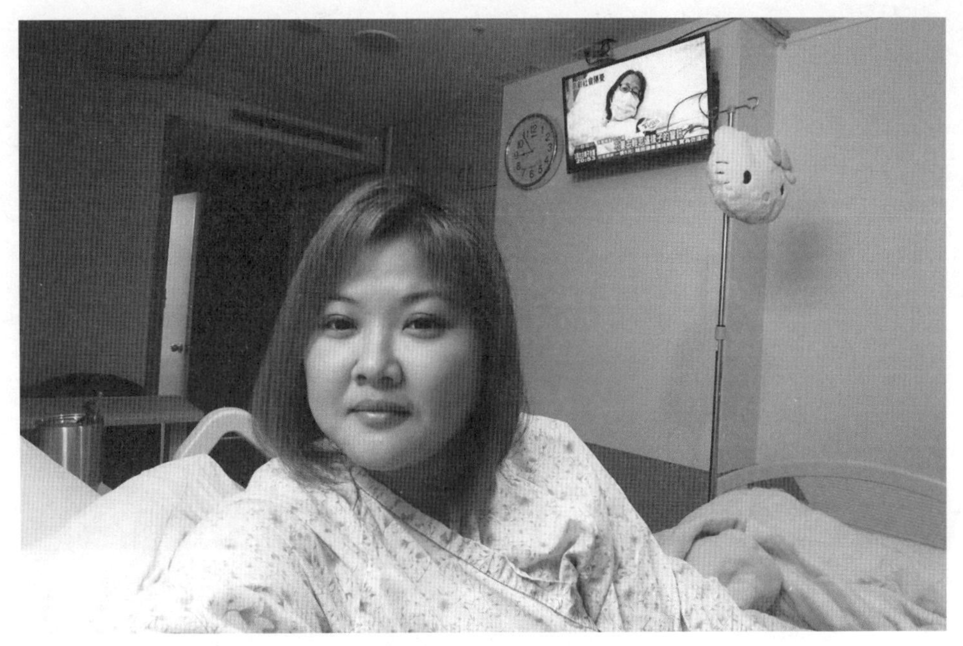

腎病變使用類固醇治療，李沐芸的外表起了很大的變化。

李沐芸說出自殺者遺族的悲傷，傳達了如何幽谷獨行或伴行的訊息，對自殺者遺族，能達到療傷止痛的目的；對一般大眾，也能提供一個重新檢視生命意義的另類角度。

李沐芸父親住院期間，沐芸形容自己是人前人後兩個樣。

李沐芸在病房照顧父親，但脫了衣服，其實自己也因放療，胸前大面積放射性灼傷。不忍讓父親難過，沐芸假裝回彰化員林婆家一天，其實是進醫院進行乳房切除手術。開刀隔天，就繼續陪父親看門診、作放療。

同年 9 月 7 日，李沐芸父親離世後，李沐芸再度化悲痛為力量，立志向周大觀文教基金會董事長周媽媽學習：打算考博士班，還學習用香氛、色彩、搭配植物萃取療傷，上課學做手工皂，工作室取名：浴癒心，用皂自我照顧，浴身癒心，淨身靜心。

李沐芸成立了亞洲第一個「台灣自殺者親友遺族關懷協會」，周大觀文教基金會創辦人周進華，更是當場允諾要幫忙協會出版繪本和自傳。

2022 年 6 月，李沐芸成立了亞洲第一個「台灣自殺者親友遺族關懷協會」，然而就在協會成立滿半年之際，她在回診時，發現了卵巢有不規則腫瘤合併積水，疑似卵巢癌，不得不先慢下腳步，入院做了子宮全切除及雙側輸卵管、卵巢切除手術，心中依然心心念念自殺者遺族。

從瘋女人一躍為奇女子

奇女子—— 具有非一般人之特質，經歷過許多磨難與艱辛，或者能做出驚心動魄事跡的女子；出「奇」不意。

台灣失落關懷與諮商協會秘書長李曉芬表示：李沐芸，這個瘋女人——奇女子，當初知道她，是在台灣失落關懷與諮商協會會員大會暨《生死傷痕》新書發表：聽她分享生命裡的傷痕，從姊姊自殺、母親驟逝、她自己生病。

那年，2018 年末，她叫呂芯秦。同年，失落關懷協會改選後，李曉芬被理事長李佩怡老師委任為秘書長，此後開始接觸理監事們，李沐芸是理事之一。

大家從公務開始接觸、從李沐芸常帶著女兒來與會慢慢熟識。短短幾年看著她經歷了好多重大變故：父親食道癌、她自己乳癌、女兒生病住院、父親過世、她身體的各種病痛與切除子宮卵巢……這一切發生都在短短的三年多內……

真是個瘋女人啊～李曉芬常這樣想。

李沐芸總容易暴衝、超高速運轉任何事、不按牌理出牌、也許知道自己的病痛與生命有限。李沐芸彷彿不需睡覺般永遠都在做各種事……也希望身邊的人一樣可以高速跟上，就如《他選擇離開，我們……》繪本，李沐芸要李曉芬短時間畫出一些圖，以便在遺族協會成立大會上發布……於是她們一個月完成一本繪本……

李沐芸易感愛哭，情緒一樣也容易暴衝，煞不住。只要她認為對的，她會毫無保留，敢愛敢恨、敢怒敢言、敢吼敢叫……

願李沐芸能持續擁有健康與能量，把想做的大事一一實現。為廣大遺族、為受苦眾生。

「真性情」三個字不足以形容李沐芸，於是，李曉芬用了「瘋女人」。李曉芬想，李沐芸大概會蠻喜歡這樣的形容（究竟有誰會喜歡這樣的形容呢？是不是再次說明了這個「瘋」？）。

如果大家看完李沐芸的自傳，知道她這大半生經歷了多少的苦難、多少的身心傷痕累累，大家多少可以理解她的「瘋」是怎麼回事。

李沐芸若不這樣，也許是先垮掉了吧？生命，她總得找到自己的出口，總得洩洪，無論能否被誰承接或理解。

那麼，「奇女子」又是怎麼「奇」呢？

這個滿身傷的人，她沒被一波又一波，幾乎不曾停歇的大浪擊垮，大三就開始研讀與自殺者遺族相關的學術文獻；因為深知傷心欲絕的遺族，有多脆弱痛苦無助、深懂遺族難以面對的標籤化與異樣眼光，而難以好好悲傷，於是她從 2003 年就挺身而出，自發成立自殺者遺族網絡家族，承接一個個破碎的心。

她無私的心，只想為關懷脆弱受苦的廣大遺族，2022 年，她在喪父之痛與拖著病體下，成立全亞洲第一個台灣自殺者親友遺族關懷協會。

為了創會的經費籌措，她短期內考取手工皂證照，親手做皂募款；她，還有些大願望，想培訓志工在事故後衝第一現場陪伴遺族、想成立會所給遺族一個「家」……

她的「傷」，帶來了她的「瘋」。

她的「瘋」，成就了一切的「奇」。

芯秦的前半生以父親的姓氏挺過了風雨苦難，她的後半生承起了外公與母親的姓氏，以「李沐芸」重生再出發。在彩虹彼端的呂爸爸、媽媽會以她為榮，也會一直支持著她。願李沐芸能持續擁有健康與能量，把想做的大事一一實現。為廣大遺族、為受苦眾生。

塞爾維亞百科小畫家

杜尚．克托利卡（**Dušan Krtolica**）

【用畫守護動物的生命．用畫維護地球的生命】

繪畫是我最大的熱情，
我對動物的多樣性，
和牠們能在不同環境適應的能力著迷！

——杜尚．克托利卡

用畫維護地球的生命

杜尚・克托利卡（Dusan Krtolica），2002 年 6 月 25 日出生於塞爾維亞首都貝爾格萊德，目前就讀貝爾格勒大學（University of Belgrade）二年級，兩個主攻學系：第一個是在美術學院學畫畫，第二個是在文史哲學院學哲學，作品曾到美國、澳洲和亞洲巡迴展出，迄今已開了七次個展，全球各地都有粉絲收藏畫作，藉畫推廣愛護動物，感動歐洲，轟動國內外各界。

2 歲時，杜尚畫出一些無法辨識的形狀，後來這些圖案開始看起來像動物，父母發現他對繪畫的熱愛及天賦，4 歲便送他去藝術學校上課，成為全校年齡最小的學生。

6 歲時，杜尚舉辦了第一次個展，被許國內外各界人士稱為「神童」，

塞國媒體以「新出生一個阿爾布雷希特．杜勒（Albrecht Dürer）」頭版標題轟動塞國，動物醫生甚至對他談論以解剖學知識描繪動物感到震驚。

11 歲時，父母幫杜尚買了世界各國的動物百科全書，他只憑短短 21 天閱讀，就將全部內容記住，因為喜歡動物，所以對動物有入微敏銳的觀察力，不只是動物的外形、習性，甚至包括環境生態，都不斷的學習研究，他提到：「我每天都會畫上數小時，繪畫是我的遊戲，動物是我的朋友」。

由是，熱愛大自然及動物的杜尚，只要一張紙、一支筆、一個放大鏡，就能繪畫出滿紙的動物插畫，作品受到全球買家及收藏家的追求，每件售價可高達 35,000 英鎊，塞國出版社也邀請他繪製史前百科全書插圖，內容還被翻譯英文，與全世界分享。

他為了要求完美，還深入的研究、探索專業知識，如為各種昆蟲配上相對應的植物群等，涉及更廣泛的自然生態，渴望和全世界分享「可愛的動物世界」，用畫熱愛自己的生命、用畫尊重別人的生命、用畫守護動物的生命，進而用畫維護地球的生命，不愧為「塞爾維亞百科小畫家」。

畫我白色故鄉城堡

杜尚．克托利卡，從小除了畫出全球各種動物，他的出生地貝爾格勒，各種大小景觀，都陸續在他的畫作呈現。

塞爾維亞，是一個巴爾幹半島國家，位於歐洲東南部、巴爾幹半島中部內陸國，與蒙特內哥羅、波士尼亞與赫塞哥維納、克羅埃西亞、匈牙利、羅馬尼亞、保加利亞、北馬其頓、科索沃接壤。「貝爾」意為「白色」，「格勒」意為「城堡」，故稱之為「白色的城堡」。

貝爾格勒── 位於塞爾維亞北部薩瓦河和多瑙河交會之處，因地處西方和東方國家的十字路口，屬兵家必爭之地，歷史上異族入侵不斷地上演，故亦有巴爾幹之鑰之稱。

塞爾維亞擁有歐洲 39% 的維管植物群、51% 的歐洲魚類動物群、40% 的歐洲爬行動物和兩棲動物群、74% 歐洲鳥類動物群和 67% 的歐洲哺乳動物動物群。其豐富的山脈和河流，使其成為各種動物的理想環境，許多動物受到保護，包括狼、猞猁、熊、狐狸、雄等等，其中烏瓦克峽谷，被認為是歐洲禿鷲最後的棲息地之一。

這些塞爾維亞的奇珍異獸，也都在杜尚．克托利卡的畫作中栩栩如生。

2 歲拿起畫筆

杜尚．克托利卡（Dusan Krtolica），2002 年 6 月 25 日，出生於塞爾維亞首都貝爾格萊德，2 歲時就拿鉛筆開始畫畫，起初畫了一些無法辨識的形狀，後來這些圖案開始看起來像動物。

杜尚 4 歲完成的第一幅畫：是一頭鯨魚，不過當時他的父母並沒有當一回事，甚至還覺得異常，因此帶他去看兒童心理醫生，醫生給杜尚父母的處方箋——送他去藝術學校上課，於是他成為全校年齡最小的學生。

杜尚每天都專注 2 到 3 個小時，一週繪畫 500 多張的圖畫紙，他表示：「繪畫，是我的遊戲；動物，是我的朋友。」

6 歲舉辦個展

杜尚 6 歲時，在貝爾格萊德學生文化中心舉辦第一次個展，他以解剖學的知識，描繪了 500 多條存在於自然界中的魚，其中一些包括腔腸動物、鯨鯊、墨魚等。

塞國媒體以新出生一個杜勒（Albrecht Dürer）頭版標題：轟動歐洲，感動全球，動物醫生甚至對杜尚談論以解剖學描繪動物感到震驚。

杜尚表示：「我讀過很多百科全書，所以我通過這些書，了解動物的解剖結構」，他還分享道：「我憑記憶很快就能畫出來，我還經常在其中加

熱愛大自然及動物的杜尚，只要一張紙、一支筆、一個放大鏡，就能繪畫出滿紙的動物插畫。

入很多細節，所以這對我來說從來都不是問題。」

第一次個展，打開了杜尚的知名度，許多人都想收購他的作品，但是父母當下想保留下來，於是只答應將他的作品巡迴展出，曾到美國、澳洲和亞洲，現今他為全球的客戶及收藏家委託創作，每件售價可高達 35,000 英鎊，2013 年總銷售額更突破 1,500,000 英鎊。

來自亞洲的客戶及收藏家，看到杜尚的作品表示：「杜尚，你不是一個新的杜勒，你是諾亞方舟的守護者。」

諾亞方舟守護者

《創世紀》第 6 章到第 9 章記載：創造世界萬物的上帝耶和華，見到地上充滿敗壞、強暴和不法的邪惡行為，十分憂傷，想要將所造的人和動物，都從地上消滅，希望新一代的人能悔過自新，建立一個理想的世界。

在罪孽深重的人群中，只有諾亞在上帝眼前蒙恩，於是上帝選中了諾亞一家——夫婦、三個兒子及其媳共八人，作為新一代人類的種子。

上帝告訴他們 7 天之後，就要實施大毀滅，要他們用歌斐木造一隻方舟，分一間一間的造，裡外抹上松香。這艘方舟長 300 肘（以一肘等於 0.52 公尺計算，約是 157 公尺），寬 50 肘（26.2 公尺），高 30 肘（15.7 公尺）。方舟上邊要留有透光的窗戶，旁邊要開一道門。方舟要分上、中、下三層。

當方舟建造完成時，大洪水也開始了，這時諾亞與他的家人，以及動物皆已進入了方舟。

在大洪水過後，挪亞方舟擱淺在了亞拉拉特山上，最後，上帝以彩虹為立約的記號，不再因人的緣故詛咒大地，並使各種生物存留永不停息。

11 歲時，父母幫杜尚買了世界各國的動物百科全書，他只憑短短 21 天閱讀，就將全部內容記住，從古生代到中生代；從新生代到現今，他都知道有哪些動物在地球上存活過。

杜尚畫作逼真，又能憑記憶想像或透過照片描繪出生物，像被照相機捕捉到一瞬間的姿態，許多人見到這些作品，都以為出自某位藝術師之手，或是某本圖鑑的照片，於是深深受到塞國出版社青睞，邀請他繪製史前百科全書插圖。

第一本百科全書

為何對「動物主題」如此著迷？

杜尚表示：「當父母送給我第一本動物百科全書時，我就對自然世界無

杜尚觀察入微，加上在藝術學校磨練出的技巧，把記憶中的動物透過鉛筆、黑色鋼筆，完美躍在紙上。

法自拔，投入大量心力、吸收圖像信息，只要觀察大自然，創作靈感就能源源不絕出現。」

杜尚觀察入微，加上在藝術學校磨練出的技巧，把記憶中的動物透過鉛筆、黑色鋼筆，完美躍在紙上。杜尚為講求實際，還不忘將相對應的植物種類，搭配在畫中，如大象、羚羊、鳥類、猛獸、恐龍等，都能仔細勾勒出動物每根毛髮、牙齒和蹄，連眼神也彷彿流露出情感。

杜尚想成為一名動物學家，並發行親自繪圖的動物書籍，是他最大的願望。

杜尚・也因此接到了不少電視邀約，上台和觀眾分享對繪畫的熱情，他提及：「我每天都會畫上數小時，因為畫圖就是我的遊戲」。

杜尚畫作逼真，又能憑記憶想像或透過照片描繪出生物，像被相機捕捉到一瞬間的姿態，杜尚・克托利卡 13 歲時，受到出版社青睞，被邀請為史前百科全書繪製插圖《Enciklopedija praistorijskih zivotinja》。

這本在塞國出版的百科全書，近期被翻譯成英文，杜尚期盼透過動物百科全書與世界接軌，他表示：「我從百科全書中，學到很多動物世界的知識，我渴望和對這方面感興趣的人分享。」

杜尚強調，成為一名動物學家，並發行親自繪圖的動物書籍，是他最大的願望。

台灣御藝生博士天使

孫維瑄（Sun, Wei-Shiuan）

【化癌為療癒藝術．創生命傷痕美學】

她決心在有限的生命旅程中，不放棄任何一線希望，
積極地完成夢想——永續推動生命傷痕美學，自癒癒人。

——孫維瑄

創生命傷痕美學．藝起聊傷

孫維瑄為旅法藝術家、作家、國際策展人、美學家、抗癌天使，經歷漫漫長夜的癌症風景，洗鍊走過人生轉角，足跡遍佈歐亞上百個城市，以身作則，用藝術和美學，向世界分享陽光的生命，向全球介紹樂活的奇趣，同時見證：療癒的奇蹟，還有自在自得的法式生存之道。

「I.U.Vie 御藝生」，是孫維瑄的生命品牌。她逢人就說：「癌友維」，談癌不必色變，拜癌為師，交癌為友，攜癌為藝，化癌為愛，亟盼將生死的挫折，昇華成美好的藝術能量，豐富大家的生活底蘊。

孫維瑄是法國巴黎第一萬神殿索邦大學（University of Paris I Pantheon -Sorbonne）藝術學博士、藝術科學及美學高等研究碩士、巴黎商學院

（PSB）& 巴黎高等藝術文化管理學院（IESA）與文化事業管理 / 商業管理碩士。

難能可貴的是：以傑出年輕華人藝術家身分，獲聘為法國巴黎龐畢度國家藝術和文化中心藝術文化管理專員與助理策展人。現服務明新科技大學，亦為法國藝術、創意、理論與美學研究中心研究員（l'Institut ACTE）、法國文化部認證博物館及文化古蹟講師，國際藝評人協會（AICA）會員、台灣攝影博物館文化學會（SPMCT）會員、銘傳大學兼任助理教授、中華民國對外貿易發展協會（TAITRA）法語教師、中華藝術攝影交流學會會員，資歷豐富。

孫維瑄化癌為療癒藝術，創藝術傷痕美學，永續推動傷痕生命美學，自癒癒人，感動千千萬萬人，不愧為「御藝生抗癌博士」。

從零開始

她在 37 歲那年，迎來她既衰微又嶄新的人生。在醫生宣判的那一刻，她感覺其生命在那時死亡，也同時重生了，如冰河被鑿開一道裂痕，她卻不知道自己是在凝固還是消融的彼岸？

年少時的活力與凌雲壯志，因為距今為時不遠，似乎不難回憶，然而與現況的巨大落差，往往讓她不知如何面對。

在生命的十字路口徘徊中，寫下自傳，是極高的挑戰。彷彿一場尚未充分排練好的戲，倉促上演，又可能草草落幕。前半輩子的人生，沒什麼豐功偉業可粉墨登場，後半輩子的戲碼，也不知道是否會嘎然輒止？

她現在仍在摸索和體會「傷痕美學」與未知的美感。長久的疾病，讓她像是蟄伏在地下柔弱的昆蟲，居於孤獨幽玄的處境，細微的光線，也可以敏感地體察。她懼怕周遭人群過度耀眼的人生，但她仍努力地去學習接受，並創造自己的生命。

傳達這樣的感覺，在亂世之中，她相信會有人懂。對於在不惑之年，就能有出版自傳的機會，她非常的感恩。因為這次的機緣，讓她能細細回憶盤點她的前半生。

藝術啟蒙

如果藝術家必須享受孤獨、特立獨行，或許這個天賦，她與生俱來。

她誕生在寒冷的初春，當時在遠洋跑船的爸爸，孤獨地望著廣袤的天際與海洋幫她取了名字。他在家書中寫道：「若是女生就叫維瑄，男生就叫宇辰。」在遠方默默祈禱，希望這個小生命擁有尊貴的氣節，以及遠大的志氣和夢想。

小時候大家過生日吃蛋糕，適逢過年她往往是以年糕慶祝。從小她就用左手握畫筆，一直到現在都堅持沒有放開。偶爾怕別人看似不合群，也會用右手寫書法、畫水墨畫和拿筷子。

她生長在小康家庭，但是爸媽對姊姊和她的照顧與栽培不遺餘力。從零歲起，家裡就常常有爸爸從海外帶回台灣的各式新奇的東西。

她的藝術啟蒙，似乎就是一連串的自我探索。沒有上過才藝班，但小時候就愛畫畫的她，常常把家裡的牆壁畫得到處都是，另類的媽媽不僅沒有處罰她，還幫她準備了一套專門畫畫的衣服，讓她自由揮灑。

自幼即多愁善感的她，喜歡藝術和文學。姊姊可說是她藝術與想像力的啟蒙老師。從小她們剛睡醒的第一件事：就是躺在床上分享彼此的夢境，接著就會一起畫畫、寫作、編故事和演戲。這也潛移默化了她日後的圖像思考與創作風格。

就讀景美女中時，因為她對文藝的偏愛，能廢寢忘食地做美術作業和寫文章，對練習數理科目則興趣缺缺。老師給的評語往往是靈性有餘，努力不足。然而為了升學，她把對藝術的熱情壓抑了下來，只是課本還是常

常被她畫得五顏六色。當時爸爸為了鼓勵她好好唸書，有一次還特地請假，帶她和姊姊去看當時臺北故宮舉辦的「羅浮宮博物館珍藏展」。在考大學時，自己對未來的發展仍十分茫然，不預期地進入了法文的領域。回想起來，或許當時已默默埋下了她去法國深造藝術的種子。

孫維瑄——法式美學攝影展

藝術無疆

船長父親給她最大的影響，就是勇於走向國際。大學時期，她進了淡江大學法國語文學系，學得懵懵懂懂，直到大三到法國柏桑松市交換學生一年，才算打開了眼界。

歐洲的交通網絡十分便利，當時在美國紐約「哥倫比亞大學」念研究所的姊姊，也趁著暑假，來跟她會合一起在歐洲自助旅行一個月。

她們足跡遍佈荷蘭、比利時、盧森堡、德國、瑞士、義大利和法國。當時雖然她對人生還很迷惘，但每到不同的城市，她最喜歡的就是去參觀美術館與古蹟，還曾在南法近四十度的豔陽下，尋找梵谷的繪畫足跡。

此外，因為家人工作與讀書的關係，她們一家四口，最高紀錄是四人分別在四大洲生活，這次機會，也讓她跟姊姊能朝夕相處，而路途中的酸甜苦辣與各式歷練，也都成為她很重要的回憶與寶藏。

她大學畢業後，進入化妝品公司擔任雙語秘書，負責與法國和德國公司接洽。對於美和語文能力，有了更高的追求，所以向父母請求能再讓她出國短期留學。

孫維瑄參加廣播節目暢談她的心路歷程

她原本去法國巴黎，只是想花一兩年把法文練得更好。

她與巴黎重逢時，從協和廣場地鐵站一出來，遙望羅浮宮博物館，就如同從地底下萌芽的種子，馬上被初秋黃葉框住的壯美景象震撼了。心中埋藏已久，對藝術的熱愛，又重新燃起。

她回住所開始埋首苦讀和研究，準備申請藝術研究所。由於大學不是藝術專業，加上要以法文寫研究計畫書，並與法國人競爭申請名額，在異鄉孤軍奮戰，更是備感艱辛。

她下課往往要到處跟法國同學借筆記，每晚都抄寫複習到半夜，後來幾乎全班同學的筆跡，她都能認得。

當時唯一的安慰，就是每星期日打長途電話回家，給媽媽和在美國的姊姊。因為日夜都練習著法文，講電話時，有一陣子中文還講得顛三倒四，非常有趣。

她為了省下錢，買昂貴的書籍畫冊和多看展覽，或者大排長龍去買開場前降價的音樂會門票，常常以法國麵包夾乳酪和番茄果腹。天冷時，則將義大利麵條煮即時湯包當一餐，在外看展覽累了，就吃一片巧克力，但是卻覺得生活無比富足。

所以日後取得了「法國文化部的藝術文化古蹟講師永久證照」，心裡特別開心，除了是一種對自我藝術專業的肯定，一年還可以省下好幾萬元的看展覽費用呢！

美好年代

巴黎是世界的藝術文化首都，也是多元文化的大熔爐。精緻文藝、經典創新、社會階級、貧富差距與文化衝突等面向，亦十分鮮明豐富。她很感恩在其思維的黃金時期，能有機會在法國成長。

在法國，文化是一種生活態度與人生風格。與人交流時，也往往自然而然地談論彼此的文化背景與內涵。因此，她對多元文化比較和台法交流，萌生了興趣。

在申請碩士時，她的研究計畫是關於：「藝術活動起源：保羅克利與劉其偉教育觀」。她將東西方藝術家：保羅克利與劉其偉作比較，以藝術的起源與本質為切入點，融合東西方文化探討兩者富含童趣的風格。

當時抱持著破釜沈舟的心情，跟父親打賭，若申請到學校，就請家裡支持她唸研究所，若沒申請到就回台灣找工作。

沒想到憑藉一股衝勁申請到三間名校，而最後她選擇了第一志願：「巴黎第一萬神殿索邦大學美學研究所」。

進入了藝術專業領域，雖然仍是挑戰不斷，但彷彿從小積聚對藝術的熱愛，終於有了出口，日子過得充實又開心。

她除了上研究所的課程，也參加各種藝文活動，如看展覽、聽音樂會、看戲劇、學術研討會等，也去上繪畫、版畫與時尚、產品和室內設計等課程。在家人的支持下，讓她領略了藝術世界的浩瀚與樂趣。

2005 年至 2010 年，父親被派駐到德國漢堡擔任「駐德代表」。當時正在寫博士論文的她，在寒暑假時常常藉機去國際研討會、研習藝術或創作，去跟爸爸相處。白天時，她自己去寫生和逛美術館，等爸爸下班後，他們會一起喝咖啡、吃美食，假日時則逛傳統市集和吃路邊攤、喝啤酒，偶而跟爸爸的德國朋友聚餐，聊聊文化藝術，體驗德國的日常與生活美學。

熱愛藝術與旅行的孫維瑄，在世界各國策展。

2010 年，在前輩藝術家陳景容老師的巴黎工作室打工，認識了台灣的藝術家張仲良。當時他不像他們一般打雜，而是負責幫老師拍影片和大型畫布打底，感覺特別亮眼。

閒聊間發現他也就讀巴黎第一大學研究所，不僅獲頒巴黎市政府的藝術明日之星獎項，還在羅浮宮附近的皇家藝廊舉辦攝影個展。

因為志趣相投，他們常常約著一起逛美術館、喝咖啡和畫畫。

在法國，是世界藝術家競演的舞台，他們也逐漸成為替台灣藝術家共同奮鬥展覽的最佳戰友。也因為都熱愛旅行與攝影，近年來也一起走訪了許多歐洲與亞洲的城市。

在歐洲多元文化的薰陶下，她對於華人當代藝術，在世界藝壇的發展產生濃厚的興趣。

她博士論文以「中國現代書象：跨文化與相互理解方法論」為研究主題，指導教授貝納達哈斯（Bernard Darras）是符號學與文化研究專家，且一個漢字都不認得，正好讓她有機會研究如何推廣華人符象藝術。

這也為她日後在世界首屈一指的現當代博物館——「法國國立龐畢度藝術中心」工作奠定了基礎。

當時她的老闆迪迪耶・奧丹爵（Didier Ottinger）是世界知名的策展人，其專業與思維，也是影響她藝術發展最深遠的，也引領她走上國際策展人，這個艱辛卻有成就感的志業。

未竟之夢

2015 年，她依照往例策劃台灣法國藝術交流展，提了一個裝滿藝術品與工作服飾的行李箱，預計在台北停留三星期，辦展覽和探訪親友。

因身體勞累中間抽空去醫院做了健康檢查，不料被判定為癌症晚期。聞此噩耗，宛如晴天霹靂。在震撼之際，她直覺地提問了兩個問題：「她還能活多久？」和「化療會影響生育嗎？」然而病情的惡化，讓她沒有太多時間悲傷，她與生命的拉鋸戰突然開打。害怕親友擔心，也害怕丟掉工作而無法負擔龐大的醫藥費，她在大家面前強顏歡笑，私底下撐著準時配合凍卵與抗癌療程。

那段時間每天早上到醫院抽血，然後一邊舉辦展覽，一邊在展場附近的公廁，準時打排卵針。之後，才剛結束取卵手術，間隔三天，馬上就動手術與第一次的化療，開始了漫長的抗癌療程。

家庭與事業都正在萌芽的階段，自我感覺長久以來的努力，還沒開展就脫離了軌道，完全迷失了方向。

有限的生命和無止盡的治療，讓人不知所措，不知道該如何在當下自處？猶如宇宙有無數的繁星，一個人的殞落，銀河系還是如常運行，這讓她孤獨地跌落了闇黑的情境。

生命之道

她的日常生活，除了要排除各種化療的副作用，還要面對龐大的經濟壓力和生死未卜，造成的心情不確定感。她在及時行樂與完成心願，兩個極端間徘徊，無奈之下開始閱讀大量的書籍與文獻尋找出口。

有一天，終於有了靈感，她分別列了一年計劃和十年計劃，決定要先完成兩個許願清單上都有的選項，心理才略感踏實。

聽說面對生命走向盡頭，為了減少遺憾，要達成某種「生命之道」：道謝、道歉、道愛與道別。她便開始了多方實驗。

她一向熱愛藝術與旅行，當時聽說有人因為旅遊心情變好，病情就漸漸好轉了，所以，先生帶著身體狀況不佳的她，去了他們很嚮往的日本洽談展覽，也當作她最後的旅行。

結果在東京中途，因為體力不支和發燒，還進了當地的醫院。然而因為

勇敢跨出了一步，看了世界上美好卻未知的事物，也重新燃起了她的求生意志。希望能善用寶貴的生命，爭取多一點時間，感受萬物和與親友相處。

之後，病況略為穩定，她也回了一趟巴黎，當初生活的小空間，因為突然在台灣治病，數月不見，竟然變得恍如隔世，法國的生活也猶如夢境一般遠去了！

她拜訪了幾位彼此關心的朋友，自己收拾著要運回台灣的物品，這種猶如收拾遺物的斷捨離情懷，現在想起來仍覺得五味雜陳。

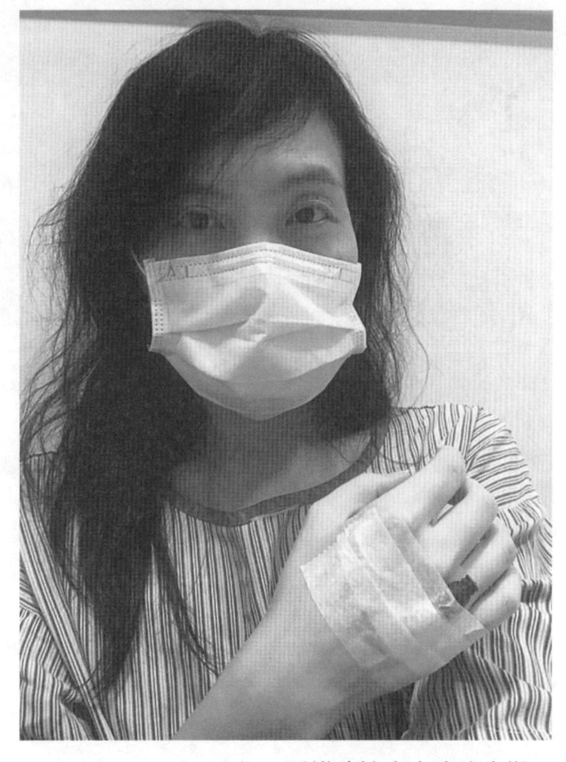
2015年，孫維瑄檢查出癌症末期。

她向著長久陪伴著她的人事物，與再也回不去的鎏金歲月，鄭重地感謝與道別。

經歷了種種挑戰，她終於接受了其人生的篇章，必須進展到下一個階段的現實。她決心在有限的生命旅程中，不放棄一線希望，積極地完成夢想。

她一直抱持當作家的夢想，原想出版小說，還抱病拼命寫了近五萬字。然而機緣巧合，文化部與臺灣博物館以及國立攝影中心「臺灣攝影家」叢書計劃開展。很榮幸在 2017 年完成「攝影家── 林權助」與「攝影家──謝春德」專書。後又在 2020 年撰寫攝影界影響她最深遠的「攝影家── 莊

2019年獲頒台灣癌症基金會「十大抗癌鬥士」獎

靈」專文。同時因為神的保佑、台大黃俊升醫生和家人的悉心照顧，她的病況奇蹟似地漸入佳境，讓原本自己已經不敢妄想的海外展覽與演講計劃，又燃起了希望。

2017 年起，她和先生一起去了法國巴黎、韓國首爾、中國安順、寧波與澳門，辦藝術展覽和學術研討會。每 21 天要化療的她，總是必須精算著出國的時間，感覺像是戴著假髮四處趕場的明星，盡力地在精簡的時間，於重要場合亮麗登場。

2019 年獲頒台灣癌症基金會「十大抗癌鬥士」獎，除了自我得到鼓勵，同時希望能藉機讓社會大眾關注青壯年癌友，面臨的多元社會議題。

然而現實是殘酷的，善行也可能是孤獨的。抗癌期間她經歷了健康、人際關係、工作與財務的各種挫折，許多構思的公益計劃案都石沉大海。

她痛定思痛，深深體認到：應該要將自我特質及社會需求，和有限的體力與時間結合，並針對目標族群，才能發揮最大的效應。

她前行的生命之道，才又出現一道曙光。

法式生活美學

每天清晨，都是最像巴黎的時刻！

從夢境中醒來，伴隨著青草與花朵蒸餾出來的香氣，和不知名的鳥鳴，或許就是鴿子或麻雀，這樣平凡又讓人心安的物種，讓人可以幻想身處於世界各地。微涼的空氣，尚未被日光劃破的玄幕，是屬於巴黎的色調。手沖咖啡是每日清晨甦醒的儀式。

接觸現實生活，往往讓她有些恐懼，她得找一個介面，穩妥地躲在後面，靜靜地觀察和記錄她與大家的異同。寫作與畫畫，是她與孤獨的她相處的最佳模式，是一種不願放手的勇氣，她可以有安全感且肆無忌憚地營造自己的世界。

病況反反覆覆，她學習放慢腳步，好好跟自己獨處，好好地審視自己。因為孤身自處於闇黑之境，眾人無視她，她只有獨自摸索。

她觸摸著看不清的傷痕，猶如水族箱的魚，在他人眼中是一隻限縮的生物，鹹鹹的淚水包覆著她，與她的生命共存共生。與世隔離的她，正以緩慢的姿態遊走。

這種有距離感的優雅，讓她回想起在法國某些生活的態度與方式，她開始思索醞釀出一種跳脫現實而療癒、特立獨行和提升生活品質的法式美學觀。或許是時勢所趨和朋友引薦，漸漸獲得了大眾認同，近年來有幸可以到多個單位與節目，分享其心得與藝術理念，也如願鼓舞了一些人。

傷痕美學「瑄」言：

「藝術是能將悠閒聖化，將悲劇昇華的力量。」它雖不能改變現實，卻能轉化她看待現實的方式。

2017 年到 2019 年，她創作了一系列抒發與探索生命議題的攝影與繪畫作品：「給自己的情書」與「命運——蛋的試煉」。

攝影家莊靈座談會現場：主講者莊靈、與談人孫維瑄

自此，她深入體會到藝術的療癒與昇華面向，開始研究相關特質的多元藝術家及其創作。緊接著在法國巴黎策劃了與張仲良的雙個展，和台法藝術家「一期一會—— 跨文化的生命藝譯」聯展，宣揚藝術與生命理念。

2020 年初，完成了客委會的「在山這邊—— 浪漫客庄攝影展」和法國里昂熱市 V12 藝廊的繪畫攝影創作展，國際交流活動受到台法社會大眾的關注。她心想，「藝術」具有療癒、吸睛、轉化現實與傳達理念等特點，何不將藝術與她關注的公益議題，更密切地結合呢？

於是她開始認真研究「傷痕美學」的概念與推廣。然而世事難料，年初從法國里昂熱市辦完藝術展返國，全球突然爆發了新冠病毒疫情。

還在接受治療而免疫力不佳的她，又重新面臨了生命的衝擊與威脅。

隔年 2021 年疫情持續延燒，展覽數度延期與事業的龐大壓力，讓她的身心狀況更是雪上加霜。

在好不容易跨越五年存活率門檻不久，她的癌症復發了，她感覺又跌入了煉獄。疫情期間，她孤單地面對冷清的病房、冰冷的開刀房與動盪不安的未來，真的很想放棄。

她無助地祈禱：神能再多給她一點時間與機緣。

她抱持著「尊重與掌握美好的生活願景，體會和享受尊貴的生命本質。」的理念，成立了「I. U. Vie 御藝生工作室」。以「如果沒辦法改變環境，就不妨改變對事物的看法。」來自我鼓勵，決心排除萬難，持續推動展覽計劃。

在關心她的親友協助下，她在過年期間，密集一個月的放療後，馬不停蹄地於 2022 年 3 月，與台北市文化局合作在古蹟「新芳春茶行」，實現了

2022年3月，與台北市文化局合作，在古蹟「新芳春茶行」，實現了「如是── 傷痕美學」藝術展與「藝起聊傷」講座。

「如是── 傷痕美學」藝術展與「藝起聊傷」講座。以藝術家的多元表現形式，與講者的豐富專業主題，共同傳達出療癒與和平的訴求。結果引起熱烈迴響，也感動了上千位觀眾。

原本只想以一己之力傳達善念，因為展覽的機緣，認識了台灣聯合抗癌協會秘書長、中華海洋生技股份有限公司社會責任志業群總經理陳樹人先生，他不僅關心她的身體狀況，還幫她分享展覽，與邀約周大觀文教基金會的創辦人周進華先生，與董事長郭盈蘭女士蒞臨指教。

「還記得以前曾經聽過周大觀的勵志故事，自己生病後更讚嘆他小小身軀中蘊含的正能量。沒想到自己會以這樣的形式認識他。」

她體會到：或許，人們因為類似的遭遇，可以超越時空與世代，而共享一段風景與彼此鼓勵。不過每個人都有屬於自己的山嶽必須攻克，路徑也各有奇趣，有待個人去探索。

「全球熱愛生命獎章」無疑是她人生重要的里程碑，是她持續攀登山峰的動力。然而波蘭女詩人辛波絲卡曾說：「……變化無常更為美麗。」，她不清楚其未敘之章的後續發展，但求能在人生的傳記上，留下更多有意義的篇章。

緬甸單車達人

麥可・丹頓溫（Mike Than Tun Win）

【創造單車新價值・翻轉貧童新希望】

一萬輛共享單車廢棄，只是冰山一角，
而將世界上百萬輛廢棄共享單車，
帶給真正需要它的人，是我的使命！

——麥可・丹頓溫

讓共享單車騎上天堂

麥可・丹頓溫（Mike Than Tun Win）出生於緬甸古都曼德勒，新加坡南洋理工大學首位海外傑出校友。

2011 年歷經緬甸政治與經濟改革大開放，麥可回到家鄉創業，現為緬甸最活躍的電商企業的創始人，可謂是緬甸的阿里巴巴。

緬甸公共教育非常便宜，但因人口居住分散，有超過 60%的中小學生，需要長途跋涉上學，而一輛二手單車，在當地的賣價折合新台幣約一千多至二千多元，這是緬甸貧困家庭大半年的收入，從小學到初中、高中，路途越來越遙遠，許多中小學生不得不放棄學業，這些問題導致緬甸仍是世界上輟學率最高的國家，麥可希望送給這些貧童一輛單車，幫助他們透過教育擺脫貧窮。

2018 年，中國大陸、馬來西亞、新加坡等國的共享單車公司，陸續關停或縮減市場，大量單車被廢棄，麥可從中看見改變的契機，於是他發起少走路（Lesswalk）計畫，確定了第一個 1 萬輛單車捐贈計劃，並為此創立了同名公益組織。

根據該組織估計，一輛單車能為學生每年省下 432 個小時的步行時間，省下來的寶貴時間，可以用在學習與作業上，而未來這項計畫，將擴大到 10 萬輛，這項計畫不僅能讓更多緬甸貧童受惠，甚至能擴大嘉惠到許多弱勢國家，像是寮國、柬埔寨、孟加拉、尼泊爾、非洲等。

麥可將 1 萬輛堆積如山的單車，踏出光明大道，逐步邁向百萬輛的康莊大道，他發願要將更多的單車，帶去給真正需要它們的人，他將此視為己任，義不容辭！

麥可總是掌握各種機會，實現兒時小小助人的夢想，他始終堅信：廢鐵也可以創造奇蹟，立志往返學校，騎向未來，騎出希望，大家一起用教育，翻轉貧童新希望。

麥可 · 丹頓溫以創業家的眼光，讓「共享單車墳場」重生，騎上天堂；以慈善家的行動，讓緬甸貧童踏出新希望；以教育家的愛心，陪伴千千萬萬弱勢，用教育翻轉新命運，不愧為「緬甸單車達人」。

實現兒時小小夢想

即將 35 歲的 Lesswalk 創辦人麥可 · 丹頓溫（Mike Than Tun Win）出生於緬甸古都曼德勒。8 歲離開緬甸到新加坡留學，2008 年取得新加坡南洋理工大學學位。2011 年緬甸政府時逢新的政治改革，原先的軍政府把權利交給了民選政府，歷經一波改革後，麥可重拾對緬甸政府的信心，於是他決定回到家鄉發展。麥可回到緬甸後，致力於創業，現在已經是緬甸最活躍的電商企業創始人，可謂是緬甸的阿里巴巴。

偏鄉的貧困孩童，有一輛腳踏車可以節省很多走路上學時間，希望能用教育來翻轉他們的人生。

繁忙的工作之餘，麥可常常開車到郊外無人的海灘露營，每當駕車在路上時，他經常碰到穿著綠色校服的學生向他揮手想搭順風車。

雖然緬甸政府改革後，教育體制也獲得改善，基本上學費都免了，但是緬甸大都還是農耕社會，住在田地旁的人民還是佔多數，孩童因為住家與學校距離甚遠，每當看到路過的車，不管是耕耘機也好，單車也好，第一直覺就是揮手，希望有好心人載他們一程，尤其，升級中學、高中的學校時，校舍占地越來越大，距離也越來越遠。

根據聯合國兒童基金組織（UNICEF）估計，緬甸百分之 55%的兒童生活在貧窮當中。摩托車、單車對他們的家庭而言都是奢侈品，許多孩童們的家裡，甚至連舊單車都負擔不起。

因此，學生們每天都要冒著日曬、雨淋，步行 2 ～ 4 個小時上學。麥

可對於這些每天要花費大把時間走路上學的貧童們，有著很深的同理心。在麥可還未到新加坡讀書前，他的童年也是在漫長的求學路途度過，即便過了這麼多年，長途跋涉上學的現象，始終圍繞著許多緬甸的貧童。

很多孩子沒錢搭校車，一些偏鄉地帶的孩子甚至連校車都沒見過，每當麥可看到這個情況，心裡總是非常感傷，他希望能送給孩童們一輛單車，但是送單車卻並非易事。

廢鐵也可以創造奇蹟

2019 年初，中國大陸的兩大共享單車企業摩拜與 OFO，陸續撤出海外市場，網路上紛紛出現許多共享單車被四處棄置的照片。

當麥可看到這些照片時，內心感到憤怒，心想：「那麼好的東西，那麼多資源在浪費啊！共享單車本是個好事，資源分享，綠色出行，但是卻被社會的惡性、貪心的風氣，與企業如此糟蹋，落得如此下場。」

麥可有感於緬甸偏鄉貧童多年後，仍舊飽受交通問題困擾，造成始終居高不下的輟學率，於是他發起少走路（Lesswalk）計畫。

麥可認為機會都是在危機裡創造出來的，麥可覺得他的機會來了——第一世界國家的問題解決，能創造第三世界國家的機會。

共享單車的危機，讓他的夢想得到了千載難逢的機會，而對緬甸孩童們的人生更是一大轉機！

起初，麥可對於計劃的開端無從下手，也不知該從何開始，於是，他在自己的社群媒體發起求救，他希望大家為他指點迷津，因為他想買 1 萬輛共享單車，捐給緬甸每天步行 2 個小時以上的孩童。

果然，麥可的求助在社群媒體上發揮了影響力，很快地麥可經過友人的介紹，親自飛到北京的一個單車回收廠。麥可看見 3 ～ 5 萬輛的單車堆放在回收場，許多單車的輪胎與車片都還是全新，卻面臨要報廢的下場。

正當麥可準備先以每輛新台幣 300 元買下 1 萬輛單車時，新加坡傳來了消息，由於 OFO 因為資金鏈斷裂的關係，很多全新的小黃單車被壓在物流與倉儲公司的貨倉。OFO 不能付錢已成定局，倉儲公司急著拋貨，決定用每輛新台幣 400 元價格把全新的 1 萬輛單車賣給麥可。

雖然與麥可原本預定的金額相差新台幣 120 元，但是麥可心想若是多花新台幣 120 元能讓緬甸的孩童們騎全新的單車上學，何樂而不為呢？於是，麥可決定把全新的 1 萬輛單車全買下。

麥可購買的 1 萬輛單車，陸續開始運往緬甸的仰光港，正當他認為一切相當順利時，第一批 2 千輛的單車，卻被緬甸海關扣下！由於單車都是全新的，海關打死都不相信，麥可只用每輛 400 元新台幣的價格，把這些單車買回來。海關質疑他帶著這些狀況良好單車的目的，但麥可不放棄與海關折騰了 3、4 個星期，終於成功說服對方。海關了解到麥可的慈善計畫，讓他通關了，但是單車擱置港口太久，他被船運公司與港口罰款了 24 萬新台幣。

緬甸孩童的未來

不久，麥可將第一批單車上架到社交平臺，很快的這份單純的激情，從簡單地分享給朋友，到轉瞬如星火燎原之勢，把整個媒體與社會燃燒起來。麥可說：「他從未做過任何新聞發佈，也沒有公關團隊。僅僅靠著他對緬甸貧童的一份心，讓他的單車計畫在媒體上曝光，從緬甸到中國大陸、美國、歐洲、東南亞、澳洲、非洲等等。這把緬甸的星星之火，點燃了全世界。

同時，麥可也帶動世人將目光，從集體批評共享單車的問題，轉移到共同解決共享單車問題上。

單車抵達麥可的貨倉，團隊著手進行改造，麥可將單車加裝後座，讓單車的效益擴大，不但自己能騎車，還能帶上一個弟妹或鄰居的小朋友。

志工們不管多辛苦，只要看到孩子們得到單車的那份喜悅，心裡只有滿滿的感動與欣慰，這讓他們致力為更多孩子的未來努力。」

因為在緬甸的農村裡，孩子們通常都要照顧他們的弟妹，有了後座，他們就可以多載一人一起上學。同時，團隊也將共享單車的電子鎖拆除。

Lesswalk 負責修復、改裝的任務，讓這些得來不易的一萬輛單車，改裝後分送到緬甸偏遠地區的村莊裡。

麥可：「單車送往各個需要它的地方後，社會也出現了各種質疑的聲音。常有人會詢問他單車送了之後就結束了嗎？它的配件要怎麼買？在哪裡維修？壞了怎麼辦等問題。」

他認為大家的這些顧慮都沒有錯，只是與緬甸現實面不符。在農村裡，主要的代步工具還是單車，而窮小孩早當家，在農村裡他們對資源非常珍惜、節省，就算煞車片壞了，也會想盡辦法找一些老舊的輪胎改裝代替煞車片，比如說舊的油桶，他們會把它敲平，做成鐵匣，相較於資源過剩的地方，可能無法瞭解資源對緬甸孩童的可貴。

麥可比較擔心的不是配件跟維修的問題，因為緬甸每個街坊都有維修單車的地方，他最擔心的是共享單車的實心輪胎。

實心輪胎是低維護、耐磨、高品質的輪胎，送給小孩是最好不過，因為山區可能很多石頭，充氣輪胎相對實心輪胎比較不耐久，這些實心輪胎可以用 3 ～ 5 年是最好。

但麥可想的更遠，他希望這些單車可以騎上 7、8 年，甚至 10 年。假如實心輪胎壞了，或者是有一天磨損了怎麼辦？ 因為充氣輪胎在緬甸是容易取得，但實心輪胎基本上他們應該負擔不起，也買不到。

於是在發送單車前，麥可做了一個小實驗，他們把實心輪胎取下，換上充氣輪胎，在單車的輪圈打洞，成功克服原本充氣輪胎有閥的問題，充氣輪胎成功放上去後，麥可才更加安心將這些單車送給孩子們。

之後，麥可也將這些換輪胎的過程，錄製成一段影片，附上說明書，希望孩子們日後有需求，可以有憑據參考輕鬆換下需要淘汰的實心輪胎。

緬甸學生有 9 百萬人，而麥可的 1 萬多輛單車就像在大海灑糖。他決定先幫助貧窮中最辛苦的一群小孩——年齡在 12 ～ 16 歲之間，每天需要步行走 2 個小時以上，且家中沒有任何代步工具等，在符合以上條件下，單親家庭與孤兒優先。

陸續地單車開始運送給符合條件的學校與學生，在捐贈路途上，最艱難的是那最後一公里，因為很多農村的學校路都不好走，甚至一些地方連陸路都不通。

麥可為了把單車送達孩童們的手中，拚盡全力——大卡車、小卡車、拖拉機，甚至連船都用上了。

麥可心中相當清楚：「這些小孩們根本沒錢來仰光拿單車，只有我們努力辛苦點把單車送到他們的學校，雖然這些路途讓團隊的志願者們，面臨感冒、發燒……不管多辛苦，只要看到孩子們得到單車的那份喜悅，一切疲勞都不見了，心裡只有滿滿的感動與欣慰，這讓他更加投入單車計畫，致力為更多孩子的未來努力。」

甚至用船來運送單車到偏鄉孩童的手上，可說是一大挑戰。

教育翻轉貧童新希望

緬甸孩子們的人生真的太苦了，許多受益的孩子有的每天都步行 3～4 個小時，有的因為家裡遠，只能與父母親分離，借住親戚家，有的從戰亂的地區被送去了孤兒院，兄弟姐妹們離散。

麥可看到需要單車的學生太多太多，於是他決定把原先 1 萬輛的目標提升為 10 萬輛！雖然資金對麥可來說是一大挑戰，但是他毅然決然投入為這些千千萬萬的孩童人生拚搏！

當你下定決心做一件事，全世界都會來幫你——國外企業與政府紛紛回應，從美國、中國大陸企業、荷蘭市政府免費捐贈單車，有些企業家也出錢贊助部分的物流費用，甚至連香港演員成龍都注意到麥可的慈善行動。根據 Lesswalk 估計：每 1 輛單車，能為學生每年省下 432 個小時，省下來的寶貴時間，可以用在學習與作業上。

10 萬輛單車將為學生們省下 43,200,000 小時。每天徒步的疲勞也大大減低，間接可以降低農村學生的輟學率，提高學習成績等。

自從 Lesswalk 計畫開始，麥可不僅得到了很多單車的捐贈，同時，也收到許多第三國家的電郵，像是寮國、柬埔寨、孟加拉、尼泊爾、非洲等，這些國家希望麥可能將這個單車計畫帶到他們的國家！

窮病難醫，而教育是能幫助貧童們跳出貧窮惡性循環的最好方法。麥可認為我們必須讓世界好好思考：其實地球的資源很多，只是分配不均。透過我們的行動，不但達到重新使用、減少浪費，甚至把資源重新分配，還能夠改變孩子的一生。

一輛單車・一個希望

貞韶（Zun Saw）是一個夢想成為工程師的女孩，她非常想擁有一輛單車，因為住家離學校的距離相當遠，每天早上她必須在路途上揮手攔搭順

風車，希望能有陌生人能載她一程。在還沒擁有單車前，她時常為此而到沮喪，因為她不知道這樣一遍遍去請求別人幫忙，對方是不是願意？但是擁有單車，她便不用面對請求的忐忑不安，也不用走遠路上學，離完成學業實現夢想的可能性也更大，她希望未來可以用她的好學歷找到工作，努力賺錢好好照顧家人。

道・馬爾・溫（Daw Mar Lwin）的媽媽表示，家裡有七個小孩，但因為兒子非常想讀書，所以她還是盡其所能支持他上學。媽媽說家裡離兒子的學校特別遠，所以只能把他寄養在離學校近的地方，因此無法經常見到兒子，每當離別時，她總是特別難受，眼淚忍不住直流，不捨自己乖巧的兒子。

麥可看到需要單車的學生太多，於是他決定把原先1萬輛的目標提升為10萬輛。

「一輛單車．一個希望」將這些單車帶去給需要的人，是麥可以及所有志工的使命。

她總在心中默默想：「如果兒子有一輛單車，他就能住在家裡，我也可以好好地照顧他。」所幸，現在兒子擁有一輛單車，以後我們一家人都能天天一起生活。

2019 年 11 月初，麥可在緬甸南部靠近普吉島附近送單車時，一位校長親自向他道謝：「太感謝你了！昨天學校有位成績很好的女同學，她的家長到學校要辦理停學，理由不外乎是因為學校離家裡太遠了。」

校長立刻告訴他們這個好消息：「你別退了，明天單車就送來了！」

贈送完一萬輛單車後，麥可將進一步擴展他的 10 萬台單車計畫，甚至分享給第三國家如寮國、柬埔寨等單車計畫的經驗談。麥可說：「一萬輛單車只是冰山一角，全世界有上百萬輛的廢棄共享單車，而將這些車帶去給需要它們的人，是麥可以及所有志工的使命！」

委內瑞拉全球音樂教育先驅

何塞・安東尼奧・艾伯魯（José Antonio Abreu）

【用音樂教育改變世界・讓弱勢孩子活出希望】

為孩子創造美好的未來，
是我對音樂的崇高使命。

──何塞・安東尼奧・艾伯

創造音樂奇蹟

委內瑞拉音樂家何塞・安東尼奧・艾伯魯於 1975 年，創辦全球知名的音樂系統教育（El Sistema）計劃，在委國全國各地成立 125 個青少年樂團、30 個交響樂團，以免費音樂教育，讓 25 萬弱勢兒童接受管弦樂教育，拯救了數以百萬徘徊於毒品、暴力的問題青少年。

45 年前，艾伯魯在委內瑞拉一個簡陋的車庫，開啟這項音樂計畫，從起初的 11 人到現今，已栽培出無數的知名音樂家，更改變了千千萬萬委內瑞拉社會邊緣的孩童未來。音樂系統教育，現今被視為委內瑞拉的偉大資產，同時，該系統也在世界各地開花結果——超過 70 多個國家持續發酵，帶動千千萬萬人用音樂教育改變世界。

現今赫赫有名的指揮家古斯塔夫・杜達美（Gustavo Adolfo Dudamel

Ramírez），是第一位登上國際樂壇的南美洲之星，他也是艾伯魯音樂系統教育中，最具代表成功例子之一。

杜達美更讚譽艾伯魯大師，是他見過最具抱負的人——他帶領大家集體進步，教導青少年善用時間，同時，他讓所有弱勢青年與兒童，有機會學習深具價值和情感的音樂，並引領他們追求真善美。

艾伯魯讓音樂不再是遙不可及的夢想，他使音樂融入弱勢孩童的生活，讓他們在看似無望的生存環境中，找到夢想、抓住希望！

艾伯魯一生獲得無數獎項，包括：聯合國教科文組織和平與親善大使獎、瑞典正確生活方式獎、法國榮譽軍團勳章、葛萊美獎、聯合國兒童基金會獎、委內瑞拉國家音樂獎、全美音樂獎年度教育家獎等。

艾伯魯的無私奉獻，也讓他獲得許多委內瑞拉和國際大學授予的榮譽博士學位肯定，包括：委內瑞拉西蒙．玻利瓦爾大學、倫敦大學教育學院、美國哈佛大學、美國克利夫蘭音樂學院等長期肯定，他也是唯一獲得日本朝陽勳章及當選英國皇家愛樂樂團會員的拉丁美洲人。

艾伯魯終生為音樂教育摩頂放踵，從最弱勢的 11 個孩子救起，跋山涉水擴大音緣，創造出一把樂器的傳奇，把音樂無國界的愛，傳遍世界每個角落。艾伯魯奉獻一生，創造音樂奇蹟．促動世界音樂教育革命，以音樂改變委內瑞拉等許多落後國家，以藝術掀起社會革命，拯救成千上萬委內瑞拉等許多落後國家弱勢孩童，遠離毒品、暴力，開展人生新篇章，帶動全球 70 多個國家——用音樂教育改變世界，讓弱勢孩子活出希望，不愧為「委內瑞拉全球音樂教育先驅」。

跋山涉水擴大音緣

何塞．安東尼奧．艾伯魯於 1939 年 5 月 7 日，出生於委內瑞拉特魯希略州的瓦萊拉市，他從小就嶄露對音樂和藝術的天賦，夢想成為音樂家。

他窮盡一生，踏上音樂之路，希望讓所有委內瑞拉的孩子，都能享有和他一樣學習音樂的機會。艾伯魯很早就接受音樂薰陶，9 歲起從故鄉巴萊拉拔山涉水，到拉臘州的巴基西梅托市上鋼琴課。

1957 年他隻身移居首都，就讀加拉加斯音樂學院。求學期間，艾伯魯朝多元方向發展，跟莫雷羅學鋼琴、同時與卡斯提拉諾學管風琴和大鍵琴，最後再與名作曲家索耶學作曲。

艾伯魯除了在音樂學院主修鋼琴與作曲之外，也在安德列斯．貝羅天主教大學主修經濟學。1961 年他以優秀成績榮獲博士學位，更進一步到美國安娜堡的密西根大學，做博士後研究。

1964 年艾伯魯從何瑟．安格爾．拉馬斯高等音樂學校，獲得音樂教師和作曲大師的學位。

後來，他曾在貢薩洛．卡斯泰拉諾斯．尤瑪大師的指揮下學習管弦樂隊，並開始受委內瑞拉主要樂隊的邀請擔任指揮。

艾伯魯不僅是委內瑞拉享譽國際的音樂家，也是作曲家、指揮家、社會改革家、經濟學家、政治家，更是現今知名委內瑞拉西蒙．玻利瓦交響樂團的創始人。

從 11 個孩子救起

艾伯魯為了實現音樂系統教育的人生計劃，他先在規劃師和經濟學家的職業生涯中嶄露頭角，同時也在加拉加斯的安德烈斯．貝洛天主教大學擔任經濟學家。

他的學術成就使他脫穎而出，成為大學教授、規劃師和經濟顧問、科爾迪普蘭規劃部主任、國民經濟委員會顧問、國家文化委員會主席和文化大臣國民議會文化委員會主席等要職。

1975 年，他在坎德拉里亞區的地下車庫，開始管弦樂團的首次排練。

艾伯魯不僅是委內瑞拉享譽國際的音樂家，也是作曲家、指揮家、社會改革家、經濟學家、政治家，更是現今知名委內瑞拉西蒙．玻利瓦交響樂團的創始人。

當艾伯魯到達彩排現場，發現只來了 11 位小孩……

但他並不氣餒，決定面對挑戰，當晚他下定決心，有朝一日要把這個委內瑞拉管弦樂團變成世界上最好的樂團之一。

雖然當天只有 11 個孩子到場，但他從未放棄希望，逐步創立了委內瑞拉青年樂團，並擔任首任總監，該樂團現今已是知名委內瑞拉的西蒙．玻利瓦爾交響樂團。在英國蘇格蘭亞伯丁的一場國際音樂大賽大放異彩後，委內瑞拉政府便全力協助這個計畫。

2007 年 9 月，查維斯總統更在電視上聯同艾伯魯宣布，進一步通過推動音樂計畫 ，讓更多的委國學童接受音樂教育。以音樂教育防治罪行是整個系統的一大目標，該計畫因為幫助了不少來自窮苦家庭的青年人，防止他們墮入濫用毒品、犯罪的深淵而聞名國際。

此計畫的參與者，更得以在全球發展音樂事業，著名的洛杉磯愛樂新任音樂總監古斯塔夫·杜達美，是該計畫最成功的象徵性人物。

一把樂器的傳奇

艾伯魯認為：「兒童一旦開始學習樂器，他的人生就會變得不同，音樂會為他打開一個廣闊的世界，只要他開始學習音樂，他的內心便不再貧窮」。

樂團猶如小型社會，在其中孩子們看到自己的可能性，甚至影響家長，進而成為一個貧困家庭的模範。

音樂教育體系，不從艱困的理論開始，而是直接將樂器交到孩子們的手中，讓他們自組樂團，相互磨練學習，演奏水平較高的孩子，也會和其他孩子一起教學相長。

就是為什麼音樂是如此的重要？能喚醒鑑賞力、塑造價值觀，並訓練年輕的世代，去教導其他的孩子。

在這個音樂教育系統裡，沒有階級差異，不論你的膚色，亦不分你的貧富。簡單的說，只要你有天分、有信心、有意願，你就能加入，和他們一起分享，並創作音樂。

這個樂團，不僅只是藝術形式的組織，更是社會生活的學習典範、場所，大家共同朝向完美卓越的目標，遵守組織紀律及配合協調，建立團結、友愛的精神，發展自尊自重，並培養所有和音樂相關的道德感與審美觀，才能展現樂音和諧。

在委內瑞拉，2 歲大的孩子，就開始學習韻律等音樂基礎知識；等逐漸熟悉後，4 歲時學習樂器，而 6、7 歲開始，就可以在樂隊中演出。

在這個音樂教育體系下，一般孩子需要學習 2、3 年才能到達的程度，在這裡只需要 3、4 個月就能達到，因為孩子們深愛音樂。

孩子們每天放學後，都會練習演奏樂器，只有周日沒有課。

這樣的音樂教育理念，與傳統的個別埋頭苦幹的教育理論大相逕庭，音樂教育系統提供了一個團隊，讓他們不必孤軍奮鬥。

國際知名指揮家古斯塔沃 · 杜達美，曾在一次訪問中提到：「小時候犯罪、毒品和絕望每天就在身邊上演，罪惡離你那麼近，是音樂給我們出路，讓我們遠離這一切。人生軌跡的不同，也許就差一把小提琴的距離。」

艾伯魯以一己之力，影響包括古斯塔沃 · 杜達美等委內瑞拉千千萬萬兒童的命運，並證明了音樂教育可以改變人生。

何塞 · 安東尼奧 · 艾伯魯讓所有弱勢青年與兒童，有機會學習具價值和情感的東西，並引領他們追求真善美。

音樂跨國界

古斯塔夫．杜達美於 1981 年 1 月 26 日，出生於南美洲委內瑞拉。

現年 38 歲的古斯塔夫．杜達美與雙親一樣，都受惠於艾伯魯推動的音樂系統教育。

4 歲，參加艾伯魯的音樂系統教育；10 歲，學習小提琴；14 歲，學習指揮；18 歲時，就成為西蒙．玻利瓦爾交響樂團音樂總監至今。

古斯塔夫．杜達美認為：一個樂團的目標是要遠離個人主義，完成一些有意義的事。

何塞．安東尼奧．艾伯魯，是他見過最具抱負的人，因為他帶領大家集體進步，教導青少年善用時間。同時，他讓所有弱勢青年與兒童有機會學習具價值和情感的東西，並引領他們追求真善美。

音樂，不只是屬於特定的地方或文化，相反地它是世界語言。

儘管音樂已大眾化，但古斯塔夫．杜達美更重視傳達的訊息——並非在於孕育音樂家，而是讓人找到方法，發展自己和實現願望。

古斯塔夫．杜達美，是現今第一位登上國際樂壇的南美洲指揮家。

他於 2004 年贏得馬勒指揮大賽後，開始在國際展露頭角；2005 年起，陸續擔任倫敦愛樂、以色列愛樂、洛杉磯愛樂客席，2006 ～ 2008 年成為瑞典哥登堡交響樂團的榮譽指揮，2009 年時，28 歲的他，就成為美國新 5 大交響洛杉磯愛樂管弦樂團，有史以來最年輕的音樂總監。

他更被評為時代雜誌全球百大最具影響力人物，同時，也是 2017 年維也納愛樂新年音樂會指揮家，不斷刷新音樂界紀錄，就連華盛頓郵報都將他評論為莫札特再世！

南非剛果難民博士

法布思．卡皮亞（Fabrice Kapya）

【從難民讀到博士．從保全做到講師】

只要有勇氣改變現狀，堅持永不放棄，
人生一定有轉機。

——法布思．卡皮亞

從難民讀到博士

只要有勇氣改變現狀，堅持永不放棄，人生一定轉機。

剛果難民法布思・卡皮亞（Fabrice Kapya），於 2018 年去南非尋求庇護，他任職停車場保安，日做 13 小時不喊苦，只為賺錢存學費，完成亡父生前希望他接受良好教育的遺願。

2022 年，他不但碩士畢業，正在攻讀博士學位，更成為助理講師，靠自我努力，一步步邁向更美好的人生。

南非普利托利亞大學（University of Pretoria）網頁，分享了該校一位學生的勵志故事，31 歲的卡皮亞於 2018 年離開剛果，並到南非尋求庇護。

他在剛果利卡西大學（University of Likasi）取得化學工程學位，但這個學位得來不易，當時他的父親去世，他難以支付學費，幸得朋友慷慨解囊資助他讀書，才能順利獲得學位。

最初卡皮亞來到南非時，既沒有錢，也沒有工作，但他決心繼續深造。

他開始在當地一個商場，擔任停車場保安，每天由早上7時至晚上8時，工作長達13小時。他每月賺取約2,000蘭特（約3,600台幣），但支付房租和雜費等費用後，一個月只剩下約900蘭特（約1,700台幣）。

現在，卡皮亞儘管已成為南非普利托利亞大學博士生及助理講師，但仍繼續擔任警衛保全工作，工作時，掛著學生證，時時刻刻提醒自己：要堅持到底、努力勇往直前。

卡皮亞雖已在異國南非，踏出成功的一小步，仍然念念不忘關懷祖國的年輕人，希望大家牢記：教宗方濟各於2023年2月2日，在剛果金沙薩體育場會見65,000名青年的擲地有聲：鼓勵青年向腐敗說「不」，以祈禱、增進團體共榮、做人誠實、給予寬恕並且致力於服務，大家一起建設和平繁榮的剛果。

卡皮亞在異國異鄉打拼，把吃苦當吃補，每天工作13小時，很有尊嚴的活出不一樣的人生。

他始終想像有個世界：一個世界有你，一個世界沒有你。這兩者的不同最大化，最大化你的影響力，這是卡皮亞要用一生奮鬥的意義。

現在，卡皮亞雖然正在半工半讀完成博士學位，但是已計畫籌備成立一個NGO公益組織，幫助那些經歷困難的青年人——贊助他們讀書，讓他們有機會實現自己的目標。卡皮亞以過來人現身說法：那些經歷苦難，仍勇於嘗試的人，一定是有志青年。他們不會輸。因為他們即使不成功，也能從中學到教訓、學習、成長。大家都要挺身而出，不忘隨時助青年一臂之力，鼓勵更多人不畏艱難的去實現夢想。

卡皮亞相信：世界會因你的存在而不同，讓人人都像他一樣：有個不後悔的人生，進而有個充滿希望的生命。

由是，卡皮亞有勇氣改變現狀，堅持永不放棄，實踐父親遺願，活出生命無限可能，從難民讀到博士．從保全做到講師，除自立自強，還要自助助人，立志籌畫成立 NGO 公益組織，帶動非洲弱勢青年，衝破難關、活出希望，讓世界因我們的存在而不同，讓世界因我們的努力而共好共榮，不愧為「南非剛果難民博士」。

苛政猛於虎一全球難民危機

許多國家有大批因戰爭、獨裁鎮壓、迫害、武裝衝突、天災、貧窮等因素而流離失所的難民。

俄羅斯 2022 年 2 月入侵烏克蘭，再加上阿富汗、非洲、緬甸情勢惡化，聯合國難民署估計，全球難民數在 2022 年年中達到 1 億 300 萬人，是第二次世界大戰以來的最大規模，佔全球人口約百分之 1.25，等於每 100 人之中，就有 1.25 人是難民。

難民中，超過 3,600 萬人是兒童、或小於 18 歲的青少年。

卡皮亞的祖國剛果民主共和國內戰不斷，日益猖獗的暴力行為，摧毀人命與當地人民的生計，包括皮卡亞等難民人數超過 86 萬 4,000 人，境內難民人數更超過 450 萬人，難民主要逃到南非、安哥拉、尚比亞等國家。

卡皮亞表示：自 1980 年代中期以後，剛果的礦產資源已經大幅減少，雖然在 1960 年獨立後，是繼南非之後非洲第二個工業化國家，但是誇大了「高速」發展中的採礦業和農業部門的勞動生產率。

第一次和第二次剛果戰爭，及 1996 年開始的衝突，大大地削弱了剛果的國民產值和財政收入，並給國庫增加了高額外債。數次戰爭共造成 500 多萬人喪生，其引發的飢荒和疾病，導致該國約三分之二的人口營養不良。

由於衝突以及缺乏基礎設施、腐敗、通貨膨脹等基本問題，外國企業已經減少了在剛果的投資。剛果民主共和國的低公開性、政府的經濟政策與金融運作，以及困難的經營環境，均加劇了法律基礎結構的不確定性。

近年來，由於自 2002 年底起，入侵的外國軍隊大部分撤出，經濟條件有所改善，國際貨幣基金組織、和世界銀行的特派團，已經與該國政府方面接觸，幫助其制定一項協調一致的經濟計劃，總統約瑟夫卡比拉（Joseph Kabila Kabange）已開始實施改革。

儘管如此，許多經濟活動，仍然只能由外部的國內生產總值數據反映。根據聯合國人類發展指數報告顯示，剛果民主共和國的人類發展指數，是數十年來表現最差的國家之一。

卡皮亞在剛果利卡西大學（University of Likasi）取得化學工程學位

剛果民主共和國在經濟上依賴於採礦業，許多經濟活動發生在非正規部門，不能在國內生產總值數據中實際反映出來。

剛果是世界上最大的鈷礦產地，及銅和工業鑽石的主要產地。剛果還擁有世界礦石種類的 70%，擁有超過的 30%世界鑽石儲量，並具有重要的鉭礦床，這是一種用在電腦和手機使用的電子元件製造上的礦物。

2002 年，該國東部發現錫礦，但是迄今為止，礦山只得到小規模的開發。走私礦物、礦石和錫石（特別是鉭和錫等礦石）的非法開採極其嚴重，其帶來的利益衝突，甚至導致在剛果東部的戰爭不斷加劇。

卡皮亞最盼望：有一天，能把所學，回國奉獻，尤其帶動非洲青年，用愛一起改變非洲的現況，大家一起發揮非洲潛在的正向力量。

異國奮鬥・錄取當成奇蹟

卡皮亞剛到南非時身無分文，只好在商場「Wonderpark Mall」的停車場當警衛，每天早上 7 點到晚上 8 點，都必須站在停車場，支付房租及雜費後，只剩約 900 蘭特（約 1,700 台幣）。

2018 年 8 月，朋友建議他到普利托利亞大學（University of Pretoria）讀書，他考慮了很長時間後，終於在入學申請截止前二天報名，「那次錄取是個奇蹟」，因為那所大學通常選擇先申請的學生，沒想到工業與系統工程系會選上他。

2019 年開學後，他一邊當警衛、一邊上學，除了語言障礙，他也從沒讀過工業工程，幸好同學們樂於協助，幫他做筆記，有時同學更贊助他食物、交通費及房租。

卡皮亞用盡薪水求學，每月在停車場賺 2,000 蘭特（約 3600 台幣），工作累到腿、腰和身體很痠痛，但他放假，也不會隨便走入商場，因為上學交通費要 200 蘭特（約 360 台幣），每月要支付 1,000 蘭特（約 1,800 台幣）還學貸，不上班就難以上學。

感謝父母教誨・做人要有自信

卡皮亞在 12 月遇到重要貴人，商場有名女常客知道他的故事後，深受感動，決定贊助 18,000 蘭特（約 33,000 台幣）給他繳學費。卡皮亞學費壓力大減，得到更多休息時間。

2021 年校方也提供獎學金，讓他讀碩士，同年 2 月更聘請他當助理講師。2022 年 1 月，卡皮亞完成碩士學位，開始攻讀博士，校方更容許他擔任講師外，繼續在停車場當警衛。

當警衛 4 年，從申請庇護變博士生，卡皮亞感激校方的幫忙，但他受訪時表示，最感謝的應該是父母。

卡皮亞說父母一直希望他接受良好教育，教他做人最重要是有自信，無論情況多艱難，要有做正確事的決心。他以學業視為父母的遺願，「每天站在停車場，我都會想起在天之靈的父母，這激勵了我」。

很多人問他如何克服逆境，他說自己來南非時一無所有，但沒逃避現實，設下目標不停挑戰，卡皮亞現在夢想將來可以成立非營利組織，幫助更多面對困境的年輕人，資助他們讀書。

永續撒播正能量．帶動自助助人

以下為卡皮亞的現身說法：

我過去多年生活在痛苦、悲慘和無助中。我是長子，我見證了母親哭泣多年，我責無旁貸要照顧兄弟姊妹。

我每天都看到人們生活在極端貧困中，我想要一個更好的生活，不僅是為了自己，也為了我的家人和身邊的人們。

我想成為他們的英雄，實際上，是我如何對待痛苦，激勵我繼續深造。

我一生中總是被人低估。我不會說沒有人真正關心過我、或沒有人給過我機會，因為我的核心人物相信我，比勒陀利亞社區的人們相信我，他們關心我。

所以，我對自己和我所愛的人的信任，也是我回到學校的原因，因為他們想讓我成為更好的自己。

人們想幫忙，但他們想要投資於可持續的事業。

我想要有所作為，我想成為那個能散發正能量，並改變人們生活的人。

一般來說，許多人無法成為他們想成為的人，是因為他們太依附於自己過去的身份，期待其他人會為他們完成工作。

我們經常聽到這樣的話：「我能做什麼，我一直都是這樣的，這不適合我，這太難了」。

卡皮亞一邊在當地一個商場，擔任停車場保安，一邊攻讀博士學位。

南非這個國家，給了我一個開始新生活、學習的機會，所以我不想一輩子只在停車場工作，我必須找到一種方法，去學習和平衡一切。

這非常困難，但有趣的是，上帝永遠不會給你一個與你的銀行賬戶相匹配的夢想，他沒有時間檢查我的餘額，他檢查的是我的信仰、毅力和韌性。

因此，將這兩者結合起來的責任，就落在了我身上，因為我需要工作賺錢支付房租、食物和學費，但我同時也需要時間來睡覺和學習。

我正在和自己協商，因為我已經被大學錄取了。所以在一月份，我對自己說：「卡皮亞，這是你要遵循的計劃」，並與自己簽訂了協議。所以白天我在商場工作，晚上 7 點或 8 點回到家裡洗澡吃飯。從晚上 10 點到凌晨 2 點我睡覺，然後在凌晨 2 點醒來學習。

如果我在早上 6 點前，沒有完成計劃中的學習，我會帶著筆記和書離開家，然後在停車場學習，我不允許有任何學習落後，必須確保當天的任務完成。這就是我的日常生活，如果我有一個集中學習的星期，那個星期我就不去商場工作。

在完成了我的榮譽學位幾個月後，我與當時擔任我 BCS780 項目導師的 Olufemi Adetunji 教授，進行了一次會面。我們討論了將我的 BCS 項目，延伸到碩士級別的可能性，並在 2021 年，被錄取進入工業系統碩士課程。

2021 年 2 月，大學還向我提供了工業系統工程助理講師的職位。

這種從早上 7 點到晚上 8 點，一直在陽光、雨水和寒冷中站立，每天只睡 3 到 4 個小時的生活，轉變成為有正常生活和足夠學習時間的學生，

卡皮亞立志籌畫成立NGO公益組織，幫助正在經歷困難的青年人，贊助他們讀書，讓他們有機會實現自己的目標。

真的很難用言語表達。我擁有更多的彈性、更多的時間進行研究，減少了壓力。

南非普利托利亞大學關心我的成功，我在學術上得到了實質的提高。

我在 2021 年 12 月，從大學獲得了 18,000 蘭特的獎學金（約 33,000 台幣），並在 2022 年 1 月，完成了碩士學位。今天，我是一名博士候選人。

很多人希望得到成功，但他們卻不願意付出努力。

但人生最棒的地方就在於：它有一種有趣的方式，來考驗我們，看看我們到底有多想要——我們所說的想要的東西。

因為人的問題，在於人們可以說空話，並浪費時間在社交媒體上，追隨他們不認識的人、或觀看他們甚至不需要的視頻。

我們每個人都有獨特的東西，可以帶給這個世界，沒有人能夠替代。

如果我們沒有做到這一點，就像是我們剝奪了世界這一資源，我不想這樣做，我想扮演一個積極又公益助人的角色，留下一份見證。

南非普利托利亞大學，是我最後想到會去讀書的大學，但我不認為像我這樣的人會被錄取，就財務而言，這幾乎是不可能的。

然而，在這個世界上，有一些地方不會因為你的膚色、背景和財務狀況，而拒絕給你第二次機會，或接受你的身份。這足以給你在生活中的信心和力量，被錄取已經是一個徵兆，而我在普大的旅程顯示了：我的成功，對這所大學的重要性。

他們優先考慮我的學業成功，我從教授那裡得到的協助，和整個機構的支持，是令人不勝感激的，普大是我的家，我感到受到尊重和重視。

我很想創辦一個非政府組織，通過幫助經歷困難的青年人，贊助他們的教育，給他們實現目標的機會，回報社區。

我是那些相信「普及教育」的人之一，我認為我可以說服人們支持弱勢青年接受教育，因為青年是未來的希望。

我希望積極參與社區，反對隔離，世界上一些國家，特別是剛果民主共和國，一直在這樣做，因為這些國家不希望人們放棄無知、接受教育，以便實現團結。

我們都是人，我認為我們應該停止互相仇恨，或根據種族、性別、宗教信仰或膚色來判斷人，只有無知的人才會這樣做。

不幸的是，這是我們之中許多人，包括我自己，曾經經歷過的，現在還在經歷中。

沒有人選擇他或她的部落、性別、膚色或將出生的國家。

我們不能繼續容忍偏見、種族主義和歧視，在我們的社會中發生，假裝我們是不同種族的成員是愚蠢的，因為只有一種種族，那就是人類。

我知道我的人生旅程和別人的不同，因為我們都做出不同的選擇，處於不同的人生階段。但是，如果你和我處境相似，那麼請記住，我們都有自己的路要走，隨著時間的推移，你會學習並發展必要的技能，達到你想要的目標。

美國海軍上將威廉，哈里，麥克雷文（Admiral Willian McRaven）曾經説過：如果我在旅遊世界的過程中學到了什麼，那就是希望的力量，美國總統華盛頓（Washington）、林肯（Lincoln）、南非第一位黑人總統曼德拉（Mandel），甚至是來自巴基斯坦—— 最年輕諾貝爾和平獎得主瑪拉拉（Malala）等都見證：一個人的力量，可以給人們希望，來改變世界。

因此，如果你想改變世界，請每天開始完成你的任務，無論多麼微小，找到一個人來幫助他走過人生。

同時，尊重每個人，知道生活並不公平，你會經常失敗，但如果你冒一些風險，並且不放棄，下一代和接下來的幾代人，將生活在比我們今天所生活的世界更好，而你今天開始的行動，確實會使世界變得更美好。

澳洲唐寶寶模特兒

瑪德琳·斯圖亞特（Madeline Stuart）

【引領唐氏旋風·帶動殘疾崛起】

如果你不相信自己能成功，
你如何讓別人相信你！

——瑪德琳·斯圖亞特

全球第一位唐寶寶模特兒

澳洲唐寶寶瑪德琳．斯圖亞特，擁有超過百萬粉絲，現為職業模特兒，是第一位獲得美國工作簽證的殘疾人，不僅擁有自己的時裝品牌——21 個理由（21 Reasons Why），同時她也是殘疾人舞蹈學校（InsideOutside Dance）的創辦人、董事兼大使。

瑪德琳從小被醫生診斷：罹患唐氏症，且心智年齡不超過 7 歲，一輩子可能一事無成；8 週大的時候，進行第一次心臟手術。

2015 年的一場澳洲當地時裝秀，觸動瑪德琳的時尚夢。

踏入時尚產業界的瑪德琳成績斐然，她成為第一位登上倫敦、巴黎、中國、杜拜、洛杉磯、伯明翰等時裝週的唐氏症模特兒；同時參與迪賽

（Diesel）、奧爾多集團（Aldo Group）、澳洲全穀片（Weetbix）等各大品牌活動。瑪德琳更被《富比士雜誌》，命名為時尚界改變先驅第一人，同時刊登在《時尚》（Vogue）、《美麗佳人》（Marie Claire）、《柯夢波丹》（Cosmopolitan）、《紐約時報》（New York Times）、《華盛頓郵報》（The Washington Post）等著名出版刊物。

從瑪德琳投入時尚產業，至今已參與全球超過 103 場時裝秀、6 季紐約時裝秀。2015 年她在舊金山國際時裝秀，獲得年度模特兒獎。2016 年她被世界時尚媒體，評為年度模特兒，提名入選澳洲驕傲獎、連續三年提名入圍年度澳洲青年獎。2017 年她獲得全球唐氏綜合症頒發的昆西．瓊斯傑出倡導獎。2018 年她獲得澳洲 25 影響力獎。2019 年她獲得全球社會獎中社會影響力與改變獎第二名。

瑪德琳的社群媒體平台擁有超過百萬的追隨者，主要觀眾群年齡介於 18 ～ 44 歲的女性，她堅信自己不凡的成就和啟發，能造福廣大的女性，她的目標不只是要改變時尚產業，甚至要改變世人對殘疾人的異樣眼光，她致力於讓社會接受殘疾人士的存在，重視他們的成就和對社會的貢獻。

瑪德琳勇於打破殘疾帶給她的限制與歧視，她不畏大眾的異樣眼光，打破世界常規，躋身時尚界，她讓世人看見化不可能為可能的奇蹟，成為打破世俗規則的重要指標人物。

瑪德琳勇於挑戰不可能的任務，發揮自我優勢，向世界證明殘疾人也能找到工作、自我實現，讓生命發光發熱，見證「天生我材必有用」，成為全球第一位唐寶寶模特兒，不愧為「澳洲唐寶寶模特兒」。

母愛的力量

在瑪德琳出生以前，媽媽羅珊對於唐氏症一無所知。當醫生診斷瑪德琳罹患唐氏症時，醫生告訴羅珊：「瑪德琳的心智年齡只會到 7 歲，她可能一輩子一事無成」。所有醫生的診斷無不負面，這讓羅珊遭受沉重的打擊，因為她不知道自己應該對瑪德琳抱有什麼樣的期望。

所有結論都是要羅珊為瑪德琳持續惡化的人生準備，就連羅珊的父親也不同意接孫女回家。因為做為一名父親，羅珊的爸爸相當在乎女兒的幸福，他希望羅珊可以不要背負這樣沉重的負擔。

然而羅珊別無選擇，因為骨肉親情，她不想要就此放棄瑪德琳，於是羅珊不顧醫生和爸爸的反對，堅持扶養瑪德琳，竭盡所能讓她過好的生活。

瑪德琳出生不久後，就得面臨一場重大的心臟手術。雖然手術過程相當成功，但是等瑪德琳年紀再長一些，她仍要再次接受同樣手術。在醫院度

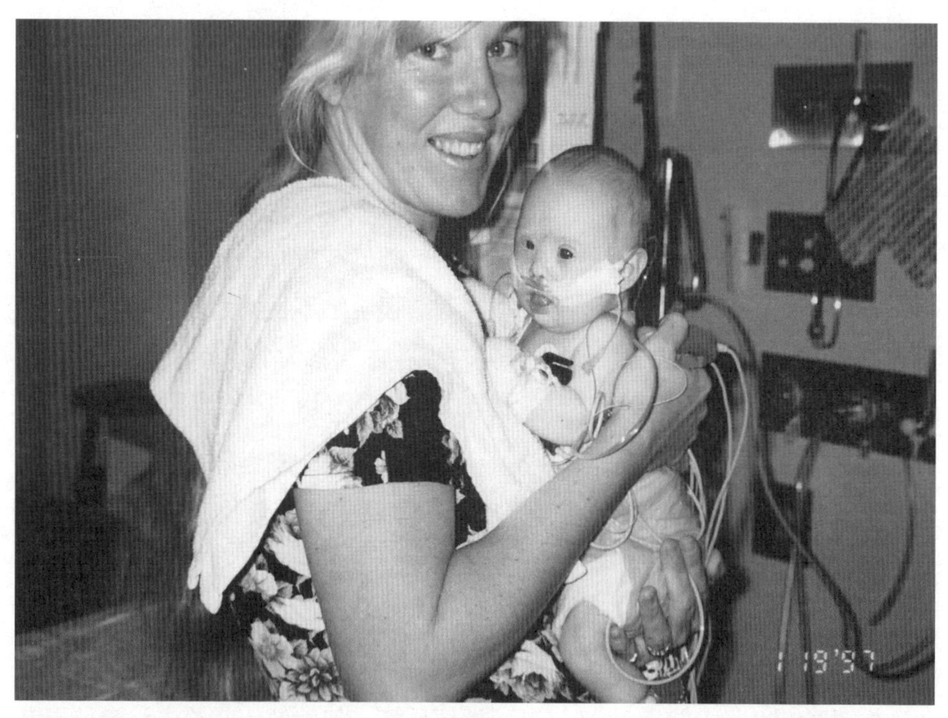

當醫生診斷瑪德琳罹患唐氏症時，醫生告訴羅珊：「瑪德琳的心智年齡只會到7歲，她可能一輩子一事無成」。

過的這些日子，對羅珊來説相當煎熬，因為瑪德琳時常生病，加上心臟問題一直存在。除了心臟的問題，瑪德琳的童年還算無憂，她熱愛校園生活、運動，而且擁有許多很棒的朋友。

在瑪德琳成名之前，羅珊和她常常一起到世界各地旅遊，他們是最好的母女兼朋友。羅珊也是瑪德琳的經紀人，他們一起生活，一同面對世界。

以走秀撼動世界

瑪德琳的職業生涯始於 2015 年末，她與媽媽參加澳洲當地時裝遊行，這是瑪德琳生平第一次參加時裝秀，她也因此愛上走秀。瑪德琳認為模特兒走秀時，顯得自信、美麗、閃耀，因為這個機緣，瑪德琳告訴媽媽她想當模特兒。

羅珊總是給瑪德林最好的一切，她也盡可能滿足女兒的願望。羅珊了解瑪德琳的想法，知道她可能只是享受在鎂光燈下的注目，於是幾星期後，羅珊為瑪德琳預定專業攝影，讓瑪德琳圓模特夢。

拍攝當日，18 歲的瑪德琳拒絕媽媽陪她進入工作室，等拍完收到成果照時，他們都為之驚訝，因為照片不只呈現了瑪德琳的漂亮，更將她最華麗迷人的樣子捕捉下來。 為了讓心臟更加健康，瑪德琳決心減重，她開始吃得更健康，減少食量及參加每週健身課程。為了健康，她投入許多心力及訓練，這讓瑪德琳成功減去超過 20 公斤。

瑪德琳的減重之路，是一個驚人的蜕變，她開始能夠體驗更多以前無法從事的活動。

瑪德琳不僅在舞蹈有所進步，她甚至變得更敏捷、更健康，她希望透過分享自己的經驗來鼓勵更多唐氏症的家庭，活得健康、長久。

瑪德琳認為人們不應該用有色眼光看待唐氏症患者，認為他們必須減重。相反地，她想要鼓勵大家，發自內心為了追求健康而減重。

因此，羅珊將瑪德琳的減重對比照，發布在網路平台上。她希望人們能以不同的角度，看待瑪德琳或者其他殘疾人士，傳達即使是殘疾人士，也能更健康、更長壽的訊息。 當照片發布後，瑪德琳的社群媒體很快地成長超過 10 萬人，照片瀏覽次數超過 680 萬人，她更成為冰島、德國、美國、英國新聞的頭條，世界各地幾乎都在談論瑪德琳。不久後，瑪德琳接到一通前往紐約擔任模特兒的電話邀約。

2016 年瑪德琳登上紐約時裝週走秀，這也讓她再次成為新聞媒體的熱門頭條，瑪德琳的成就在時尚產業刮起一股風潮，她已經成為唐氏症在社會發光發熱的代表，這不僅是自信、感動，興奮的時刻，甚至也撼動整個世界。

時尚嬌點

瑪琳德在時尚產業的成就不只驚人，自從投入時尚產業，她已經參與全球超過 103 場時裝秀、6 季紐約時裝秀，同時，她也是第一位登上倫敦、巴黎、中國、杜拜、洛杉磯、伯明翰等時裝週的唐氏症模特兒；不僅參與迪賽、奧爾多集團、澳洲全穀片等各大品牌活動，她甚至被富比士雜誌，命名為時尚界改變先驅第一人，同時刊登在《時尚》、《美麗佳人》、《柯夢波丹》、《紐約時報》、《華盛頓郵報》等著名出版刊物。

瑪德琳的出現對於時尚產業持續成長及發展，有著逐年多樣及顯著的改變。她是全球第一位唐氏症模特兒，同時，她也打破了許多障礙以及大眾對於傳統美學的刻板印象，她為更多同樣弱勢的人，打開通往成功的窄門，讓時尚產業以及社會對異己的接受度提高。

「唐氏」旋風

瑪德琳為殘疾人舞蹈學校的創辦人、董事兼大使，這間非營利公司是昆士蘭州最大的舞蹈學校。

澳洲唐寶寶瑪德琳·斯圖亞特，擁有超過百萬粉絲，現為職業模特兒。

這間學校的學生們，除了可以維持健康，還可以學習生活技能，包括：自信、社交、溝通、團隊合作、領導能力和自我意識。

過去 2 年多來，舞蹈學校分別在特奧會晚宴、澳洲赫維灣全能球賽事、澳洲班德堡全能球賽事、皇家芭蕾舞團等場合獲得許多演出機會，甚至入圍 2016 年朗文商業成就獎的決賽。

舞蹈學校提供教育和表演機會，學校更創造了充滿活力、動感的工作環境給表演者、老師、學生，同時提供全球最完善的練習及表演經驗。

瑪德琳也創立了自己的服裝品牌── 21個理由，品牌的命名緣由，即使她的第21對染色體異常，但這都不該影響自己生活中的美好。

學校的目標是與社區建立合作，讓他們保持積極、包容性的活動，使社區各界達到一個共同的目標──享受舞蹈。

除此之外，瑪德琳也創立了自己的服裝品牌── 21 個理由，品牌的命名來自於瑪德琳，她熱衷於讓自己成為更好的版本──活的更包容、更健

康，她認為我們都該為生活感到驕傲，即使她的第 21 對染色體異常，但這都不該影響我們為自己生活中的美好而慶祝。

瑪德琳的使命是不斷去傳遞她的信念——年齡、大小、種族、身高或殘疾，不該成為時尚的界限。

瑪德琳在個人生活及職業生涯，擁有數百個顯著的成就，其中最知名就是她獲得美國工作簽證，她是第一位獲得美國工作簽證的殘疾人。

對於瑪德琳來說，這是一個令人難以置信的里程碑，因為她不僅向自己證明，也向所有支持她的人證明，殘疾人士是有能力的。

在職場上，瑪德琳面臨的最大挑戰之一是，有時她的工作環境，並未將她視為專業人士。公司和組織總有差別待遇，瑪德琳不像其他專業模特兒一樣獲得同等報酬。

對於工作，瑪德琳的表現一樣敬業，甚至力求完美，但卻未得到應有的報酬。對殘疾人士沒有工作能力的刻板印象，導致瑪德琳有時是無薪工作。因此瑪德琳能獲得美國工作簽證，確實是一個重要的職業生涯，同時對殘疾人士也是一個很好的發聲。

這是瑪德琳克服的最大障礙之一，對於那些想追求同樣目標的人來說，瑪德琳無疑率先為改變時尚產業和社會作為開端。

2015 年，瑪德琳在舊金山國際時裝秀，獲得年度模特兒獎。2016 年，她被世界時尚媒體，評為年度模特兒，提名入選澳洲驕傲獎、連續三年提名入圍年度澳洲青年獎。2017 年，她獲得全球唐氏綜合症頒發的昆西．瓊斯傑出倡導獎。2018 年，她獲得澳洲 25 影響力獎。2019 年，她獲得全球社會獎中社會影響力與改變獎第二名。

愛心不落人後

瑪德琳不僅獲獎無數，甚至她還資助數十個非營利組織慈善機構，包括：多元資本基金會（Multicap Foundation）、澳洲奮鬥基金會（Endeavour Foundation Australia）、銀襯項目（Silver Linings Project）、獸醫國際（Vets Intl）、殘疾博物館（The DisABILITY Museum）、墨爾本城市願景（Melbourne City Mission）、卡羅爾．加爾文基金會（The Carol Galvin Foundation）、文化城市（Kulture City）、擁抱文化組織（Embrace Kulture）、瑞典自行車用戶聯合會（FUB Sweden）、澳洲我能我會（I can,I will Australia）、紐約好友街（Buddy Walk NYC）、紐約特奧會（Special Olympics of New York）等。

2016 年瑪德琳造訪烏干達恩德培市，參加擁抱文化組織的活動，這個組織致力於服務殘疾孩童。瑪德琳和媽媽羅珊與幾所學校、家長團體會面，與他們分享唐氏綜合症教育的難與易。在烏干達患有自閉症或唐氏綜合症的孩子，常被稱為 kasiru，意思是笨蛋。

許多孩子被迫與世隔絕，關進家裡，甚至連學校都無法去……

在烏干達他們遇見一位殘疾女孩，一些村民試圖三次謀殺她，而當瑪德琳聽到關於烏干達孩童的事情，她立即挺身而出為這些殘疾孩童服務。

羅珊與一家烏干達慈善機構，對這個女孩伸出援手，他們將這個年輕女孩，送進了一所安全的寄宿學校，然後將瑪德琳介紹給當地社區。

瑪德琳也參加一年一度的「特殊兒童的信任障礙與意識趣味日」，與其他兒童一起參加在烏干達小姐的時裝表演，並參加了當地政治家的活動。瑪德琳和羅珊在當地待了十天左右，當地居民在了解唐氏綜合症前，有將近五十個家庭的小孩被藏起來，甚至從未見過陽光。

瑪德琳對於這樣的家庭非常重視，她將更多的時間，分配給這些有需求的社區，她相信自己可以為這些社區提供教育和啟發，幫助他們發展有關殘疾的知識。

瑪德琳為殘疾人舞蹈學校的創辦人、董事兼大使，這間非營利公司是昆士蘭州最大的舞蹈學校。

穿越心臟衰竭的鬼門關

2018 年 12 月，瑪德琳因為晚期心力衰竭，住進查爾斯王子醫院。醫生告訴羅珊隨著瑪德琳年紀增長，在她剛生出生時做的心臟手術需要再次執行，因為瑪德琳的心臟已經擴大到一定程度，需要對其進行修復。

手術雖然順利完成，但是術後併發症，讓瑪德琳在重症病房休養了一段時日。本以為康復之路相當順利，未料，瑪德琳一夜心臟頻率飛漲，醫生束手無策，只好將瑪德琳緊急送回加護病房，直到她的狀況穩定。

醫生設法以心臟覆律去顫器，嘗試降低心律，但是並未成功，瑪德琳僅能依賴起搏器維生。醫師告訴羅珊，瑪德琳的心跳可能會恢復，但是最壞的情況有可能她必須終生與起搏器為伍。

接下來幾週的時間，瑪德琳只能留在加護病房監控，雖然她的心率恢復並且下降，但仍然不規則的跳動。

手術 26 天之後，瑪德琳離開醫院回到家，對於回歸正常生活，她感到相當開心與期待。因為她又能繼續上健身課程、參加舞蹈學校的課程。

永續為身心障礙者代言

瑪德琳與羅珊一起進行巡迴演講，前往澳洲各地的商業和慈善活動，並向國際觀眾進行宣傳，談論關於瑪德琳的早年生活、職業生涯、面臨的困難及問題，甚至是殘疾和就業、歧視等。

瑪德琳的旅程有過低潮，而她堅強的意志和堅定的態度使她與眾不同，她不僅為自己的權利而戰，也為人權而戰，讓殘疾人有了新的途徑，使其能夠在時裝行業和其他專業中，獲得應得的報酬，她讓唐氏綜合症正常化，促使社會成為更具包容和多樣性的地方。

瑪德琳的職業生涯，已不僅是專業的造型師、倡導者、靈感、偶像、教育者，同時她也是許多生命的正能量，更是各行各業的希望之光和日常靈感，未來瑪德琳將繼續送愛世界，盡自己最大的努力，使世界變得更好！

多障多藝天使

莊筱清（Chuang, Hsiao-Ching）

【化多障為多藝．活出無限可能】

如果我的頭腦只有人家的二分之一，
那我就比別人更認真兩倍！

——莊筱清

活出多障多藝

莊筱清，1994 年出生於台中，嬰兒期即因先天代謝異常，造成多重障礙，不僅智力不足、聽力受損、眼睛弱斜視、說話也含混不清。

在擔任數學老師的母親羅碧慧無比耐心教導下，無論早療、復健、識字或算數，都要反覆練習超過百遍以上，養成勇於堅持，不畏困難的信念，小四開始捏陶，小肌肉發展的訓練，奠定日後烘焙揉麵，和紙黏土細膩的搓捏技巧，一顆雀躍的童心，童言童趣的畫面，在色彩鮮豔的作品裡——展露對生命的熱情，迎向陽光．揮灑人生，活出亮麗的自我。

母親羅碧慧表示：「生命無價，身為父母的我們，沒有悲觀和放棄孩子的權利」，她坦承做為身障兒家長的壓力，但也堅決要孩子在陽光下成長，

並於筱清高中畢業後提早退休，開啟母女「親子共學」，一起學做麵包、紙黏土、畫油畫、做拼布，在彼此教學相長中，成就了女兒的藝術潛能，擦乾了淚水，療癒了自己，而沉默寡言像一棵大樹，支撐著妻女的莊爸爸，用精湛的木工手藝，為筱清的作品，製作畫框和紙黏土時鐘，打造「愛無涯」親子三人組的聯合創作展。

2019 年 6 月出版的導盲犬《高小揍找工作》紙黏土繪本，是莊筱清紙黏土創作突破的轉捩點，如今更以個人油畫改版── 成為拼布或紙黏土創作，不斷跨越一階又一階的障礙，走出人生不設限的藝術之路。

由是，莊筱清雖然患有多重障礙，但在家人的愛與鼓勵中成長，化多障為多藝，發展出烘焙、繪畫、蝶谷巴特、拼布等藝術領域的興趣，迄今成

莊筱清紙黏土創作

筱清用藝術豐富她的人生，亟盼擁有自己的文創工作坊。

立筱清愛烘焙、參加 40 次聯展，不斷積極學習，用藝術豐富她的人生，朝著藝術領域不斷邁進，亟盼擁有自己的文創工作坊，能夠自力更生、自助助人，活出無限可能，不愧為「多障多藝天使」。

先天缺憾・勤能補拙

莊筱清，1994 年出生於台中，產檢和新生兒篩檢都正常，但三、四個月後感覺不對勁，張力外張且發展遲緩，經檢查後發現代謝異常，但仍查不出真正的原因。從八個月大時，即開始一連串的檢查及各種早療、復健，到快兩歲還在蹣跚學步，牙牙學語。

莊筱清眼睛弱斜視，加上重聽，智能不足，更影響她的學習發展，復健

之路很漫長，又不能立竿見影，該如何去教養這多重障礙的女兒呢？筱清爸爸的一句話言猶在耳：「不要去想她未來會如何？現在我們只要有能力為她做的，就盡力去做」。

早期療育，對發展遲緩的莊筱清是非常重要的，一週一次的物理治療、職能治療、語言治療，為了要更不間斷的刺激，在家中增加復健器具，如斜坡道、平衡木……等設施，隨時有空就讓哥哥和她一起玩，將復健融入日常遊戲中，也常常帶她走路、游泳，刺激她的大肌肉發展。

莊筱清也很好學，看哥哥上才藝課，也會要求要上課，如繪畫課和鋼琴，但肌肉外張力強的她，無法彎曲手指彈琴。為刺激小肌肉發展，就選擇讓她玩陶土，陶土一玩，也玩了十幾年，對她往後做麵包和捏紙黏土，打下良好的基礎。

立志為女的吳寶春

求學過程中，莊筱清很幸運的遇到許多良師益友，小學一、二年

2019年6月出版的導盲犬《高小揍找工作》紙黏土繪本，是莊筱清紙黏土創作突破的轉捩點。

級在啟聰班學習手口語，之後轉到普通班就讀，她認真學習的態度，讓老師和同學們相當肯定。

更幸運的，莊筱清在員林農工綜職班，遇到了淑敏老師，用心陪伴教育他們，在高二挑戰了不可能的任務── 考丙級烘焙證照，對智能障礙者而言，這張證照是多麼難能可貴，於是她反覆練習題庫，不間斷的實做練習，順利拿到證照，鼓舞了自己及同學。

畢業了！該就業？該升學？莊筱清因反應慢、動作慢，無法找到適合的麵包店工作，而她喜歡做麵包請朋友分享，當人家誇讚她做的麵包好好吃時，臉上總是洋溢著快樂又有自信的笑容。於是母親羅碧慧提前退休，帶著莊筱清同步學習，母女進階研究烘焙和紙粘土創作，並將自宅改造成烘焙工作室，「筱清愛烘焙」正式於 2013 年開幕。

責任心重的莊筱清，將做麵包當成是她的事業，臉書打訂單，送貨單都能一手包辦，做麵包時還會全場注意提醒爸媽，盡責的態度和不畏辛勞的堅持，令人讚賞，更誇下海口：「希望將來做麵包，可以和吳寶春一樣厲害」。

莊筱清做的麵包，也曾在國立員林高中及彰化縣立太平國小園遊會義賣，所得全數捐給學校當作仁愛基金。

母親羅碧慧表示：「這一路陪著筱清走來，甘苦實難為外人道，但她卻成為自己一生最大的課題，不但為母則強，豐富了內在，也因與她共同學習，讓藝術『療癒』了彼此。」

叫我第一名．感恩回饋

「筱清，這個麵團一份要多少公克？」身障者的媽媽們，在筱清愛烘焙工作室，展開每月一次的「喘息服務」，由擁有丙級烘焙證照的莊筱清擔任教學老師，叫我第一名，大家一起在麵團的發酵中，紓減身為照顧者的壓力，並學習另一種技能。

莊筱清雖然患有多重障礙，但在家人的愛與鼓勵中成長，發展出烘焙、繪畫、蝶谷巴特、拼布等藝術領域的興趣。

身障者的照顧者與陪伴者幾乎都是母親，在撫育孩子的過程中，不但要承受家有身障兒的壓力，也要忍耐外界異樣的眼光，身心非常緊繃。莊筱清很高興有機會，可以教阿姨們做麵包紓壓，也在教學中得到更大肯定。

生肖屬狗的莊筱清，也長期關注導盲犬，因為姑姑是導盲犬寄養家庭，在狗年她用紙黏土的專長，做一本導盲犬繪本，這也是是莊筱清紙黏土創作突破的轉捩點，不斷積極學習，用藝術豐富她的人生，朝著藝術領域不斷邁進，亟盼擁有自己的文創工作坊，能夠自力更生、自助助人。

為生命件檔—莊筱清深獲國內外各界肯定

- 2015 年 7 月 22 日～ 8 月 9 日鹿港臺灣玻璃館《「乘愛的翅膀，讓夢想起飛」文創藝文特展》
- 2015 年 9 月 1 日～ 28 日鹿港臺灣玻璃館《「改變．讓生活更亮麗」聯展》
- 2015 年 10 月 6 日～ 20 日高雄福澤美術空間《畫出生命的色彩「改變．讓生活更亮麗」聯展》
- 2015 年 10 月 9 日～ 12 月 13 日臺中愛膠囊歐式咖啡館《天使畫展》
- 2016 年 3 月 6 日～ 4 月 30 日臺北市多扶小藝廊《揮灑畫筆，讓愛流動——身心障礙者藝術創作》

莊筱清榮獲周大觀文教基金會「第26屆全球熱愛生命獎章」。

- 2016年5月1日～6月30日臺中市綠園道石頭飯館《揮灑畫筆，讓愛流動——身心障礙者藝術創作》
- 2016年8月16日～9月30日臺中市大和宅天然食堂《揮灑畫筆，讓愛流動——身心障礙者藝術創作》
- 2016年9月1日～12月2日臺中市政府文化局市政大樓藝文廊道《揮灑畫筆，讓愛流動——身心障礙者藝術創作》
- 2016年5月22日～6月5日臺中大業藝能館《手創幸福，讓愛流動——多采多姿手創藝術展》
- 2016年7月1日～6月30日臺中大和宅《手創幸福，讓愛流動——多采多姿手創藝術展》
- 2016年7月3日～26日中興大學《戶外寫生成果展》
- 2016年5月27日～9月30日臺中愛膠囊歐式咖啡館《拼貼愛・讓愛流動——拼布藝術創作展》
- 2016年12月1日～30日臺中市身心障礙綜合福利服務中心《2016花現美麗——身心障礙者藝術創作展》
- 2017年1月8日臺中霧峰林家宮保第大花園《身心障礙作品展》
- 2017年2月21日～3月27日臺中Smohouse思默好時《藝起來畫話》
- 2017年3月3日臺中心會《身心障礙作品展》
- 2017年3月27日～31日樹義國小《105學年度特教宣導週——身心障礙作品展》
- 2017年4月5日臺中市傑人會《身心障礙作品展》
- 2017年4月27日～5月16日彰化藝術館展覽《點亮夢想，讓愛「藝」起來——身心障礙者藝術創作》
- 2017年6月2日～8月6日萬和宮《我畫我話・讓愛轉動——身心障礙者藝術創作展》

・2017 年 6 月 16 日民視二十週年暨鳳凰藝能新辦公室啟用典禮《開啟生命之眼慈善公益繪畫特展——民視公益義賣展》
・2017 年 9 月 2 日～ 10 月 8 日國立台南生活美學館《點亮夢想，讓愛「藝」起來——身心障礙者藝術創作》
・2017 年 9 月 22 日臺南市關懷協會《身心障礙作品展》
・2017 年 10 月 31 日～ 11 月 12 日員林市公所《築夢・協奏曲—— 身心障礙者藝術創作展》
・2017 年 11 月 20 日～ 2018 年 1 月 1 日小羊咖啡館《羊羊得意・話有藝思——身心障礙者繪本創作展》
・2018 年 4 月 11 日～ 5 月 5 日國家歌劇院《愛與美的力量・行遍世界——創意行旅箱包世界趴趴 GO》
・2018年6月1日～30日臺中霧峰光復新村國際非政府組織《愛在畫話——Yes ! I Can》
・2018 年 6 月 30 日～ 7 月 15 日宜蘭市 1919 老行口《畫話 i 自然》
・2018 年 8 月 3 ～日 12 月 30 日鹿港臺灣玻璃館《築夢協奏曲—— 身心障礙者藝術創作》
・2018 年 10 月 14 日～ 12 月 30 日《愛在畫話——拼布成果展》
・2018 年 10 月 14 日～ 12 月 30 日《社團法人臺灣畫話協會入厝聯展》
・2018 年 12 月 6 日～ 2019 年 1 月 6 日《話我的故事——繪本創作聯展》
・2018年12月4日～12月20日彰化大同國中《生命教育宣導雙人作品展》
・2019 年 3 月 7 日～ 4 月 28 日《築夢協奏曲—— 臺灣畫話協會身心障礙學員創作聯展》
・2022 年 11 月 3 日～ 15 日國立中正紀念堂《畫出希望・彩繪人生—— 聽障漫畫家呂欣怡 V.S. 多障天使莊筱清感恩聯展》

印度史懷哲

賈內許・巴萊亞・維薩拜

（Ganesh Baraiya Viththalbhai）

【樂當世界最矮醫師・立志醫治最窮病人】

過去許多人總是拿我開玩笑，我一直是他們的笑柄。

我從不在乎別人怎麼說我，對我來說這些都無關重要。

我自己的人生規劃

就是立志醫治最窮的病人，並下定決心實現。

——賈內許・巴萊亞・維薩拜

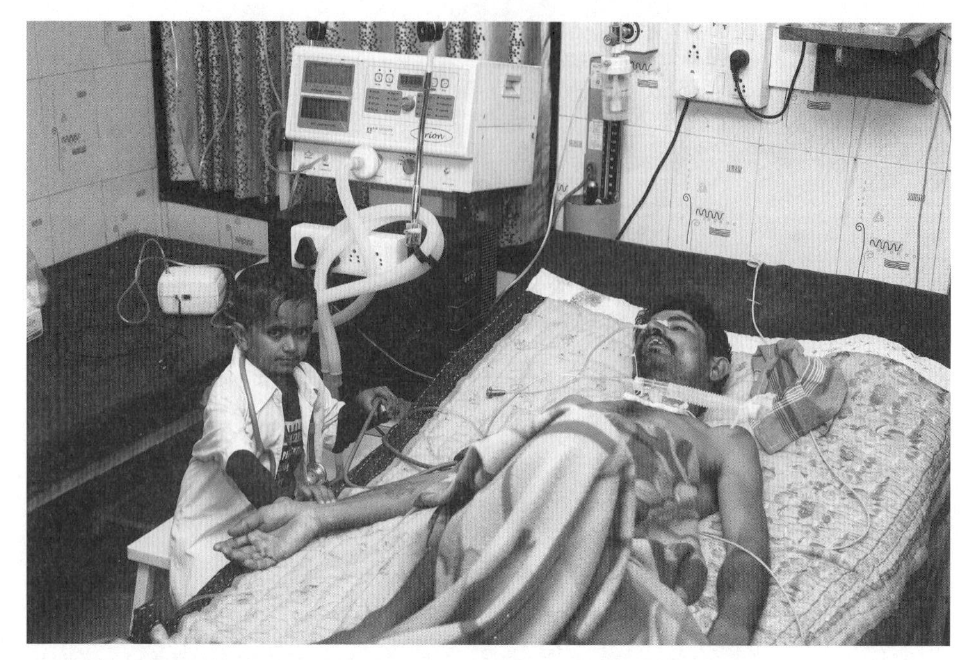

樂當世界最矮醫師，立志醫治最窮病人的賈內許．巴萊亞．維薩拜。

身高只有 94 公分的印度生命鬥士賈內許．巴萊亞．維薩拜（Ganesh Baraiya Viththalbhai），從小立志效法到非洲行醫的史懷哲，以永不放棄的精神全力以赴，無懼歧視、不怕嘲笑，克服了偏見，拒絕了馬戲團，堅持法律正義，贏得了學醫的權利，樂當世界最矮醫師，立志醫治最窮病人。

這是 2018 年轟動全球最勵志的新聞，驚動了聯合國人權理事會，印度最高法院判決賈內許．巴萊亞．維薩拜勝訴：就讀印度公立醫學院合法合憲，任何人都不能剝奪他成為醫學院學生及成為醫師的權利。

2018 年，17 歲的賈內許．巴萊亞．維薩拜，雖然罹患了世界罕見的侏儒症，身高只有 94 公分，但他比任何人都努力，每天凌晨 4 時起床讀書，早上 6 時獨立上學，總是第一位到校，最後一位放學回家，在學各項功課都名列前茅。

2018年5月，賈內許・巴萊亞・維薩拜以233分（通過分為86分）的優異成績，考上印度公立醫學院，但由於身高問題他被醫學院拒之門外。

賈內許・巴萊亞・維薩拜的高中母校創辦人達爾帕特・卡塔利亞博士（Dr. Dalpat Katariya）挺身而出，及時幫助賈內許・巴萊亞・維薩拜，為他聘請人權律師，並負擔所有訴訟費及學費。他歷經印度地方法院、高等法院判決敗訴，但立志醫治最窮病人的醫師堅如磐石，永續奮戰到底，上訴至印度最高法院。

上天不負努力的人，2018年10月，印度最高法院法官判決賈內許・巴萊亞・維薩拜勝訴確定，為他「樂當世界最矮醫師・立志醫治最窮病人」鋪平了道路。賈內許・巴萊亞・維薩拜以永不放棄・越挫越勇、百折不回精神，永續兢兢業業全力以赴，衝破歧視、嘲笑、偏見，並堅持法律正義，贏得學醫的權利，樂當世界最矮醫師・立志醫治最窮病人，見證「天生我材必有用」，不愧為「印度史懷哲」。

貧農子弟從小求醫無門

賈內許・巴萊亞・維薩拜於2001年7月1日，出生於印度最西部的古吉拉特邦（Gujarat英國《經濟學人》雜誌稱為印度的廣東）的巴夫那加爾縣（Bhavnagar）塔拉哈鎮（Talaja）貧農家庭。他的爸爸維薩拜・巴楚拜（Viththalbhai Bachhuahai）擁有三頭乳牛，每天靠擠鮮

雖然家庭貧困，他的父母仍然四處帶他尋醫。

乳、賣鮮乳維生；他的媽媽德武本．維薩拜（Devuben Viththalbhai）是家庭主婦，也在農場打零工貼補家用，爸媽特別勤儉持家，雖為低收入戶，除了守護全家大小溫飽，也讓他的 8 個兄弟姊妹（7 個姊姊、1 個弟弟）完成小學學業，在印度低收入戶家庭中，還注重子女教育，已經非常難能可貴。

賈內許．巴萊亞．維薩拜為貧農子弟，從小求醫無門，鄉村醫院診斷出他有肌肉無力，幾乎無藥可醫。他的爸爸媽媽仍然揹著他，四處求醫，先後被多家醫院確診為侏儒症，一種主要負責身材發育的激素合成不足，醫生開出處方——每天必須注射生長激素直到 18 歲，奈何一針生長激素昂貴要新台幣 5,000 元，約印度盧比 13,016.60。他的爸媽為維持一家大小基本溫飽，不得不放棄昂貴的注射生長激素的治療。

他的頭開始長得比身體大，他的爸媽發現他與常人越來越不同。他又被爸媽揹起四處求醫，甚至徒步 300 多公里，到處尋求秘方、偏方，他們諮詢各地醫院的罕病專家，但是每位醫生都說無能為力，全球各種基因病變，是無法治癒的。

他的媽媽為了祈求他平安長大，跑遍全印度著名寺廟，祈禱再祈禱、許願再許願，但還是沒有任何起色。媽媽甚至在他的頭上套了一個桶子，就像一頂特殊桶子帽，試圖阻止他的頭繼續長大，讓他的身高趕上來，仍然無濟於事。

衝破歧視．力爭上游

賈內許．巴萊亞．維薩拜無懼大家的歧視、嘲笑、偏見，每天凌晨 4 時起床讀書，6 時上學，不論小學、初中、高中，總是第一位到校、最後一位離校，以致各項功課都名列前茅，品學兼優。

印度最著名的「羅佛巧樂卡神奇馬戲團」慕名而來，出高價要買下他，包括他等全家人都悍然拒絕，全家人又害怕馬戲團綁架他，於是他的爸爸

賈內許每天凌晨4時起床讀書，6時上學，各項功課都名列前茅，品學兼優。

每天護送他上下學，並陪伴他一起上課、下課。他不負眾望，一步一腳印，一階一努力，他的天賦智商與後天勤學，彌補了身高上的不足。

他把所有時間，都花在溫習功課上，從小除了展現 IQ 不俗，也表現 EQ100 分。有些同學嘲笑他，他不但不以為意，還主動當起小老師，積極熱心為同學解決學習上的疑難雜症。

也有很多同學深受他無私無我又熱心助人感動，幫他揹書包、陪他上廁所、以防止他摔倒，因為他不能正常行走。

過去大家總是拿他開玩笑，一直以他為笑柄。他從不在乎別人怎麼說他，對他來說這些都無關重要。他有堅若磐石的人生規劃——就是擔任愛心醫師，醫治最窮病人，並下定決心實現。

全球最轟動的勵志新聞

賈內許・巴萊亞・維薩拜於 2018 年 5 月，以最優異成績考上印度公立醫學院，印度大學入學委員會卻以身高太矮的理由，婉拒他就讀公立醫學院圓夢。

賈內許・巴萊亞・維薩拜承蒙高中母校創辦人達爾帕特・卡塔利亞博士（Dr. Dalpat Katariya）、校長瑞瓦辛・薩瓦亞（Revatsinh Sarvaira）號召國內外各界挺身而出，贊助他訴訟費、學費、生活費，除向各級法院提起訴訟，並向國際發聲，還引起聯合國人權理事會極高度關注。

印度地方法院、印度高等法院，原先採認印度大學入學委員會及印度醫學委員會決定：以賈內許・巴萊亞・維薩拜罹患罕見疾病侏儒症為由，無法在實踐治療中執行緊急醫療行為，把他歸類為重度身心障礙者，必須為他作出特殊安排，判決取消他就讀醫學院學醫行醫的權利。

印度大學入學委員會卻以身高太矮的理由，婉拒他就讀公立醫學院圓夢。

當時，賈內許・巴萊亞・維薩拜對國際傳媒表示：「我非常失望，我也強烈抗議，我更拒絕印度大學入學委員會、印度醫學委員會以及印度地方法院、印度高等法院違反人權的判決，我永續堅持正義，上訴到印度最高法院，甚至聯合國國際法庭。」

他高中母校創辦人達爾帕特・卡塔利亞博士，始終如一陪伴他、鼓勵他，同時向國際傳媒表示：「第一次見到他時，我就看到了他的激情、夢想與希望。我覺得他有智慧、又有愛心，我把他當成我的第二個孩子，我永遠贊助他，直到他成為醫治最窮病人的名醫。」

印度諺語：「一切，都是最好的安排，感恩生命中所遭遇的一切。」

諾貝爾文學獎章得主——印度桂冠詩人泰戈爾說：「你今天受的苦、吃的虧、擔的責、扛的罪、忍的痛，到處都會變成光，照亮大家的路。」

千真萬確：賈內許・巴萊亞・維薩拜所承擔的一切苦、虧、責、罪、痛等，已變成人間一道光明，照亮世界。

由是，印度最高法院做出最公正的判決：賈內許・巴萊亞・維薩拜就讀印度公立醫學院學醫行醫均合法合憲，任何人都不能剝奪他成為醫學院學生以及成為醫師的權利。

賈內許・巴萊亞・維薩拜非常感恩國內外各界的聲援，以及達爾帕特・卡塔利亞博士等愛心人士，不離不棄的贊助與力挺。

現在，他終於實現學醫行醫的夢想。他非常謙卑的表示：將來，雖然他是金氏紀錄最矮的醫生，但是他絕對要成為最有愛心的醫師，永遠為最窮困的病人治療。

全球 3 億 5 千多萬人按讚鼓勵

英國《每日郵報》等全球新舊傳媒讀者不斷評論留言：

—幹得漂亮！

—他的父母中頭彩了！

—為了成為一個有能力的成年人而奮鬥，賈內許・巴萊亞・維薩拜做得好！祝福他學業和事業都順利。

—身高 96 公分的詹尼佛阿諾德（Dr. Jennifer Amold），不但是新生兒

Three-foot-tall man wins SC remedy to get out-of-reach MBBS seat

State Had Found Him Unsuitable For Doctor's Job

Bharat.Yagnik@timesgroup.com

Ahmedabad: He is three feet tall, weighs 15 kg, and has an endearingly childlike voice — but the 18-year-old Ganesh Baraiya has surmounted the steepest of challenges to fulfil his dream of entering the Guinness World Records as the shortest doctor of the world!

This week, Baraiya, a member of a tribal family in Gorkhi village in Talaja, Bhavnagar, was granted admission in the Bhavnagar Government Medical College.

Baraiya, who has 72% disability due to a locomotive condition, has got admission in the quota for candidates with disabilities. He had scored 223 marks in NEET.

Baraiya has eight siblings — seven sisters and a brother — and is the first in his family to enter college. His father is a farmer.

"None of my sisters has studied beyond class 10," Baraiya said. "My younger brother is a class 12 humanities student. As for the opportunity that has come my way, my family and I are indescribably happy!"

Ganesh Baraiya with his parents

Baraiya said he made becoming doctor his life's mission when he was in class 9 at Nilkanth Vidyapith. The school's trustee, Dalpat Katariya, and the principal, Revatsinh Sarvaiya, encouraged him by giving him the vision of unique success — he could set the world record by becoming the shortest doctor! "I was also driven by my zeal to practise in villages and provide medical care in rural areas," Baraiya said.

Baraiya and his school were staggered last year when he was denied admission in the MBBS course after the Gujarat government expressed misgivings about him and two others. The government felt that arduous medical studies may be difficult for them.

The high court rejected the students' petition challenging the government's stance.

▶Continued on P4

非常感恩國內外各界的聲援，以及達爾帕特．卡塔利亞博士等愛心人士，不離不棄的贊助與力挺。

救星，而且是美國最受尊敬的醫師。相信賈內許．巴萊亞．維薩拜同樣夢想成真。

—多勵志的故事，他肯定會成為一名偉大的醫生。

—他的父母姊弟都很愛他，大家祝福賈內許．巴萊亞．維薩拜好運！相信他的不懈努力，都會得到回報，他肯定能實現理想。

—祝福他好運連連，有了這樣的決心和動力，再加上他的才智，我打賭他會成為一名最出色的醫生。

—很多印度人，都是靠種姓和預留名額被醫學院錄取的，賈內許．巴萊亞．維薩拜以後會成為比他們更優秀的醫生。

—我喜歡這孩子，相信他會實現夢想。我們等不及要在金氏記錄上看到

他了，希望醫學院裡的師生能接納他，讓他有一段美好的學醫經歷。嘲弄他的人太可惡了。

—勵志，感人。祝你好運，哥們！

—有個很有名的侏儒整形外科醫生，幹得很不錯，相信賈內許．巴萊亞．維薩拜能超越他。

—這個世界需要身心障礙的醫生。拒絕他是多麼愚蠢的舉動，印度是一個汙染嚴重的國家，而且對女性、兒童、動物來說，不是個好地方，但願賈內許．巴萊亞．維薩拜以愛心醫師帶動改變。

—太棒了，迫不及待想看到他出人頭地。

—我建議他專攻腰部以下的部位。

—做得好，我希望他能獲得豐厚的回報。

—感謝上帝賜予他更多力量，他有愛和支持，來幫助他面對無知和偏見！

—不錯，我喜歡他臉上那種自信的表情。

—祝福他和的家人，這是一項相當了不起的成就，克服了種種困難和偏見。

—這個聰明的年輕人現在是家人的驕傲了，將來是印度的驕傲，甚至是世界的驕傲，真是太好了！

—年齡、性別和身高，都不應該成為求學的門檻，大家非常感恩賈內許．維薩拜．巴萊亞帶頭衝破一切障礙。祝福賈內許．巴萊亞．維薩拜好運！

【附錄一】

生命無價．人間有愛

——財團法人周大觀文教基金會

周大觀文教基金會成立於一九九七年，係由周大觀父母周進華、郭盈蘭以及友人加拿大中文學校校長趙翠慧女士、美國燭光兒癌基金會執行長李伯曼女士、德國血癌協會總裁柏德夫婦、日本兒癌看守會理事主席岩田敬治等國內外各界愛心人士，為完成抗癌小詩人周大觀「熱愛生命、快樂生活」的遺志，提倡：和自己好一熱愛自己的生命、和別人好一尊重別人的生命、和地球好一維護地球的生命。

二十多年來，以最節儉的方式、自立自強的行動，經由訪視、徵選、營隊、講座、活動、交流、諮詢、研討等多元化、全方位的服務，進行全球熱愛生命快樂生活系列公益活動。

並特別著重人生快樂生活的宣揚、生命無限可能的鼓勵，包括身心障礙者、癌童、罕見疾病者以及國內外為生命搏鬥者。

從本會創辦迄今，參與本會全球熱愛生命快樂生活系列公益活動義工服務人次，已逾一百四十五萬多人次。以小而美、小而精的積極企業化、人性化經營模式，結合國內外資源，在愛心與智慧相激盪中「無中生有」，有效地達成推動全球熱愛生命、快樂生活系列公益活動的任務和目標。

自從那年春天的右腳長了腫瘤，
我們就天天去種樹—
在醫院種下健康的樹，
在教堂種下愛心的樹，
在學校種下希望的樹，
某一天，
我們把自己也種成一株樹，

一代一代種下去……
長成一座健康的森林，
長成一座愛的森林，
長成一座希望的森林。

—周大觀的詩「種樹」

壹、播種——無中生有

抗癌小詩人周大觀走了！十歲，正是編織夢想的年齡，縱然走得泰然，但卻短得令人心疼！短得令人不捨！

無論如何是談不上立功、立德與立言的，但大觀堅韌的生命、動人的詩句、純潔的心靈，肯定會在大家的關愛中留下不朽的價值。

尤其，大觀那清澈的眼神，豈止洞悉病魔對人類肉體的無盡貪婪與考驗，在許多健康的成人和孩子面前，大觀確是一位見證、一個象徵、一段史實。

無論生命處於何種情境，活著都該有向死亡拒絕的勇氣，那怕病魔再冷酷、肉體的折磨再痛楚，「我還有一隻腳」就要勇敢的走下去。但願大觀的出現，讓我們懂得互相關愛、讓我們懂得去親近孩子的天地。

為了關愛更多像大觀一樣的孩子，我們將所有積蓄作為第一筆基金，並將來自國內外購買大觀遺作《我還有一隻腳》、《大觀—一位癌症小孩的心聲》以及大觀的故事《生命之光—周大觀》、《小星星的願望—周大觀的故事》、《三四九九個愛—抗癌小詩人周大觀的故事》、《周大觀給出生命能量》等生命六書著作權點滴所得成立了本會。

我們真誠的感謝：這一路上幫助我們的朋友，以及許許多多不願具名的小市民們！

「大觀仍在」—只因世上充滿愛。

生命的道路，有風有雨。我們成立了「愛爸爸」、「愛媽媽」重病家庭支持團體，送愛到家、送愛到需要的地方。

生命的病魔，笑得曖昧。我們成立了「愛哥哥」、「愛姊姊」重症兒童支持團體，送愛到醫院、送愛到學校。

生命的大觀，打開了一扇太陽窗。我們在小太陽的窗外、詩中、心靈對話與相遇，何必在乎生死的拔河比賽！何必在乎命運的滴答計時！雖然大觀還有一隻腳，仍要永遠站在地球上，何況我們都有兩隻腳！！！

當您打開大觀的書，當您參加本會活動，您已延續了他的生命……，也延續了您的生命。

貳、生根——往下紮根

生命無常，生老病死。我們永續推動「醫院歡樂成長營系列公益活動」，把音樂、歡笑帶進各地重症病房。

生命成長，終身學習。我們開辦了「生命大學」成長講座，舉辦一系列生命成長與快樂生活課程，提昇生活品質，找到安身立命、注入生命智慧、擁抱快樂生活。

生命有愛，生活無礙。我們每年舉辦「熱愛生命藝術大展」，激勵身心障礙人士，以畫筆、樂器、雕刀揮別陰霾，走向希望。

參、發芽——創新再生

生命無限，愛無國界。

我們創始，並由荷蘭、比利時、德國、英國、肯亞、義大利、泰國、越南、美國、日本、印尼、瓜地馬拉、瑞典、芬蘭、挪威、香港、韓國、加拿大、巴拿馬、新加坡、印度、哥倫比亞、秘魯、馬來西亞、緬甸、尼泊爾、貝里斯等國公益團體代表響應：每年五月廿五日（諧音我愛我）定為「全球熱愛生命日」，提倡：和自己好—熱愛自己的生命、和別人好—尊重別人的生命、和地球好—維護地球的生命。

生命無價，見賢思齊。我們創辦「全球熱愛生命獎章甄選活動」，公開表揚勇敢、愛心、努力、成就等全球熱愛生命領域有卓越成就或貢獻之機關、團體或個人。

肆、灌溉——持之以恆

生命快樂，一切如意。我們每年舉辦一系列「大手牽小手—重症病童生命之旅」等各項戶外活動，鼓勵重症病童及其家屬走出戶外，擁抱藍天、大海、高山。

生命起飛，萬事ＯＫ。

我們每年舉辦一系列「讓愛起飛活動」，配合周大觀遺作《我還有一隻腳》等生命六書日文版、港澳版、英文版、法文版、德文版、韓文版、西文版、俄文版、泰文版、大陸簡體字版等出版發行，將周大觀熱愛生命、尊重生命並實踐快樂生活的故事，撒播

到世界各地，並關懷各國重症兒童，提昇台灣人道關懷，找回人類純真大愛。

伍、成長——海闊天空

生命啟航・航向書海，我們永續出版發行熱愛生命系列勵志書籍、繪本以及生命典範紀錄片，同時在愛子周大觀朝夕夢想的家鄉屏東大鵬灣，創辦了鄉親百年期待的第一個討海人圖書館，大家賜名為「周大觀讀出希望中心」。

我們非常感恩大家送愛偏鄉、撒播書香，讓閱讀向下紮根，天天號召更多人放下手機・遠離網路，回到安靜書桌，用書交流・以文會友。

一書一種子，一書一世情，一書一天堂，我們成立「捐贈舊書籍・讀出新希望—捐贈舊書會新友媒合中心」，籌備一萬多個讀出希望中心，用書救迷羊。

生命閱讀，終身學習。我們成立「大觀愛閱志工團」，大手牽小手・閱讀向前走、義起閱讀・書香傳愛、走讀台灣・閱讀世界。

閱聲飛揚・讀領風騷、讀萬卷書・行萬里路。我們誠邀國內外各界人士走讀大鵬灣，大家一起帶動閱讀，閱讀生命，閱讀希望，閱讀無限可能。

生命閱讀，是一輩子的大事。

生命閱讀，是終身學習的墊腳石。

每當我們翻開任何一本書，就開啟了一道通往世界的大門。

每當我們分享任何一本書，就開啟了一片觀賞真善美的天窗。

台灣屏東大鵬灣新亮點—周大觀讀出希望中心，歡迎國內外各界人士走讀：品一杯愛心茶、讀一本心愛的書。

我們永遠歡迎全球背包客，與書共眠、以書會友、閱讀交流，共成美好。

陸、綻放——繼往開來

生命樂章，心靈導師。我們舉辦「捐贈二手樂器、再奏希望樂章」，以充實近千所災區及偏遠地區學校音樂教育設備，以音樂教育推廣心靈重建、提倡快樂生活工作。

生命交響，飛越海峽。為回應各界熱烈要求，永續推動全民音樂教育與捐贈二手樂器運動，特別成立永久性的「永奏希望樂章—捐贈二手樂器媒合中心」，將陸續推動捐贈二手樂器到第三世界國家，企盼各界尤其是國際通運業者響應贊助共襄盛舉。

生命幼苗，人類希望。我們籌備成立「愛童之家」—提供臨床心理諮商、悲傷扶持、遊戲治療、癌症與罕見疾病相關資訊、定期舉辦各項康樂活動或「兒童生命對話」課程，安排重症兒童與健康兒童作生命對話，並設置「愛心套房」使偏遠的重症病童得到更完善的照顧，並為所有重症病童打造一個溫暖的家。

生命文學，千年讚嘆。我們每年舉辦「全球生命文學創作獎徵選活動」，以提倡熱愛生命精神，並鼓勵大家在勵志文學的無限領域自我實現。

生命醫師，華陀再世。我們每年舉辦「全球華人愛醫師獎學金獎助活動」，獎助醫師從事癌症、罕見疾病等領域研究、發明。

生命尊嚴，臨終關懷。進而推動兒童重症專門醫院的建立：以迪斯尼樂園的童話世界作為醫院的造型及設備，寓醫於樂，減低所有孩子就醫的恐懼與排斥，使諮詢、家醫、門診、檢查、治療、護理、開刀、住院、就學、教學研究、安寧照顧等更人性化、兒童化一貫作業完全治療，維護孩子的生命尊嚴。

生命互助，民胞物與。為拯救瀕臨絕種的動物，我們成立永久性的「地球生命研究媒合中心」，我們從保護研究台灣黑熊做起，為維護地球的生命跨出了第一步。

由是，本會由播種、生根、發芽、灌溉、成長而綻放，一路走來始終如一，就是愛。

在別人的需要中，看到自己的責任，也看到生命的有限和無限。

我們不能決定生命的長度，但是我們可以決定生命的豐富。

以上是本會的創業過程與心路歷程，因此榮獲第三屆國家公益獎及教育部推展社會教育有功團體獎、2010 年香港愛心獎章、2019 年哥倫比亞國會最高褒揚勳章、2021 年聯合國 NGO 組織世界和諧傑出貢獻獎章、2022 年中華慈孝人物團體獎，願與大家一起分享、共勉、打拼。

大觀的笑容純真可愛

一歲的大觀和爸爸攝於花園新城

二歲的大觀在青潭堰戲水

四歲的大觀是一位小帥哥

大觀喜歡拉小提琴

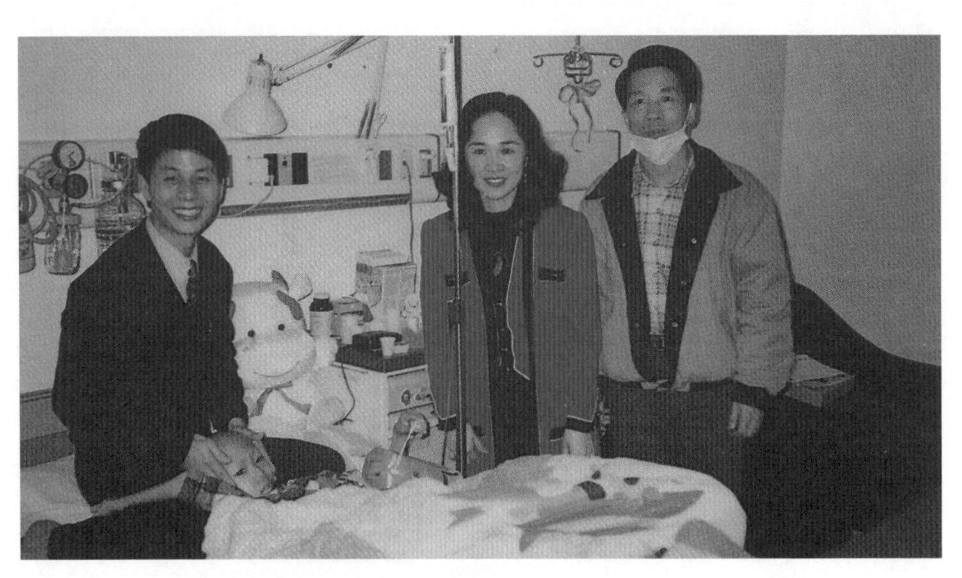

趙翠慧與謝仁光夫婦，到兒癌病房探望大觀

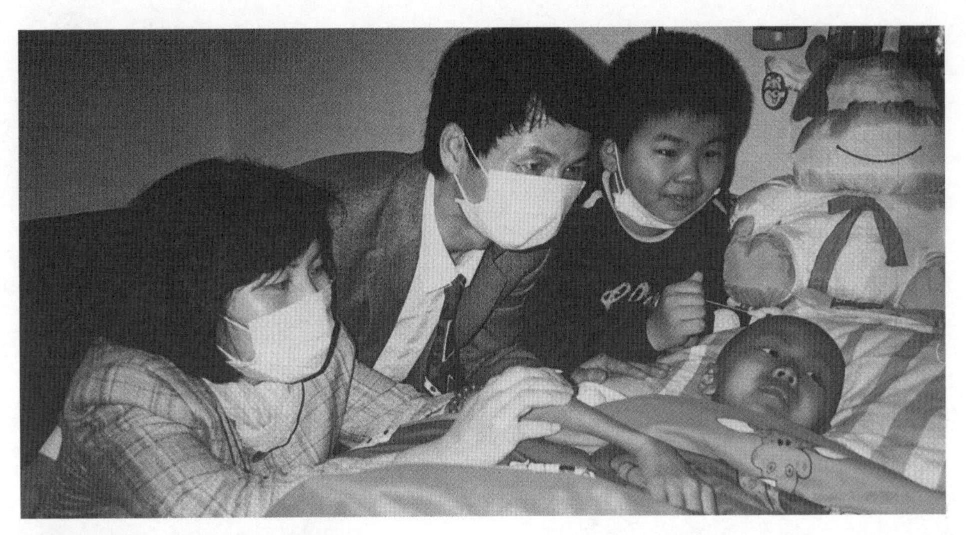

大觀受到家人無微不至地照顧

大觀父母周進華與郭盈蘭將所有積蓄作為第一筆基金，成立周大觀文教基金會，將大觀的愛散播出去。

【附錄二】

全球熱愛生命獎章授獎辦法

一、**宗旨**：為提倡「熱愛生命」之精神，並鼓勵在各自領域有具體作為足以實踐事蹟者。

二、**對象**：全球各國人士。

三、**申請類別**：

（一）勇敢事蹟：不畏環境艱難或疾病痛苦，而能呈現其勇氣與毅力足資褒揚者。

（二）愛心事蹟：捨己救人，友愛孝親或其他愛心事蹟，散發人性之光與熱足資褒揚者。

（三）努力事蹟：就其個人資賦，因努力不懈，超越上天賦予之極限，其精神可讓世人學習褒揚者。

（四）成就事蹟：經長期努力，鍥而不捨，終能有所成就而嘉惠社會大眾者。

四、**推薦辦法**：各機關、社團、學校或個人均得依據本辦法向本基金會推薦候選人。

（一）推薦請使用規定之推薦表，填妥申請類別，具體優良事蹟外並檢具有關證明資料文件。

（二）請附候選人自傳一篇（可由候選人父母或推薦人代筆，至少五千字），內容包含候選人之優良德行、傑出成就或奮鬥經過及對周遭影響與社會貢獻。

（三）請附與候選人優良事蹟之有關照片五十二張（包括二吋照片二張及生活照五十張）。

五、**推薦時間**：每年三月一日起至六月卅日止。

六、**評審**：由本基金會銘聘社會公益賢達人士五至七人組成評審委員會，就各地所彙整候選人資料逐一進行初審、派員調查、複審、決審程序評定得獎人選。

七、**評審與公佈**：預定當年十二月上旬初審、次年一月上旬複審、二月上旬決審，並於四月召開記者會公佈得獎名單。

八、**表揚**：熱愛生命獎章由本基金會透過大眾傳播及網路向社會介紹表揚，並編印專刊，介紹優異事蹟，並視個案給予必要獎助。

九、領獎：當選人在次年全球熱愛生命會師大會中接受頒授獎章與當選證書。

十、啟示：

（一）唐朝．李白詩句：「天生我材必有用，千金散盡還復來」（將進酒）。

（二）民國．周大觀詩句：「我還有一隻腳，我要站在地球上。」、「我還有一隻腳，我要走遍美麗的世界。」（我還有一隻腳）。

十一、主辦：財團法人周大觀文教基金會

電話：02-29178770　　傳真：02-29178768

地址：231 新北市新店區明德路五十二號三樓

網址：http://www.ta.org.tw　　e-mail:ta88ms17@gmail.com

十二、附記：熱愛生命獎章除在推薦期間按規定辦理評審外，如發現有特殊優良事蹟者，本會應主動遴選，經評審委員會同意後專案頒授獎章，以資鼓勵。

周大觀基金會送愛肯亞一將台灣愛心物資贈與肯亞的貧民區恩慈學校

【附錄三】

全球生命文學創作獎章徵選辦法

一、**宗旨**：為提倡「熱愛生命」之精神，並鼓勵大家在生命的無限領域自我實現。

二、**對象**：全球各界人士。

三、**主題**：題目自訂，以華文創作，不論本人或他人真善美的生命故事等體裁，徵選作品必須原創及未於任何媒體發表。

四、**獎項**：

（一）全球生命文學創作獎（字數最少六萬字）。評選最佳乙名，獎金新臺幣壹拾伍萬元、藝術銅雕乙座。

（二）全球生命繪本創作獎（符合圖畫書之形式要件，請將原稿及樣書一同寄至本會）。評選最佳乙名，獎金新臺幣壹拾伍萬元、藝術銅雕乙座。

（三）全球生命紀錄片創作獎（三十分鐘以內，不限定創作媒材及製作軟體，參賽作品需交 DVD /PAL 或 NTSC 規格五份，請附上一千字內劇情簡介及完整腳本，作品中若載有任何歌曲或背景音樂，請註明出處）評選最佳乙名，每名獎金新臺幣壹拾伍萬元、藝術銅雕乙座。

五、**收件時間**：每年四月一日起至六月三十日止郵戳為憑，逾期恕不受理。

六、**收件方式**：參加「全球生命文學創作獎」、「全球生命繪本創作獎」、「全球生命紀錄片創作獎」者，請附五千字自傳乙篇、照片五十二張（包括二吋照片二張及生活照五十張）、獲獎著作權捐贈本會同意書乙份，以及詳細聯絡電話、地址、email，自行寄送本會。

七、**評審**：分初審、復審、決審三階段，由本會敦聘知名文學家、製片家、學者擔任評審。

八、**公佈**：次年一月底公佈得獎名單。

九、**頒獎**：得獎人將在次年出席得獎新書、新片出版發表會受獎。

十、推廣：得獎作品歸本會所有與推廣，結集成冊及壓片，得提供相關公益團體義去義賣，幫助更多需要幫助的人。

十一、主辦：財團法人周大觀文教基金會

電話：02-29178770

傳真：02-29178768

地址：231 新北市新店區明德路五十二號三樓

網址：http://www.ta.org.tw

e-mail:ta88ms17@gmail.com

十二、附註：參加徵選作品得獎與否恕不退件

2013年全球生命文學創作獎章得主── 大陸交響樂教父郭祖榮老師

【附錄四】

希望獎章甄選辦法

一、**宗旨**：為鼓勵中途輟學、非行少年、更生人熱愛生命、改過向上、自助助人、自立自強、努力向學、自我實現。

二、**對象**：全國努力向上的中輟生、非行少年、更生人（包括在國內就讀各級學校因故失學的中輟生或非行少年、更生人，自行改過向上，或經機關、學校、公益團體、宗教團體輔導，有努力向上等事蹟者）

三、**獎章及獎學金**：得獎者每名純銅藝術銅雕獎章乙座，並視個案給予必要獎助。

四、**推薦辦法**：各學校、機關、社團或個人均得依據本辦法向本會推薦候選人（書面＋電子檔資料各乙份）。

（一）推薦請使用規定之推薦表，填妥努力向上具體事蹟。

（二）請附候選人自傳一篇（最好由候選人自行撰寫，或由推薦人代筆至少五千字），內容包含候選人輟學原因、自行改過向上或接受輔導向上的經過與具體優良事蹟、未來志向。

（三）請附候選人努力向上有關照片五十二張（包括二吋照片兩張及生活照五十張）。

五、**推薦時間**：每年九月一日起至十月三十一日止。

六、**評審**：由本會銘聘社會公益賢達人士五至七人組成評審委員會，逐一進行初審、調查、複審、決審程序評定得獎人選。

七、**頒獎**：得獎人將在次年適當時機頒獎

八、主辦：財團法人周大觀文教基金會

電話：02-29178770

傳真：02-29178768

地址：231 新北市新店區明德路五十二號三樓

網址：http://www.ta.org.tw

e-mail: ta88ms17@gmail.com

九、附記：希望獎章除在推荐期間按規定辦理評審外，如發現有特殊努力向上事蹟者，本會應主動遴選，經評審委員會同意後專案頒獎，以資鼓勵。

希望獎章得主一浪子董事長陳鄭彥與好小子顏正國相見歡

【附錄五】

用愛抗癌‧永不放棄

——「抗癌圓夢助學金」頒發辦法

癌症學子在漫長的治療期間，不僅要面對冰冷寂寞的病房，還要忍受無法上學和同學玩的寂寞，更必須忍受治療過程中帶來種種的痛苦與不適；而罹癌同學的家長，則必須奔波於醫院、家中和工作之間，生活的開銷、醫療的支出等，對於家庭經濟來說，更是一筆沉重的重擔，需要社會伸出援手助一臂之力，並陪伴癌症學子及其家屬走過抗癌的艱辛過程。

一、**宗旨**：為確保沒有一位罹癌學子一孤獨面對癌症，並為鼓勵中國大陸、台灣、香港、澳門等兩岸四地癌症學子勇敢抗癌、熱愛生命之精神，同時也為癌症學子沉重的醫療開銷盡一份心力，成立「抗癌圓夢助學金」，藉由助學金的頒發，將罹癌同學對抗癌魔的生命故事傳出去，為更多正在為生命搏鬥的人加油打氣；也一圓癌症學子心中小小夢想。

二、**主辦**：台灣財團法人周大觀文教基金會。

三、**對象**：保有學籍之罹癌學子（30 歲以下）。（曾獲本會頒發抗癌圓夢助學金者，若再次申請，本會保有決議獲獎資格之權力）

四、**獎助金**：每年不分年級及名額，每名助學金新台幣二萬元整。

五、**愛童之家**：榮獲抗癌圓夢助學金者，其中 18 歲以下罹癌學子及其主要照顧者，因醫療過程中急需免費短期住宿，因床位有限，以中低收入或近貧專案家庭為優先。

六、**獎助金來源**：本會自籌。

七、**申請類別、標準**：

（一）勇敢事蹟：不畏抗癌痛苦，而能呈現其抗癌的勇氣與毅力足資褒揚者。

（二）愛心事蹟：除自身勇敢抗癌外，更將自己抗病的過程與病友分享，鼓勵病友勇敢抗癌或其他愛心事蹟，散發人性之光與熱足資褒揚者。

（三）努力事蹟：勇敢抗癌，不因抗癌而中斷學業，仍能努力不懈，超越病痛帶來的不適，其對生命的熱愛可讓世人學習褒揚者。

八、推薦辦法：

（一）推薦請使用規定之推薦表，填妥申請類別，抗癌歷程或特殊事件等，並檢具有關證明資料文件。

（二）請附候選人自傳一篇（可由候選人親撰或由親友、老師、推薦人代筆，至少一千字），內容包含候選人成長過程、抗癌經過、未來志向及對癌症的想法與想跟社會大眾呼籲或分享的心得。

（三）請附候選人優良事蹟之有關照片十二張（包括二吋照片二張及生活照十張）。

九、推薦時間：索取申請表後，於一個月內備妥資料，紙本或電郵本會。

十、評審：由本會董監事組成四至五人之評審小組評審之。

十一、表揚：

（一）方式一：罹癌學子圓夢助學金的頒發，由周大觀文教基金會每年透過公開的儀式，如：記者會、校園，向社會、大眾傳播及網路介紹表揚，以茲鼓勵。

（二）方式二：仍在醫院治療中之癌症學子，則由本會工作人員適機親送助學金之方式送達。

十二、主辦：財團法人周大觀文教基金會

電話：02-29178770

傳真：02-29178768

地址：231 新北市新店區明德路五十二號三樓

網址：http://www.ta.org.tw

e-mail:ta88ms17@gmail.com

十三、附記：本獎學金除在推薦期間按規定辦理評審外，如發現有特殊狀況或緊急事件，本基金會應主動遴選，經評審委員會同意後頒發獎金，以資鼓勵。

周大觀文教基金會創辦人周進華、董事長郭盈蘭等一行送愛上海兒童醫院一頒發抗癌圓夢助學金，鼓勵兩岸四地罹癌兒童。

高雄師大附中血癌英雄蕭肇均，榮獲周大觀文教基金會抗癌圓夢助學金，誠邀大家捐髓救人。

【附錄六】

各界推薦生命教育輔助教材

【教育部台（九一）社（五）字第九一〇六四四五五號函】

壹、經典生命教育書籍

01. 我還有一隻腳（詩）（中英對照）工本費 300 元，（中文注音版）工本費 200 元
02. 大觀──一位癌症小孩的心聲（綜合），工本費 300 元
03. 生命之光──周大觀（傳記），工本費 300 元
04. 小星星的願望──周大觀的故事（故事），工本費 250 元
05. 生命大地震（抗癌小博士吳冠億的故事），工本費 300 元
06. 人間天堂（第一屆全球生命文學創作獎作品），工本費 250 元
07. 有太陽真好（第一屆全球生命文學創作獎作品），工本費 250 元
08. 夢想的萌芽（第二屆全球生命文學創作獎作品），工本費 250 元
09. 愛，在苦難之後（11 位生命鬥士瀕臨絕境的生命熱情），工本費 300 元
10. 愛，使生命發光（第三屆全球生命文學創作獎作品），工本費 250 元
11. 愛上飛將軍──雷虎將軍林隆獻的生命故事，工本費 250 元
12. 重新活回來（台灣瀕死經驗者現身說法），工本費 300 元
13. 給困頓者點燈（第六屆全球熱愛生命獎章得主的生命故事）， 工本費 250 元
14. 110 歲，有愛不老（第五屆熱愛生命獎章得主許哲的生命故事），工本費 280 元
15. 兩個人和一所學校（肌萎勇士馬文仲、風雨兼程谷慶玉的生命故事），工本費 260 元
16. 只要我還能呼吸（生命的模範生林淑藝的生命故事），工本費 250 元
17. 一百個希望（抗癌小留學生謝立根的生命詩歌），工本費 250 元
18. 我們都是總統──16 位攀越生命巔峰的故事（第七屆全球熱愛生命獎章得主的生命故事），工本費 250 元
19. 流學日記（第八屆熱愛生命獎章得主──岩本悠），工本費 220 元
20. 辛西雅與梅道診所的故事（緬甸德蕾莎辛西雅的生命故事），工本費 220 元
21. 簡單的幸福（肌萎勇士連家祿的生命故事），工本費 180 元
22. 東山再起──困境中的致勝商道（大東山集團東山再起的故事），工本費 250 元
23. 上帝，我對得起祢──癌末學者王滿堂教授的生命故事，工本費 220 元
24. 因為愛，所以我在（第八屆全球熱愛生命獎章得主的故事），工本費 250 元
25. 我要站起來（第九屆全球熱愛生命獎章得主輪椅鳳凰梁藝的生命故事）， 工本費 220 元

26. 希望牧場—輪椅雞王陳全鴻的生命故事，工本費 220 元
27. 愛：過去的、現在的以及未來的，工本費 250 元
28. 希望的海—船長詩人林福蔭的生命詩篇，工本費 300 元
29. 吉丁的超級任務（第十屆全球熱愛生命獎章蚯蚓勇士邱俊瑋作品），工本費 350 元
30. 不倒的蘆葦—漸凍英雄蕭建華的生命故事，工本費 250 元
31. 三四九九個愛—抗癌小詩人周大觀的生命故事，工本費 280 元
32. 我的「肌萎酒」—肌萎英雄曾英齊的生命故事，工本費 300 元
33. 都準備好了—全球 10 位生命總統挑戰極限的故事，工本費 300 元
34. 永不放棄—2008 熱愛生命獎章得主的故事，工本費 250 元
35. 活出愛—樞機主教單國璽的傳奇故事，工本費 300 元
36. 沙底下的流星—白鳥鄭美珠傳奇，工本費 300 元
37. 面向陽光—向日葵天使許淑絜傳奇，工本費 300 元
38. 二十八公斤的習題—呼吸勇士張恆鈞為生命解題，工本費 300 元
39. 人間十二道光明—全球十二位生命總統的故事，工本費 300 元
40. 現在很好—抗癌博士陳月秋的傳奇故事，工本費 300 元
41. 用愛喚醒—天才植物人王建詔的傳奇故事，工本費 300 元
42. 杜十三主義，工本費 450 元
43. 雲上的太陽—全球 22 位生命總統蛻變的故事，工本費 300 元
44. 另一道陽光—陽光英雄施清文的傳奇故事，工本費 300 元
45. 無腿輪舞天后—何欣茹的傳奇故事，工本費 300 元
46. 紅面棋王—周俊勳化棋為愛的傳奇故事，工本費 240 元
47. 大愛的播種者—單國璽的故事，工本費 180 元
48. 每天都是奇蹟—關島天使娜塔莎的傳奇故事，工本費 350 元
49. 四十五度的生命—癱瘓天使鄭慧蓮用愛畫出奇蹟的故事，工本費 350 元
50. 99 分的生命—全球二十三位生命總統活在當下的故事，工本費 350 元
51. 安寧舵手—陳榮基化醫為愛的故事，工本費 350 元
52. 生命從明天開始— 一對輪椅女孩的倒數人生，工本費 350 元
53. 天使不曾忘記，工本費 350 元
54. 學海心聲—邱伯安博士自傳，工本費 350 元
55. 願將一得報士林—邱伯安日本留學日記，工本費 350 元
56. 紅色眼淚（繪本），工本費 280 元（精裝），200 元（平裝）
57. 和平的衣缽—百年詩歌萬載承平，工本費 500 元（精裝），400 元（平裝）
58. 分享愛—樞機主教單國璽的生命故事，工本費 360 元
59. 按動生命—不落跑老爸曾金世，工本費 350 元

60. 活出第 19 層一漸凍博士陳銀雪的生命故事，工本費 350 元
61. 生命藍海一全球 19 位生命總統安渡彼岸的故事，工本費 350 元
62. 生命是荊棘還是鮮花一尼泊爾天使吉邁兒的傳奇故事，工本費 350 元
63. 萬分之一的奇蹟一無腿媽媽宋雅靜的傳奇故事，工本費 350 元
64. 生命方舟一動物救星格立斯．彼得的傳奇故事，工本費 350 元
65. 活著，就是勝利，工本費 350 元
66. 生命藏寶圖一呼吸英雄張守德的生命故事，工本費 350 元
67. 信仰的佈道者一中國大陸交響教父郭祖榮的傳奇故事，工本費 500 元
68. 想飛．飛過世界一全球二十位生命總統活出極限的故事，工本費 350 元
69. 半杯水．三個夢一今日劉俠陳美坊的傳奇故事，工本費 400 元
70. 攀越生命大山一癱瘓工程師賴志銘的傳奇故事，工本費 350 元
71. 微光璀璨一漸凍夢想家袁鵬偉的傳奇故事，工本費 350 元
72. 泥塑人生一輪椅上的陶藝家許宗煥，工本費 350 元
73. 彈出彩虹一血癌陽光天使張芸瑋生命之歌，工本費 350 元
74. 滄海回眸一生命天使董逸璞的瀕死傳訊，工本費 350 元
75. 二十八公斤的進行曲，工本費 350 元
76. 周大觀一給出生命的能量，工本費 400 元
77. 森林中的一棵樹一全球 20 位生命總統種出希望的故事，工本費 350 元
78. 訂做的寶貝一黏多醣天使李子婕的生命探險，工本費 350 元
79. 正念 0 到一億一賴建川的沸騰人生，工本費 350 元
80. 兩個人．一所學校一肯亞貧童救星詹姆士、錢韻中的牽手人生，工本費 350 元
81. 轉動愛一全球十九位生命總統轉出希望的故事，工本費 350 元
82. 翻轉星生命一星際勇士陳冠文的潛能探索之旅，工本費 350 元
83. 浪子董事長，工本費 350 元
84. 別以為：照護住院家人是你的全責一全責護理推手周照芳傳奇，工本費 350 元
85. 癒火重生的美麗，工本費 350 元
86. 翻轉新生命一全球 20 位生命總統撒播希望的故事，工本費 350 元
87. 千年築夢一台灣樹王賴倍元傳奇，工本費 350 元
88. 森林之子一印度札達夫．佩揚種樹救地球的故事，工本費 350 元
89. 黑暗與光明一越南孤兒之母黃小香傳奇，工本費 350 元
90. 八十不拒集一邱伯安有畫要說，工本費 350 元
91. 奉獻人生一傳愛博士邱伯安真道行，工本費 350 元
92. 生命之浪一傳愛博士邱伯安詩集，工本費 350 元
93. 奇幻之旅一貝里斯全盲英雄羅文．蓋爾的冒險，工本費 350 元

94. 天鵝來了一全球 19 位生命總統用愛環球的故事，工本費 350 元
95. 玩具走私客，工本費 350 元
96. 頑銅點頭一吳宗霖的藝術生命，工本費 350 元
97. 彎出生命力，工本費 350 元
98. 還父親一個驕傲，工本費 380 元
99. 神劇，工本費 600 元
100. 移植生命一血癌救星陸道培傳奇，工本費 500 元
101. 生命之鑰一追光勇士嚴榮宗傳奇，工本費 380 元
102. 鏡海的勇氣一羅金容生死之教，工本費 400 元
103. 帶著陶笛去旅行一林啟通與唐寶寶們的冒險，工本費 380 元
104. 有太陽就好一全球 18 位生命總統普照希望的故事，工本費 380 元
105. 現代唐吉訶德一西班牙截癱國會議員巴紐傳奇，工本費 380 元
106. 媽媽嫁妝，工本費 380 元
107. 第一朵蓮花，工本費 380 元
108. 石頭唱歌，工本費 380 元
109. 南極物語，工本費 450 元
110. 生命力一全球二十位生命總統翻轉新生的故事，工本費 380 元
111. 周轉愛的人一兩次瀕死帶給我的生命領悟，工本費 480 元
112. 要活要動，工本費 350 元
113. 手機不會告訴你的事，工本費 350 元
114. 生命綠洲一鐵漢博士華運棟與溫馨苑風雨同舟，工本費 400 元
115. 安地斯山的母親，工本費 400 元
116. 這就是生命一全球 20 位生命總統打造生命品牌的故事，工本費 400 元
117. 生命從今天開始一無臂書法達人郭乙博傳奇，工本費 380 元
118. 第一道陽光，工本費 500 元
119. 活下去，工本費 450 元
120. 播種好苗一幼兒及小學生命教育，工本費 450 元
121. 撒播希望一青少年生命教育之教學，工本費 500 元
122. 一生承諾，工本費 380 元
123. 我改變了，工本費 380 元
124. 從後山走向世界一拐杖牙醫林易超，工本費 500 元
125. 路上的光，工本費 380 元
126. 活好一全球 25 位生命總統活出初心的故事，工本費 550 元
127. 生命之思，工本費 450 元

128. 他選擇離開，我們……，工本費 450 元（精裝），380 元（平裝）
129. 走下去，工本費 380 元
130. 呼叫小王爺，工本費 400 元
131. 最黑暗的光明，工本費 380 元
132. 愛在非洲無限寬，工本費 500 元
133. 打開生命密碼—全球 21 位生命總統活出共好的故事，工本費 500 元

貳、經典生命教育光碟

01. 小太陽—周大觀（以詩抗癌紀錄片，片長 68 分）工本費 300 元
02. 不滅的愛—周大觀（周上觀陪哥哥周大觀抗癌紀錄片，片長 65 分）工本費 300 元
03. 生命之光—周大觀（一個圓滿生命的完成，片長 70 分），工本費 300 元
04. 我還有一隻腳—周大觀的故事（金鐘電視劇，片長 90 分），工本費 300 元
05. 生命的樂章 1（第 1 屆全球熱愛生命獎章得主故事，片 120 分），工本費 300 元
06. 生命的樂章 2（第 2 屆全球熱愛生命獎章得主故事，片長 120 分），工本費 300 元
07. 生命的樂章 3（第 3 屆全球熱愛生命獎章得主故事，片長 120 分）， 工本費 300 元
08. 生命的樂章 4（第 4 屆全球熱愛生命獎章得主故事，片長 120 分）， 工本費 300 元
09. 生命的樂章 5（第 5 屆全球熱愛生命獎章得主故事，片長 76 分），工本費 300 元
10. 生命的樂章 6（第 6 屆全球熱愛生命獎章得主故事，片長 76 分），工本費 300 元
11. 生命的樂章 7（第 7 屆全球熱愛生命獎章得主故事，片長 76 分），工本費 300 元
12. 生命的樂章 8（第 8 屆全球熱愛生命獎章得主故事，片長 76 分），工本費 300 元
13. 生命的樂章 9（第 9 屆全球熱愛生命獎章得主故事，片長 100 分），工本費 300 元
14. 生命的樂章 10（第 10 屆全球熱愛生命獎章得主故事，片長 100 分），工本費 300 元
15. 生命的樂章 11（第 11 屆全球熱愛生命獎章得主故事，片長 100 分），工本費 300 元
16. 生命的樂章 12（第 12 屆全球熱愛生命獎章得主故事，片長 100 分）， 工本費 300 元
17. 生命的樂章 13（第 13 屆全球熱愛生命獎章得主故事，片長 100 分），工本費 300 元
18. 生命的樂章 14（第 14 屆全球熱愛生命獎章得主故事，片長 100 分），工本費 300 元
19. 生命的樂章 15（第 15 屆全球熱愛生命獎章得主故事，片長 100 分），工本費 300 元
20. 生命的樂章 16（第 16 屆全球熱愛生命獎章得主故事，片長 120 分），工本費 300 元
21. 生命的樂章 17（第 17 屆全球熱愛生命獎章得主故事，片長 120 分），工本費 300 元
22. 生命的樂章 18（第 18 屆全球熱愛生命獎章得主故事，片長 120 分），工本費 300 元
23. 生命的樂章 19（第 19 屆全球熱愛生命獎章得主故事，片長 120 分），工本費 300 元
24. 生命的樂章 20（第 20 屆全球熱愛生命獎章得主故事，片長 120 分），工本費 300 元
25. 生命的樂章 21（第 21 屆全球熱愛生命獎章得主故事，片長 120 分），工本費 300 元
26. 生命的樂章 22（第 22 屆全球熱愛生命獎章得主故事，片長 120 分）， 工本費 300 元

27. 和天爭奪孩子的女人（周媽媽陪愛子大觀抗癌的過程，片長 90 分），工本費 300 元
28. 寫出生命的彩虹（全球首位黏多醣症作家陳雯芳的生命故事，片長 30 分）， 工本費 300 元
29. 活出希望（趙翠慧、藍約翰、林家瑋的某一天），工本費 300 元
30. 有愛不老（新加坡 104 歲年輕人許哲的生命故事），工本費 300 元
31. 愛，在苦難之後（趙翠慧等 11 位生命鬥士瀕臨絕境的生命熱誠），工本費 300 元
32. 解放兒童（加拿大 12 歲男童魁格創辦國際解放兒童組織的故事），工本費 300 元
33. 生命大地震—抗癌小博士吳冠德的生命故事（片長 76 分），工本費 300 元
34. 迎向陽光—一個走出癌症陰影的家庭（周大觀一家人走出癌症陰影的生命故事，片長 76 分），工本費 300 元
35. 戰勝死神—中國毛蘭的生命故事（片長 76 分），工本費 300 元
36. 反毒扶貧—哥倫比亞英雄葛藍的生命故事（片長 76 分），工本費 300 元
37. 上帝，我對得起祢—癌末學者王滿堂教授的生命故事（片長 76 分），工本費 300 元
38. 絕境逢生—梁藝和周大觀故事（片長 76 分），工本費 300 元
39. 周大觀熱愛生命（片長 76 分），工本費 300 元
40. 我的「肌萎酒」—肌萎英雄曾英齊的生命之歌（片長 76 分），工本費 300 元
41. 願井英雄—加拿大萊恩．赫傑克的生命故事（片長 76 分），工本費 300 元
42. 心魔救星—美國丹尼爾．戈特里布的生命故事（片長 76 分），工本費 300 元
43. 活出愛—樞機主教單國璽的傳奇故事（片長 100 分），工本費 300 元
44. 最後分享—肌萎英雄曾英齊生前告別之旅（片長 76 分），工本費 300 元
45. 揭開生死謎—樞機主教單國璽的前世今生紀錄片 DVD（片長 104 分），工本費 300 元
46. 閃亮的日子—肌萎英雄曾英齊一家人感動台灣的故事紀錄片 DVD（片長 104 分），工本費 300 元
47. 生命藏寶圖—呼吸英雄張守德的生命故事（片長 69 分鐘）， 工本費 300 元
48. 面向陽光—向日葵天使許淑絜傳奇（片長 37 分鐘），工本費 300 元
49. 和平的衣缽—百年詩歌萬載承平（片長 103 分鐘），工本費 300 元
50. 信仰的佈道者—中國大陸交響教父郭祖榮的傳奇故事（片長 100 分鐘），工本費 300 元
51. 紅色眼淚—魁格．柯柏格與國際解放兒童組織介紹（片長 75 分鐘），工本費 300 元
52. 另一道陽光—陽光英雄施清文的傳奇故事（片長 82 分鐘），工本費 300 元
53. 重新活回來—台灣瀕死經驗者訪談錄（片長 82 分鐘），工本費 300 元

※ 欲購者，郵政劃撥：19117127（戶名：周大觀文教基金會）
電話：02-29178770　傳真：02-29178768
地址：231 新北市新店區明德路五十二號三樓
網址：http://www.ta.org.tw、e-mail: ta88ms17@gmail.com

【附錄七】

生命大學頻道

這是世界最小的電視台。

「生命」，「生」是創造，「命」是限制。

「生命」說的：就是創造，得落實於種種限制之中。

但儘管種種限制，我們就此傳承著我們的創造，因之而生生不息。

「大學」，「大」是寬廣、崇高，「學」是學習、覺醒。

「大學」說的：我們有著崇高的理想，有著寬廣的胸襟，努力的學習，學而習之，習之而覺，達到全生命的喚醒。

生命大學，強調的是愛生命、能相與，共生、共長、共存、共榮的世界。

她是接地氣、通天道、入乎本心、布乎四體、通達八方的大學生活。

這樣的生命大學，就是最真切的通識教育，我們要通古今之變、識天人之際，教天下蒼生，育世界公民。

生命大學，是分享天地、人我、萬物、神明，彼此相與相愛的大學，是「三和、三好」的大學。

她主張：「和自己好——熱愛自己的生命、和別人好——尊重別人的生命、和地球好——維護地球的生命」。

這也是華夏文明，所提出的「天地親君師」的五常哲學。

這五常隱含著四個共同體：天地自然的共同體（天地）、血緣人倫的共同體（親）、政治社會的共同體（君）、文化教養的共同體（師）。

我們與共同體的相滋相養，共存共榮，我們踐行了每一個人有形的身命，參贊了宇宙造化的生命，生生不息、慧命無盡。

讓我們大家一起：講理念、造風氣、立標竿、勤耕地。

讓我們大家一起：將「生命的學問」，化作「學問的生命」。

從經典的智慧、生命的故事轉化為生活的通識，長養我們的生命。

但願這樣生命大學的新聞、公益、關懷，能從我們自身，普及成全民文化的教養，推展為全球文化的教養。

歡迎大家在Youtube頻道搜尋「周大觀」或「生命大學頻道」：本頻道有橫跨7大洲、75個國家、440位全球熱愛生命獎章得主為當然的記者特派員，以線上分享、評論、直播、對話、交流以及專訪全球NGO、製作當代哲學家、生命鬥士紀錄片等，誠邀大家免費訂閱、按讚、分享、開啟小鈴鐺。

周大觀文教基金會創辦人周進華、董事長郭盈蘭帶領陽光血癌碩士張芸瑋、志工菁英周天觀等一行11人，送愛哥倫比亞國立教育學院，散播台灣的愛。

【附錄八】

載著大家的愛一航向書海

愛書無國界・走讀大鵬灣

屏東大鵬灣，大家一定都有聽過這個地方，是台灣最大的囊狀潟湖，開車從東港方向開往鵬灣大橋林邊方向，沿路的右邊有一個純樸小小的漁村——就是南平！！

這小小的漁村，右方有台灣海峽眺望小琉球，左邊是遼闊的大鵬灣潟湖。當地居民，原來都是以大鵬灣周圍的養殖與捕撈維生，大鵬灣國家風景區成立後，大部分年輕人為謀生，都跟其他鄉下地方一樣，陸續外移到都會城市。這是周大觀從小快樂閱讀的故鄉，為永續故鄉閱讀的快樂時光，我們創辦全球第一個走讀驛站——周大觀讀出希望中心，實踐：讀書、奉茶、義借單車、公益換宿——與書共眠。

周大觀讀出希望中心歡迎五湖四海讀友

大家歡聚周大觀讀出希望中心

偏鄉閱讀紮根・人人有責

百年期待：第一個走讀圖書館

雖然位於台灣傳統文化祭典——東港迎王爺周邊，但是偏鄉的孩子文化刺激、圖書資源等，其實有限，加上網路成癮・閱讀低迷、世風日下・人心急躁，大多年輕生命被鎖在——電玩抽屜的小小空間，坐井觀天。

所以周大觀的爸爸——周大觀基金會創辦人周進華，為回應所有鄉親父老的請求，開始把這個構想化為行動，創辦一個走讀驛站：讓世界走進來，帶動大家走出去。承蒙所有鄉親父老希望將「閱讀」提升生命核心價值，像一顆小小的希望種子，深耕在這個美好的家鄉，讓主動閱讀！主動學習！可以發芽茁壯！

所以，全球第一個走讀驛站——周大觀讀出希望中心；在屏東縣東港鎮南平的小小漁村，就這樣誕生了！

送愛偏鄉・撒播書香

因為募書不易。每一本書極為珍貴。非常感恩大家送愛偏鄉・撒播書香。

一本書・一種子。

一本書・一世情。

因為「讀出希望中心」，永續推動「閱讀」的核心價值——從小培養紮根。我們也分享每位捐書人的生命故事，捐書助人・天天快樂。誠邀大家永續捐贈書籍，讓更多偏鄉孩子、國際背包客，大家一起愛書、讀書、分享、交流。

把歡笑帶進周大觀讀出希望中心

大家歡聚周大觀讀出希望中心

向下紮根．往上結果

我們附近的小朋友，每天放學後，大家不約而同來到讀出希望中心，孩子們宛若尋寶一樣，東找找西翻翻。在這小小圖書館中，探索新的書籍。在翻閱的時候，也會發出讚嘆或者呵呵的歡笑聲。我就會好奇去看看小朋友：到底是看了什麼有趣的段落，這樣天真的反應，正在滋養他們純真的心靈。這樣一個小小的天地，不管是天馬行空的奇幻故事、還是浩瀚宇宙的新知識、或者是古人的豐功偉業、現代企業的社會責任……

尤其，大家都要及時趕上：網路、數位、AI 等日新月異的創新世界。最盼望每一本書，都可以帶給每位孩子的生命成長、心靈的滿足、創新的養分。

讀萬卷書．行萬里路

誠邀各界都透過閱讀教育、生命教育，展開學習視野，見證天生我材必有用。

生命閱讀，翻轉生命。

生命閱讀，是一輩子的大事。

生命閱讀，是終身學習的墊腳石。

生命閱讀，讀不盡無字書：讀一粒朝露、讀一遍夕陽、讀一片晨霧、讀一隻小蟲、讀一條小魚、讀一莖小草、讀一叢小花、讀一顆小樹、 讀一朵白雲……

每當我們翻開任何一本書，就開啟了一道通往世界的大門。

每當我們分享任何一本書，就開啟了一片觀賞真善美的天窗。

大鵬灣新亮點——周大觀讀出希望中心，歡迎國內外各界人士走讀：品一杯愛心茶、讀一本心愛的書。也歡迎全球背包客，與書共眠，以書會友，閱讀交流，共成美好。

閱讀交流．公益換宿

誠邀各界永續共襄盛舉：中英繪本、親子童書、心靈勵志、科普自然、哲學人文、生活教養等書送偏鄉。歡迎全球背包客，親送該國 5 本繪本圖書——閱讀交流．公益換宿。總之，大家不分彼此，愛書聯合國，大家每天讀書、讀心、讀世界。

逕寄：928 屏東縣東港鎮南平路 339 號　周大觀讀出希望中心 收
電話：08-8758770　聯絡人：金主任

周大觀全國第一個國際志工走讀中心揭幕一歡迎全球志工公益換宿一與書共眠、永續交流心。

【附錄九】

永續行愛・多元捐款

捐款方式

一、線上捐款

・進入本會官網，點選線上捐款，填寫表單並依序完成捐款。

・線上捐款方式：信用卡捐款、網路 ATM 轉帳、虛擬帳號、列印繳款單至超商繳費。

二、亞太電信愛心即時通 59037

・亞太用戶手機直撥 59037

・亞太用戶，Android 手機下載「Call Saver 客服省錢通」APP，點選手機捐款，進入亞太電信 590，即可選擇本會（59037）進行捐款

三、周大觀愛心碼 525

・於 7-11、全家、OK 便利商店、全聯、燦坤、摩斯漢堡、義美、新光三越等愛心碼實體通路消費時，出示愛心條碼，即可將發票電子化並捐贈至周大觀文教基金會。

四、信用卡捐款

・可至本會官網（幫助大觀—捐款方式）下載，或來電索取信用卡轉帳授權書，填寫後將授權書以傳真、郵寄，或掃描檔案 email 回傳至本會，即可以信用卡做單筆或定期捐款。

五、郵政劃撥捐款

・請填寫郵政劃撥單，帳號 19117127，戶名：財團法人周大觀文教基金會。

・配合郵局作業，您約可在劃撥後十至十四個工作天內收到本會開立之捐款收據。

・定期捐款者可註明開立年度收據，節省郵資、環保減碳。

六、ATM 轉帳／銀行匯款

・遠東銀行：代碼 805

・新店分行：代碼 0285（臨櫃填表捐款才需填寫，ATM 無須輸入分行代碼）

・帳號：028-001-0000517-2

・戶名：財團法人周大觀文教基金會

・匯款後敬請來電或 email 告知您匯款帳號末五碼、您的大名及捐款收據寄送地址

七、支票捐款

・支票抬頭請開立「財團法人周大觀文教基金會」

・蓋上禁止背書轉讓戳記

・請註明捐款收據開立抬頭（捐款人）、聯絡方式、地址等相關資料

・請以掛號方式郵寄本會（231 新北市新店區明德路五十二號三樓）

・本會於收到後會主動與您聯絡確認，或您也可主動與本會聯繫確認 (02)2917-8770 或 2917-8775。

八、國外捐款

・受款銀行資料（Account with Bank）

一銀行名稱 (BANK NAME): BANK OF TAIWAN

一銀行代碼 (SWIFT CODE): BKTWTWTP075

一銀行地址 (ADDRESS): NO. 120, Section 1 Chongcing South Road, Taipei, Taiwan, R.O.C.

・受款人資料（IN FAVOR OF）

一戶名 (A/C NAME): CHOU, TA-KUAN CULTURAL AND EDUCATIONAL FOUNDATION

一帳號 (A/C NO): 075004729366

一地址 (ADDRESS): 3F, No.52 Mingde Rd., Xindian Dist., New Taipei City 231, Taiwan, R.O.C.

厚道送暖捐魚

每個月最少捐贈2000條安全健康又美味的冷凍鱻魚，至各社福團體之兒少據點及有需求的家庭中，為弱勢孩童及家庭補充營養與能量。

弱勢孩童照護

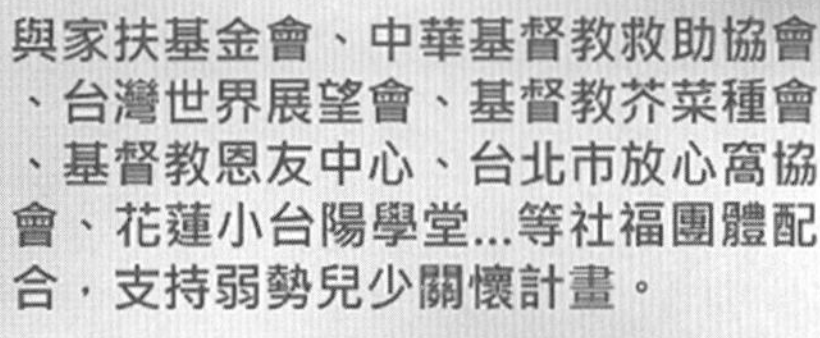

與家扶基金會、中華基督教救助協會、台灣世界展望會、基督教芥菜種會、基督教恩友中心、台北市放心窩協會、花蓮小台陽學堂...等社福團體配合，支持弱勢兒少關懷計畫。

遠地就醫病童交通補助

中南部與花東地區重大疾病孩童北上就醫交通補助。
合作單位：麥當勞叔叔慈善之家、台灣聯合抗癌協會、
台灣高鐵公司、台灣鐵路管理局。

癌童關懷與助學

支持周大觀文教基金會全省各地之癌童關懷與助學活動。

假日音樂會

讓身心障礙表演者有一個表演的平台展現他們的才華與光芒，促進社會大眾對於不同障別的認識與關懷，並且為表演者創造更多演出邀約機會。

等路下午茶活動

關心智能障礙的朋友，提供職能磨練的機會，共同營造一個更為接納融合的社會，幫助各種障別的身心障礙者，創造多元的工作機會。

社團法人台灣厚道
社會服務聯合會

一起傳達愛的力量
與善的循環

國家圖書館出版品預行編目 (CIP) 資料

打開生命密碼：全球 21 位生命總統活出共好的故事
/ 周進華、張芝瑄、周上觀、周天觀合著 .
初版 . -- 新北市 : 周大觀文教基金會 , 2023.9
面； 公分

ISBN 978-626-97281-6-9（平裝）
1.CST: 世界傳記

781 112014327

打開生命密碼 全球 21 位生命總統活出共好的故事

贊助發行：財團法人周大觀文教基金會
231 新北市新店區明德路 52 號 3 樓
電話／ 02-29178770 傳真／ 02-29178768
郵撥／ 19117127
http://www.ta.org.tw
e-mail:ta88ms17@gmail.com

作　　者：周進華、張芝瑄、周上觀、周天觀

美術設計：黃雲華

出 版 者：財團法人周大觀文教基金會
郵撥／ 19117127
電話／ 02-29188519
傳真／ 02-29178768

著作權顧問：大觀國際法律事務所 郭盈蘭律師

2023 年 9 月初版
行政院新聞局局版臺省業字第 908 號

工本費新台幣 500 元

ISBN 978-626-97281-6-9（平裝）